本书获二〇二一年贵州省出版传媒事业发展专项资金资助

本书获贵州省孔学堂发展基金会资助

【阳明文库】学术专著系列

治心与治世

——王阳明哲学的政治向度［增订版］

【朱承 著】

孔學堂書局

本书获2021年贵州省出版传媒事业发展专项资金资助

本书获贵州省孔学堂发展基金会资助

图书在版编目（CIP）数据

治心与治世：王阳明哲学的政治向度 / 朱承著. – 增订版. – 贵阳：孔学堂书局，2022.10

（阳明文库. 学术专著系列）

ISBN 978-7-80770-357-0

Ⅰ.①治… Ⅱ.①朱… Ⅲ.①王守仁（1472-1528）－哲学思想－研究 Ⅳ.①B248.25

中国版本图书馆CIP数据核字(2022)第147639号

阳明文库（学术专著系列）

治心与治世——王阳明哲学的政治向度（增订版）朱　承　著

ZHIXIN YU ZHISHI:WANGYANGMING ZHEXUE DE ZHENGZHI XIANGDU（ZENGDINGBAN）

项目执行：苏　桦

责任编辑：张发贤　陈　真

责任校对：王紫玥　禹晓妍

书籍设计：曹琼德

责任印制：张　莹

出　　品：贵州日报当代融媒体集团

出版发行：孔学堂书局

地　　址：贵阳市乌当区大坡路26号

印　　刷：雅昌文化（集团）有限公司

开　　本：889mm × 1194mm　1/24

字　　数：248千字

印　　张：10.75

版　　次：2022年10月第1版

印　　次：2022年10月第1次

书　　号：ISBN 978−7−80770−357−0

定　　价：88.00元

阳明文库·学术专著系列

目录

第三章 化治世为治心

第四章 良知与政治

第五章 心学政治向度的历史回应

初版序

《治心与治世——王阳明哲学的政治向度》原系朱承同志的博士论文。本书以政治哲学为视域，对王阳明的心学作了独特的考察。在心学的研究中，通常关注较多的是其心性之维，对心性之学所隐含的政治哲学内涵，则相对注意较少。朱承同志的这项研究，对于更具体地理解和把握王阳明的心学，无疑具有积极的意义。

从儒学的历史演化看，伦理与政治自始便非截然相分，无论是仁道与仁政的统一，还是内圣与外王的并重，都体现了这一点。王阳明不仅在个人的实践方面上继承了儒学的以上传统，而且在理论的层面对此作了较为自觉的思考。他以致良知立说，良知不仅仅以个体层面的心性为内涵，而且指向普遍的社会秩序，从王阳明对致知的阐释中，便不难看到这一点："若鄙人所谓致知格物者，致吾心之良知于事事物物也。吾心之良知，即所谓天理也。致吾心良知之天理于事事物物，则事事物物皆得其理矣。"这里的事事物物既涉及道德之域，如人与人之间的伦理关系等，也包括更广意义上的社会政治秩序；以天理为内涵的良知，则相应地兼及道德意识与社会政治理想。所谓"致吾心之良知于事事物物"，也就是将良知推行、运用于道德与政治实践，而"事事物物皆得其理"，则意味着内在的良知展示并体现于伦常世界与社会政治之域，后者具体地表现为通过心的外化而建立合乎理想的伦理政治秩序。在形而上的思辨推绎之后，我们不难注意到心学的社会政治关切。

与致良知说相联系的是万物一体论。在王阳明那里，我们可以一再看到以下这一类的论述："良知之在人心，无间于圣愚，天下古今之所同也。世之君子惟务致其良知，则自能公是非，同好恶，视人犹己，视国犹家，而以天地万物为一体。"（《传习录中》，《全集》卷二，第79页）"仁者以天地万物为一体，使有一物失所，便是吾仁有未尽处。"（《传习录上》，《全集》卷一，第25页）"万物一体"既指向天人之际，亦涉及人我之间。从天人关系看，"万物一体"意味着人与自然从有对走向无对；就人我之间而言，"万物一体"则以社会成员之间的相互沟通为内涵。"万物一体"既被规定为行为的立场和出发点，也被理解为人所追求的理想之境：

“大人者，以天地万物为一体者也，其视天下犹一家，中国犹一人焉。若夫间形骸而分尔我者，小人矣。”（《大学问》，《全集》卷二十六，第968页）所谈的虽是理想人格（君子、仁者、大人），但涉及的乃是天人之际、人我之间：“天下一家”“中国一人”意味着人与人之间从隔绝和分离走向沟通和融合；在这里，人与我、家与国的关系更多地呈现彼此和谐、统一的形态。如果说，人我之间展现了广义的伦理关系，那么，家国之辨则渗入了政治哲学的内涵。二者的共同指向，则是社会成员以及社会机体的不同构成之间由冲突走向一致与有序，后者既表现为道德实践的目标，也展示了政治生活的旨趣。

王阳明确信，如果每一个体都能推己及人，由近而远，将恻隐亲仁之情普遍地运用于天下之人，那么，从父子兄弟之间的伦理交往，到君臣上下之间的政治互动，都可以实现和谐统一：“是故亲吾之父，以及人之父，以及天下人之父，而后吾之仁实与吾之父、人之父与天下人之父而为一体矣；实与之为一体，而后孝之明德始明矣！亲吾之兄，以及人之兄，以及天下人之兄，而后吾之仁实与吾之兄、人之兄与天下人之兄而为一体矣；实与之为一体，而后弟之明德始明矣！君臣也，夫妇也，朋友也，以至山川鬼神鸟兽草木也，莫不实有以亲之，以达吾一体之仁，然后吾之明德始无不明，而真能以天地万物为一体矣。”（《大学问》，《全集》卷二十六，第968—969页）不难看到，在“万物一体”的思辨表述之后，蕴含着相当现实的伦理政治内容，而如何在社会伦理政治领域达到和谐有序，则是其关切的重心。当然，王阳明把恻隐同情之心视为达到“万物一体”的保证，认为通过亲亲仁爱之情的推而广之便可消除人我之隔，无疑过于乐观，而且亦未免把问题简单化了。社会伦理政治关系并不仅仅涉及心理情感，与之相关的更有广义的社会结构、制度，交往过程的形式化的程序等等，对后一方面，王阳明似乎未能予以充分的关注。

一般而言，政治思想涉及政治生活或政治实践的原则、规范，政治哲学则要求进一步考察这种原则、规范本身所可能的根据。王阳明的心学尽管没有提供系统的政治哲学体系，但其以上思想无疑包含着这方面的观念。事实上，以良知担保现实伦理政治秩序的合理性，以人我、家国的一体无间为伦理政治生活的原则和理想，并从形而上等方面对此加以论证，都不同程度地渗入了政治哲学的思考。

《治心与治世——王阳明哲学的政治向度》一书较为自觉地注意到了王阳明哲学的以上向度。通过分析致良知说、万物一体论、心性观念等所蕴含的政治寓意，作者从形上根据、社会理想、秩序运作的内在担保等方面具体地揭示了王阳明心学的政治哲学内涵。本书在不少方面叙述细致，注意把握所论对象的逻辑思路，并从理论上分析其得失，对所讨论的论题作了具有一定新意的论述。尽管本书对政治哲学理论内涵的阐释，还可进一步深化，对王阳明心学的历史影响，也有待更具体的梳理，但作为青年学子的探索之作，它无疑展示了良好的学术开端。我相信，本书的出版将有助于拓展与推进王阳明心学的研究。

杨国荣

2008 年 1 月 23 日

导论

政治哲学视域下的阳明心学

儒家哲学具有参与公共政治的理论旨趣和致思倾向。儒家哲学希望通过对于人性、公共生活以及政治价值的本质性理解，以及对于政治制度优劣的分析判定，并通过对于政治理想的构想与设计，以一定的形式参与到理想社会生活秩序的构建中，来实践其思想观念并力图在政治生活中发挥现实作用。产生于明代中叶的王阳明哲学是儒家哲学在新的历史阶段的具体体现，从儒家哲学的公共性指向来看，王阳明哲学虽以内向性的“心学”命名，但其依然具有鲜明的政治关怀与公共旨趣，不仅仅是对于个体心性的玄思与辨析，更是对于理想社会的筹划与设计，因而具有政治哲学的意义。

一、心学研究的转向

在王阳明的哲学思想里，最为引人注目的，无疑是他将儒家道德伦理学说的形上本体归之为“心体”。在王阳明之前，宋代儒者对于先秦儒家伦理道德学说进行了形而上学化。周敦颐将儒家思想提升到无极、太极的形上层面予以理解，邵雍从抽象的“数”的角度来论证儒家伦理，张载从“太虚”和“气”的维度来构建儒家哲学的宇宙论与本体论，二程兄弟和朱熹则更进一步以“天理”作为儒家伦理的最高根据，以此来论证伦理道德的合理性与普遍性。陆九渊则认为，朱子将道德的根据置于外在的“天理”，与人的内在德性的完善关联不大，因此应该以“本心”作为伦理道德的最后根据，依靠人的道德意志、道德情感和道德理性来确证人们践履伦理道德的可靠性。王阳明继承并发展了陆九渊的“本心”说，将先秦儒家所确立的道德原则之有效性诉诸人的内在良知，认为如果执着于向外探求“天理”可能会导致认知与行动的分裂、知识与价值的背离，最终导致人心的败坏与社会的混乱。因此，王阳明认为，从本质上来说，只有将天理系于人心才能保证道德意志、道德情感与道德行为的一致性。正是在这个意义上，王阳明将儒家道德学说的形上本体建基于“心”。

“心体”的确立使得王阳明哲学的致思路向首先指向内在的心性与良知，所以王阳明哲学应该被视之为心性之学、良知之学，或者说内圣之学。然而，儒家哲学的传统，从先秦以来又绝不仅限于心性和内圣，还天然地指向社会政治领域，博施济众、亲民安百姓、治平天下、匡扶礼崩乐坏的社会秩序和实现王道政治、大同理想等公共政治问题是先秦儒家的首要关注之点，他们希望通过强调仁爱之心、礼仪秩序来解决社会政治问题。我们知道，一般来说，心性之学总是更多地和个体修养等私人领域的问题联系在一起的，如佛教对于个体心性智慧的发掘，而治平天下是典型的社会领域、政治领域的公共话题，二者在儒家思想传统里向来是并行不悖的，内圣外王兼而成之也从来都是儒学思想家的理想之境。虽然内圣与外王都是儒家的关注点，但儒家内圣的目标还在于期望个体以更好的姿态参与到理想社会的构建中。儒家个人的心性修养不是让人们做“自了汉”，而是要将个体心性修养的成果运用到理想社会中去，换言之，先做一个“好人”是“好的社会”出现的前提。

由此可见，在儒家学说里，个体的心性修养最终还是指向治平天下的公共事务。无论是孔子“修己安人”“修己安天下”的博施济众情怀，还是孟子的“乐以天下，忧以天下”以及“平治天下，舍我其谁”的志向，荀子的“劝学”“修身”到隆礼重法、富国强兵之设计，以及《大学》中“明德亲民”、《中庸》的“成己成物”等等，先秦儒家的修身思想都倾向于将个体的心性修养问题和社会政治问题紧密地结合在一起，心性修养是治平天下的前提，而治平天下则是心性修养的目标。可以这么说，从理论上来看，个体心性和公共政治的不可分离是先秦儒家哲学的重要特征之一。儒家的这种公共性特质，使得儒家在汉代逐渐成为国家主导的意识形态，甚至在一定意义上，“泛政治化”伴随着儒家思想的传播与开展。儒家的经典，如“五经”被汉儒政治化，成为参与政治生活的重要文献依据；儒家的仁孝原则，被运用到政府选拔人才的标准中；儒家的天命观念和王道理想，也被历代统治者作为建构政治统治合法性的因素在广为推广。由此可见，儒家的个体心性修养的关涉因子，都被予以了政治化的理解与使用。因而，从现实的维度来看，个体修养也在历史实际中与公共政治不能分开。儒学发展到宋明理学时期，在思想理论上得到了极大的提升，儒家思想从日常的伦理道德规范上升为抽象普遍的理论形态。但尽管如此，儒家的理论关怀并不是停留在理气心性等抽象原则层面，而是要将这些原则应用到社会生活中去，推动更多的人成为“圣贤”，推动政治社会实现“三代之治”与王道理想，其从先秦以来的公共性指向没有改变。

具体到宋明理学的特定形态——阳明心学这里，情况也是如此。王阳明哲学虽然以“心学”姿态显现，但绝不仅仅只是讨论个体内在的心性问题，而是从“心”出发去讨论道德践履、生活规范、政治治理、社会理想等外在的公共性问题。本书即希望论证上述观点，换言之，本书希望回答如下几个问题，以“心学”为特质的儒家哲学形态如何体现其政治关怀与政治哲学的维度？在以心性哲学为主要特质的王阳明哲学里，心性问题和政治问题可以共生吗？在王阳明以心性讨论为主题的哲学里，政治何以可能？如果政治哲学的相关向度在王阳明哲学里是可能的，那么其政治向度又是如何展开的并具有何种意义？本书的讨论就是围绕着上述基本问题而进行的。

对于王阳明哲学的关注和研究，在王阳明生前就已展开。其弟子徐爱在介绍编撰《传习录》的缘由时说：“世之君子，或与先生仅交一面，或犹未闻其謦咳，或先怀忽易愤激之心，而遽欲于立谈之间，传闻之说，臆断悬度。如之何其可得也？”（《传习录上》，《全集》卷一，第1页）这说明，在王阳明学说刚刚传播时，虽然有人不理解，但已经受到众人关注了。在明代中后叶的历史上，王阳明以不世之资，历百死千难，开创良知学并竭其心力维护明王朝的政权，无论是思想上还是事功上都达到了其他理学家难以企及的高度，赢得了其后思想家、政治家的顶礼膜拜。王阳明晚年和身后，他的弟子门人就开始对阳明心学广为宣传和研究，甚至达到了“神化阳明”的倾向。王阳明的弟子以及再传弟子，他们为王阳明曲折经历所倾倒，为他的造道精神所折服，为他挑战朱学的勇气所震撼，他们奉王阳明为学派宗主，以敬仰、崇拜的态度对待王阳明。中晚明以后，由于黄宗羲在《明儒学案》里对于王阳明心学进行了深入的学术史记录，为后世研究王阳明提供了更加集中的材料。晚清时期，在民族精神疲敝的形势下以及日本明治维新时期高扬阳明学精神的刺激下，有学者力图通过发掘阳明学的“心力”，来振奋精神意志，阳明学也受到了一些思想家、政治家的关注，如魏源、章太炎、孙中山等，都曾一度推崇阳明学的精神。在20世纪的一段时间里，蒋介石还曾把阳明心学奉为“立国精神”，试图提振衰弱颓靡的风气，后也曾在大陆和台湾形成了阳明学研究和宣传的热潮。

就学术研究而言，从中国哲学学科化以来的不足百年的时间里，王阳明哲学受到近现代学术界的极大关注。对王阳明哲学的研究和对朱熹哲学的研究，一起成为20世纪宋明新儒学研究的主要关注领域，可谓双峰对峙。其中，产生了诸多卓越的研究成果和富有特色的研究范式，这些成果和范式对于王阳明哲学的研究起到了巨大的推动作用。近年来，以阳明学为论题的研究成果更是蔚为大观。就我们掌握的资料来看，近几十年来，以阳明学以及阳明学派为对象的研究成果，目前国内外计有多种，从研究者的切入角度来看，对阳明学的研究大约呈现出两种主要的致思路径：

一是以王阳明本人、阳明学派哲学观念的发展流变为主线的哲学史研究或理论阐释，如牟宗三的《心体与性体》《从陆象山到刘蕺山》、陈来《宋明理学》、张学智《明代哲学史》中关于王阳明哲学的论述，邓艾民的《朱熹王守仁哲学研究》，杨国荣的《王学通论——从王阳明到熊十力》《心学之思：王阳明哲学的阐释》，陈来的《有无之境——王阳明哲学的精神》，吴震的《阳明后学研究》，董平的《王阳明的生活世界》，钱明的《阳明学的形成与发展》，陈立胜《王阳明“万物一体”论——从“身—体”的立场看》，以及日本学者岛田虔次的《朱子学与阳明学》、冈田武彦的《王阳明与明末儒学》，等等，这些著作倾向于从内在理路上对阳明哲学予以阐释，在理论层面对王阳明及其后学的哲学思想进行逻辑重构，倾向于从哲学观念出发来解释王阳明哲学，重在讨论王阳明及其后学本身的哲学问题及其在宋明理学史和中国哲学史上的意义，是近代以来中国哲学界阳明学研究的主流成果。

二是以阳明学作为一种社会思潮及其对政治社会的影响为主题的思想史研究，如侯外庐等著《中国思想通史》中论及阳明学的部分，何俊的《西学与晚明思想的裂变》，左东岭的《王学与中晚明士人心态》，吴震的《明代知识界讲学活动系年：1522—1602》，邓志峰的《王学与晚明的师道复兴运动》，吕妙芬的《阳明学士人社群：历史、思想与实践》，日本学者岛田虔次的《中国近代思维的挫折》、沟口雄三的《中国前近代思想之曲折与展开》等等，这些研究成果则倾向于将阳明学作为中晚明的一种社会思潮和思想运动来理解，往往是结合明代中后期的社会生活、政治环境、思想背景来对王阳明及其后学的哲学思想来展开研究，重在发掘阳明学之于当时及后世的社会政治及文化生活的意义。

另外，以阳明学派中个别哲学家和分支学派为进路来探讨阳明学的成果也非常丰富，如方祖猷的《王畿评传》，龚杰的《王艮评传》，吴震的《罗汝芳评传》《聂豹、罗洪先评传》，彭国翔的《良知学的展开：王龙溪与中晚明的阳明学》，张卫红的《罗念庵的生命历程与思想世界》等。可见，对于王阳明及其后学的研究一直是宋明理学乃至中国哲学史研究中的一个重要领域。

上述这些成果的出现，为我们继续研究阳明学提供了宝贵的材料，作了厚重的学术积淀，我们现在的研究必须从这些优秀的成果出发。然而，由于阳明学本身以心学名于后世，加之现代新儒家树立的从道德形上学角度和心性哲学的角度研究宋明理学的典范性影响，使得对阳明学本身所蕴含的政治向度关注得不够（除了思想史、政治史的研究可能提到阳明学派对于明代政治以及近代中国政治有所影响之外）。关于王阳明与政治的关系，研究者总是习惯于王阳明本人与中晚明现实政治关系的角度去考察，其中包括王阳明一生的政治事功、王阳明在政治活动中体现出的政治谋略以及阳明学作为一种思潮在晚明社会的政治影响等等，而对王阳明哲学本身里蕴含的儒家政治哲学的向度关注较少。虽然，在中国哲学学科化以来的一段时期内，王阳明哲学曾以唯心主义哲学的面目和中国传统社会的政治联系在一起，在批判阳明哲学的唯心主义时，批评家们也不时提到王阳明哲学与专制统治、阶级压迫甚至民族矛盾的关系。一般而言，这种批判都倾向于指摘王阳明哲学作为一种唯心主义思想对于君主专制政治制度和纲常秩序起到了维护的作用。这里虽然涉及了王阳明哲学的政治向度，但是基于政治立场、阶级立场的批判过多，而对其哲学思想本身展开深度解析甚少，这种批判大多因应一时之景而流于泛泛之谈。也就是说，对于王阳明哲学的政治批判，并没有从学理角度来呈现王阳明哲学同政治的关系，而只是从阶级分析的立场上来评价王阳明哲学的政治维度。从以上简单分析，我们大致可以看出，真正在哲学意义上，对阳明心学的主要思想、基本概念等所呈现的政治维度作出理性分析和理解的研究工作，还不多见。

纵观近年来的王阳明哲学研究成果，我们大致可以认为，王阳明哲学主要是被定位在心性哲学、精神哲学的层面上，这一研究角度是阳明学研究的主流和重点。一般而言，心性哲学主要是在解决个人的安身立命问题，涉及的领域局限在个人的道德修养和道德实践上，而这些都是私人领域的“修己”问题，没有涉及公共的社会政治问题，即不关涉“安人”一面。前文已述，儒学除了“修己”的一面之外，还有一个“安人”与博施济众的一面，也就是说，在儒家哲学和儒家学者心目里，个人的心性修养始终是和社会政治问题紧密相连的。那么，被定位为心性儒学的王阳明哲学有没有“安人”的社会政治性意义呢？政治的问题在王阳明哲学里是否可能？王阳明哲学里涉及了哪些政治问题，这些问题在阳明哲学体系里占据什么样的位置？

另外，阳明学作为一种哲学思潮，方其盛时，在阳明后学的推动下，对中晚明的政治社会产生了巨大影响，这种影响，许多前辈学者已作了诸多描述。而且，中国近代以来，一些有影响的思想家、政治人物都被认为受到阳明学的影响，如康有为、梁启超、章太炎、孙中山等人，甚至日本的明治维新也被认为发源于王学的思想先导。这种影响，我们从上述人物的著作或后人的研究成果里，都能感受得到。那么，除了阳明学革新儒学的那种不拘一格、勇于进行理论革命的精神气质之外，上述人物还从阳明学中受到了何种政治哲学意义上的影响呢？换句话说，阳明学中包含了什么样的政治维度，使得这批以政治或社会革命为志业的近代翘楚人物对其青睐有加呢？时下，在现实政治领域，由于建设政治文明的时代风气在新世纪初期大张其道；在学术研究领域，由于罗尔斯、哈贝马斯、施特劳斯等西方政治哲学家的影响，中国学界的政治哲学研究也方兴未艾。当前中国学术界政治哲学研究领域分布极为广泛，从研究的哲学家来看，上至苏格拉底下至阿伦特、罗尔斯、哈贝马斯等，从研究的问题来看，涵括正义、公平、民主、国家、自由、哲学家与社会、政治权力的正当性等与人类政治生活相关的政治哲学问题。同时，也有许多研究者开始把研究的视线投到中国古代和近现代丰富的思想资源上来了。当然，在政治哲学的视野下来观照中国的思想资源，构建中国的政治哲学，目前的研究可能仅仅只是在探索阶段。但毋庸置疑的是，决不能因为其不成熟而否认这种研究路径的意义。那么，具体到王阳明心学这一古典的思想资源，我们以“政”观之，它能给我们当下思考的政治哲学问题以何种启发？或者说，我们能从王阳明心学这一颇具心性特色的中古时代的哲学流派中获取什么样的精神资源来丰富当代中国的政治哲学研究？

上述所罗列的种种问题，实际上都指向我们在前面提出的同一个问题，即政治向度在王阳明哲学里何以可能？也就是王阳明的心性哲学里是否蕴含着政治哲学的思想？如果王阳明哲学本身具有政治哲学的向度，那么这一政治向度又是如何展开和呈现的？回答这些问题，必须以政治哲学的视角对王阳明哲学予以开掘，超越传统心性的致思路径，探讨王阳明的政治运思和潜在于其哲学思想里的政治之维，从而呈现其政治的向度。

二、政治向度的理解

哲学自诞生之日起，就对社会和人类生活十分关注，而政治作为关涉社会和人类生活的主要现象，自然也就成为哲学思考的主要问题之一。同时，哲学思想和哲学家也总是诞生于政治社会之中，并以政治社会为思想背景和生活背景。① 哲学和政治的这种密切关系，使得我们在讨论哲学问题时，无法回避政治的视角。而我们要想获得对政治问题的通透认识和根本理解，也总是要追溯到哲学的层面，从人的本性、秩序的实质、权力的来源、社会的理想等方面展开追问。当然，限于本书的立意，我们这里仅在哲学的立场上来看待哲学和政治的关系，而把从政治的立场来看待哲学与政治关系的问题搁下。

哲学是人类对于社会和自然现象的本质以及相互间关系和规律的抽象概括，也是对自我与世界的态度和信念的集合，更是对宇宙人生、性与天道的不懈追问。从起源上讲，哲学源于人们对于自然界的惊奇和对于社会生活的忧患，在惊奇和忧患中，哲学开始了它的问题之旅。哲学从对社会和自然的发问开始，是对于我们知道什么、应该做什么以及应该相信什么的探究，又以向世人讲清道理的姿态显现，而哲学的终极目的是通达智慧之境。从哲学和政治的关系角度看，政治则是作为哲学问题的社会生活中最为重要的部分，关涉着每一个人

① 哲学家与政治社会的这种关系，也正如柏拉图所说："要不是碰巧生活在一个合适的国度里，一个哲学家是不可能有最大成就的，因为只有在一个合适的国家里，哲学家本人才能得到充分的成长，进而能以保卫自己的和公共的利益。"（柏拉图：《理想国》，郭斌和、张竹明译，商务印书馆1986年版，第248页）

的生存与发展，影响着每一个人的成长与完善，政治是哲学沉思和探究的对象之一。哲学家生活在政治社会之中，现实政治的境况直接作用到哲学家本人的生活和发展过程中。一般来说，鉴于对社会生活的感悟和体知，哲学家们都深谙良好的政治对于个人生活和社会发展的重要性，正因为如此，历史上的哲学家总是不约而同地对政治问题进行着哲学沉思。哲学家对于政治的关注，更加使得政治成为哲学的一个主题，如人类社会与政治共同体依据什么组织起来，它们的本质何在？人性对于实现共同体美好生活究竟是动力还是需要约束的阻力？理想的社会应该是什么样子？为了实现这个理想社会我们需要什么样的观念并在现实中如何去落实这些观念？这些哲学问题为人类的政治思考中的核心内容。哲学和政治思想无法完全分离，哲学家与政治也无法脱离干系，哲学总是关怀着现实政治，并力图通过哲学家本人对政治问题的理解、以哲学的方式解读政治生活，告诉人们为什么会有这样而不是那样的社会政治生活、什么样的政治制度才是最好的等问题，同时为人们勾画理想的政治生活，描绘可能的未来生活图景，通达解决政治事务、实现良善生活的智慧之境。简单来说，这就是哲学的一种政治向度。

在哲学中反映政治，对政治问题予以哲学层面的思考，也可以称之为哲学的政治向度，其表现形式指的是以哲学思考的方式（也即形上或抽象的层面）而不是就事论事的方式来探索政治问题，从普遍性、根本性的前提出发来解释现实政治问题，并追问什么是良好的社会生活，如何实现和维持人类的良好生活等等问题；或者指在哲学思想中渗透着对政治的关怀，以哲学的“微言”来反映政治的“大义”，也就是哲学思想本身可能没有明确地通过提问回答的方式来解决政治问题，但是包含着政治的问题。由于种种原因，哲学家往往将关乎政治问题的思考隐藏在哲学问题的讨论里面，比如经学中的公羊学传统，从经典记载的文辞的字面意义背后去发掘其政治意涵，也正如列奥·施特劳斯所言的“隐微书写”（the esoteric teaching），只有带着政治的关怀去反复阅读和琢磨哲学文本，才能从哲学中领会政治的“大义”。

哲学的政治向度是哲学家对政治社会的直接和间接的教导，通过对哲学文本字面的理解即可得到哲学家对政治问题的看法以及对良好生活的设计和构想。哲学家通过讨论人类政治问题，直接或间接地表达对于政治问题的认识和分析，回答良好的生活何以可能和如何达到。哲学的政治向度还表现在，哲学以讨论本体论、道德观以及宗教信念的方式来为社会政治构筑哲学、道德和宗教基础，在哲学文本中可能看不到哲学家对于政治制度、政治体制、政府组成等具体政治问题或政治操作技艺的认识，但是从中可以看到哲学家关于社会的基础与本质、公共性与个体性、道德与政治、人性与政治以及何为良好生活等问题的分析，这些分析恰可以为具体的政治问题、操作技艺提供本源意义上的指导。

从历史的角度来看，哲学总是以多样的形式体现出政治的向度，本书所讨论之王阳明哲学的政治向度也正是从上述思路上来定位的。当然，王阳明哲学其主要特质是心性一面的，所以其哲学思想的主体不是在直接地具体论述政治问题，而是在间接地讨论诸如政治的道德基础等问题，故而本书对阳明哲学政治向度的分析也主要是发掘隐藏在其中的政治问题，侧重于对阳明哲学的政治解读和引申。王阳明哲学的背景是儒家哲学，因此讨论王阳明哲学的政治向度，有必要先大致检点一下儒家哲学和政治的关联或者说儒家哲学的政治向度。

政治一直是儒学主题中的必然之义，儒家学者认为平治天下的政治行为是人类社会所有行为中最为重要的活动，对社会政治的热烈关切，向来也是儒家区别于其他流派的重要标志之一。儒家典籍里反复称道的“先王之道”“尧舜之道”“周孔之道”“仁义之道”“王道仁政”以及后儒所谓的“孔孟之道”，无一不关联着平治天下的政治问题。治国平天下并实现美好的现实社会，既是儒学的出发点，也是儒学的归宿，这是儒学历经经学、子学、道德形上学、现代新儒学等等历史形态所不能更改的主旨，脱离了家国天下的政治关怀，儒学也就和其他思想派别相差无几了。可以说，政治是儒学的基本问题。

在儒学的起源问题上，汉代的班固认为：“儒家者流，盖出于司徒之官，助人君顺阴阳明教化者也。”（《汉书·艺文志》）而近人胡适在考证“儒”的起源时也提出“儒是殷民族的教士”一说，[①]“助

① 参见胡适：《说儒》，《胡适文存》（四），黄山书社1996年版，第127—164页。

人君”“明教化”等所谓“教士”的职责，指的是儒者围绕社会政治主题展开的礼仪祭祀和社会教化活动。这说明儒家以及儒学从开端处即是指向社会政治事务的，儒家是一种社会政治性的社会团体，而儒学也不单是指个人的人格修养学问，儒家和儒学一开始就和社会政治有着天然的内在关联，[①]呈现一种“政教合一”的思想特质。儒学经孔子光大后则更加成为一个担负政治职能的学派，如果说在孔子之前主要由君相公卿来实施政治教化的话，那么孔子之后，儒家则更为自觉地来担当政治教化的职责和推行儒家“政教合一”的理想，通过传承儒家之道来影响社会政治生活，儒家学者同政道之间呈现出一种密不可分的关系，这也是所谓“道在师儒”。

宏观上来看，儒学哲学包含了一套对于人生信念、社会理想以至政治原则等作出安排的价值系统，这套价值需要通过“修己”和“安人”或者说“内圣”和“外王”两种工夫来实现。在儒家那里，“修己”或“内圣”是伦理道德意义上的，指的是个体的修养，而“安人”或“外王”是社会政治意义上的，指的是个体修养落实在社会上的政治效用。在儒家学说里，道德和政治是一体的，个体的修养与他人的保全是一致的，“安人”（外王）本于“修己”（内圣），而“修己”归于“安人”，所谓“修己以安人”“修己以安百姓”（《论语·宪问》），“君子笃恭而天下平”（《中庸》），“君子之守，修其身而天下平”（《孟子·尽心下》），而《大学》里“修身、齐家、治国、平天下”的序列，以修身为开端，以平天下为终结，这个序列作为儒家道德和政治关系的经典表达，正说明了儒家学说中道德和政治的逻辑关系，那就是以个体道德修养为起点而逐步走向至善的天下太平，从个体心性出发落脚于公共社会。儒家这条本内圣而达外王的路径，清楚地说明了儒学基本精神是道德和政治并重，源于道德而归于政治，显于政治而隐于道德，事关家国天下的政治问题是儒学的一个目的和归宿，或者说儒学的本质特征之一就是以政治为指向。[②]

---

① 虽然对于“儒”的具体起源，学界还存在着多种不同的认识，但在“儒”与政治的关联问题上，基本上分歧不大。参见赵明：《先秦儒家政治哲学引论》，北京大学出版社2004年版，第6—7页。

② 李泽厚就曾指出：“道德常常就是政治，这正是原始儒家和孔孟之道的真正历史秘密。”（李泽厚：《中国古代思想史论》，《中国思想史论》（上册），安徽文艺出版社1999年版，第274—275页）

儒家哲学的政治向度，不仅仅体现在政治的关怀里，还体现在对现实政治的批判、对政治的人性论分析、对政治之道德基础的建构以及对理想政治的期待等问题的探究上，而这些问题，一方面构成了儒家哲学的主要论题，另一方面也说明了儒家哲学的政治向度。换言之，对于现实政治的批判，也是儒家哲学政治向度的重要表现。先秦儒学产生于社会与政治的需要，春秋战国时期，政治社会处于失序状态，礼崩乐坏，诸侯纷争，天下无道，以孔孟为代表的儒家学者在理论上对当时的失序政治以及君主予以了严厉的批判：

> 八佾舞于庭，是可忍也，孰不可忍也？（《论语·八佾》）
>
> 天下有道，则礼乐征伐自天子出；天下无道，则礼乐征伐自诸侯出。（《论语·季氏》）
>
> 世衰道微，邪说暴行有作，臣弑其君者有之，子弑其父者有之。（《孟子·滕文公下》）
>
> 惟仁者宜在高位。不仁而在高位，是播其恶于众也。（《孟子·离娄上》）
>
> 君之视臣如手足，则臣视君如腹心；君之视臣如犬马，则臣视君如国人；君之视臣如土芥，则臣视君如寇雠。（《孟子·离娄下》）

孔孟先儒对当时政治上的无序和混乱的批判，以及对于君主的严厉告诫，代表了儒家对失去正当性的政治社会的摒弃，也显示了儒家对于政治正义的看法，并将传播王道政治作为自己的使命。我们认为，孔孟之后，对无道政治现实的不满，对缺乏道德关怀的政治行为的反对，以及在理论上提出治世良方从而实现良好社会生活的愿望，一直是推动历代儒家进行哲学思考和思想创造的动力之一。那么，好的政治、理想的社会从何而出呢？儒学哲学家认为，道德是政治的基石，良好政治必然来源于良好的道德：

> 为政以德，譬如北辰，居其所而众星共之。（《论语·为政》）
>
> 道之以政，齐之以刑，民免而无耻，道之以德，齐之以礼，有耻且格。（《论语·为政》）

周于德者，邪世不能乱。（《孟子·尽心下》）

故大德者必受命。（《中庸》）

明德慎罚，国家既治四海平。（《荀子·成相》）

先秦儒家将道德作为政治的基石，道德赋予了政治权力的合法性、政治治理的有效性、政治统治的长久性，可以说，在儒家哲学里，政治问题大多都可以归结到道德问题上来。儒家认为，“为政在人”（《中庸》），人的问题是政治问题的根本，只有把人的问题解决了才能彻底解决政治的问题，而人的道德修养是人之为人的关键所在。正是在这个意义上，儒家哲学家倾向于把政治的问题奠基于人的道德之上，使得政治问题和伦理道德问题往往难以区分。当然，儒家内部在人之道德的来源问题上存在着性善论与性恶论的分歧，而且由于这种分歧，导致了儒家学者在治世理论上的各有侧重。孟子倾向于性善，所以他强调要“以不忍人之心，行不忍人之政”(《孟子·公孙丑上》)，将人之善心发挥到政治生活中去，就可以取得良好的政治效果，“治天下可运之掌上”（《孟子·公孙丑上》）。荀子则认为人性本于恶，故而强调以礼来约束人们的行动，并将礼运用于政治生活中去，成为共同体中人们遵守的共同规范，所谓“国之命在礼”（《荀子·强国》）、“国无礼则不正”（《荀子·王霸》）。不过，儒家内部在理论上的这种分野，并不影响儒家学说总体上被认作是政治伦理学说。因为不管是性善的思路还是性恶的思路，虽然在逻辑前提上有所差异，其目的都是要在现实世界中形成良好的道德风尚，并促成政治上的治平事业。性善论认为人性本善，因此要通过教化将人的本性激发出来，使个体成为有道德的人，社会变成有道德的社会；性恶论认为人性本恶，因此要通过礼法约束人的欲望，其目的也是要使个体通过遵守礼法而变成有道德的人，社会变成有道德的社会。故而他们虽然出发点不一样，但是目的是一致的，即建设道德良善的个体与社会。

儒家以道德为政治事务的基石以及基于人性的政治选择，其主要目的是实现其心目中的理想政治社会——“三代之治”和大同之世。在儒家视野里，“祖述尧舜，宪章文武”（《汉书·艺文志》）一直是现实政治要遵守的格言，尧舜三代之治是最好的政治，而这种良好政治治理下的社会就是大同社会：

> 大道之行也，天下为公，选贤与能，讲信修睦。故人不独亲其亲，不独子其子，使老有所终，壮有所用，幼有所长，矜寡孤独废疾者皆有所养，男有分，女有归。货，恶其弃于地也，不必藏于己；力，恶其不出于身也，不必为己。是故，谋闭而不兴，盗窃乱贼而不作，故外户而不闭，是谓大同。（《礼记·礼运》）

《礼记·礼运》里勾勒的大同理想，是儒家对良好政治和至善社会的最为经典的描绘，成为儒家理想政治模式的基本蓝图，后世儒家哲学中对理想政治的设计大多源于此处，一直为历代儒家所继承称颂，并将恢复三代的大同盛世作为政治理想，甚至直到近代，康有为仍然还著《大同书》以阐发大同梦想并以之为良好生活的样板。

如上简述，从总体上来看，抽象的哲学总和具体的政治问题密切相关，在儒家哲学那里，哲学思想和政治事务的关系则更为密切。在先秦儒学发生期，儒家哲学的政治向度体现得十分鲜明，政治社会的混乱以及对于现实政治的批判促成了儒学诞生与发展，从一开始，政治就是儒学的基本主题之一。在中国思想史上，政治问题与伦理问题交错纠缠在一起的特征，也是儒家区别于后来与其鼎足而三的佛、道两教的一个重要方面。先秦儒家高度重视政治问题的哲学思考范式，以政治为学派的基本主旨，极大地影响了儒学在后世的走向，也决定了历代儒家思想的理论出发点与归宿。本书要讨论的王阳明哲学中所体现的政治向度就是儒家政治哲学在发展流变过程中的一个重要横断面。

三、思路方法的说明

如前所述，阳明学是儒家心学的最主要代表，历来为学界研究的重要对象。从学术研究的角度而言，现代以来，阳明学的心性维度开掘是最为重要的研究路径，这一心性维度集中表现为在整个宋明理学话语背景下，就心与理、心与物、意与行、良知与天理、德性与德行等问题展开思想考辨，并结合西方哲学的本体论、认识论、方法论、价值论、道德论等进行理论分析，斟字酌句，辨异析同。在心性维度的主要路径之外，阳明学研究也还有其他一些研究范式，如阳明学的文献整理、阳明学人物的学派考辨、阳明学人物的生活世界研究等。阳明学研究在现代学术上的多重呈现，也说明了阳明学作为中国思想史上的资源之一，具有返本开新的重要现实意义。

同传统儒家的礼乐之道、王霸之辩、政统道统的思考不一样，从形式上来看，阳明学主要关注心性问题，更多地表现为理论上的抽象思考，对现实政治问题关注不多。然而，生活在现实政治社会的阳明学人物，作为儒家治平天下之信仰的忠实信徒，他们的思想和行动，同样具有政治的向度。我们认为，历史地看，阳明学的政治之维大概可以表现在如下几个方面。

一是将王阳明个人的政治事功放到明代中叶政治史上予以考察。如所周知，王阳明一生事功显赫，平息南赣的匪患、平定宁王朱宸濠的叛乱、征剿思恩田州的暴动，这些政治功绩足以使他成为明朝中叶重要的政治人物。虽然不如张居正等人那样具有全局性的政治影响，但王阳明以其卓越的军事功绩，在明代政治史上也有着独特的地位。李贽曾针对王阳明平定宸濠之乱的功绩说道："且夫古之立大功者亦诚多有，但未有旬日之间不待请兵请粮而即擒反者，此唯先生能之。"①《明史》上也说："比任疆事，提弱卒，从诸书生扫积年逋寇，平定孽藩。终明之世，文臣用兵制胜，未有如守仁者也。"②可见，王阳明在明代政治史上是值得大书特书的一位人物，研究王阳明其人其学，他的政治事功是一个重要的方面。从历史学、政治史的角度来看，我们可以考察王阳明政治事功的背景、过程、细节以及对明代中叶政治格局的影响，也可以考察一位文臣、儒生、哲学家是如何参与到军事斗争中并建立功勋的，还可以考察他的哲学思想是如何落实到他的政治和军事谋略中去并支撑他率领将士取得胜利的，诸如此类的研究，主要是以王阳明在政治军事上的事功为中心来展开的。除了王阳明本人之外，还有王阳明后学弟子的一些政治事迹，如欧阳德、邹守益、聂豹以及被认为是阳明再传后学的徐阶等人的政治活动，也是属于政治史领域内的研究。这是阳明学研究的政治之维的第一种表现形式。

---

① 李贽：《续焚书》卷三，中华书局2009年版，第89页。

② 张廷玉等：《王守仁传》，《明史》卷一百九十五，中华书局1974年版，第5170页。

二是将阳明学所展现出的理论品格、精神气质放到政治思想史视域下予以考察。阳明学兴起于朱子学占统治地位的思想局面下，王阳明倡导心学，突破朱学独盛的思想格局，在当时来说，无疑具有思想解放的意义[①]，如嵇文甫先生所言："阳明的学说，处处打破道学的陈旧格套，处处表现出一种活动自由的精神，对于当时思想界实尽了很大的解放作用。"[②] 王阳明主张人的思想观念要得之于心，强调自作主宰，他说："夫学贵得之心，求之于心而非也，虽其言出之于孔子，不敢以为是也。"（《传习录中》,《全集》卷二，第76页）又说天下之道、天下之学"非朱子可得而私，非孔子可得而私也"（《传习录中》,《全集》卷二，第78页）。王阳明这种独立的精神，具有精神自由的气息。王阳明还强调人人自有良知，黄宗羲称之为这样可以使得"人人有个作圣之路"[③]，愚夫愚妇也有成为圣人的可能，这些主张体现了王阳明心学中蕴含着平等的因子。王阳明学说中还强调自我心力的重要性，认为心力对于认识世界、改造世界具有根本性的意义，故而阳明学也具有意志主义的特质，如近人章太炎所说的"自尊无畏"精神，其自尊无畏的意志主义精神对于近代社会的革命家多有影响。阳明学所呈现思想解放、精神自由、人人平等、意志至上等特质，与近代以来中国社会革命的形势合拍，其自由、平等的精神因子又与现代性的根本精神相契合，故而，对阳明学予以政治思想史的考察具有历史意义。特别是当人们思考现代性精神可否从中国固有传统中生长出来的时候，阳明学的上述政治思想倾向往往会被提出来予以分析。如现代哲学家牟宗三提出的"良知是否可以坎陷出民主与科学"的命题，就是这种现代性精神回溯的思路。除此之外，在思想界有一种倾向，往往将明朝灭亡的原因之一追溯到阳明学的思想风气上，认为阳明学的空疏之风影响了中晚明的学风，间接导致了明朝的灭亡。就这个意义上讲，不管是

---

① 萨孟武先生著《中国政治思想史》时，就辟专章"王守仁的思想解放论"，申述王阳明思想的解放意义。参见萨孟武：《中国政治思想史》，东方出版社2008年版，第415—421页。同样的，萧公权先生也在其《中国政治思想史》里说："（阳明学）虽不敢直接攻击专制政治之本身，而对于专制政府所利用之正统学术则力加破坏。王守仁开其风，李贽极其流。以儒攻儒，波澜壮阔，几乎欲取千余年传统思想之网罗，一举而冲决摧毁之。"（萧公权：《中国政治思想史》，辽宁教育出版社1998年版，第518页）

② 嵇文甫：《晚明思想史论》，东方出版社1996年版，第4页。

③ 黄宗羲：《姚江学案》,《明儒学案》卷十，沈芝盈点校，中华书局1985年版，第178页。

不是要将明亡的责任追溯到阳明学那里，对于明朝灭亡的政治思想渊源的分析，却是绕不开阳明学的。另外，由于阳明学对于日本近代明治维新的影响，中日学界也往往从政治思想史的角度对于阳明学的社会影响力进行分析考察。综上，无论是现代性精神的思想史回溯，还是明朝灭亡的思想史分析，乃至日本阳明学的思想史考辨，我们认为，对于阳明学的政治思想史考察都具有必要性。这是阳明学研究政治之维的第二种表现形式。

三是从阳明学的概念、命题、思想中所引申出来的政治哲学思考。阳明学主张心即理、人的良知能促使并保证道德社会的形成、人按照良知“为善去恶”便具有成为圣人的可能性，这些思想都集中在心性领域和道德领域，但从这些思想出发可以引申出一系列政治哲学问题。大致来说，在阳明心学那里，其思想所引发的政治哲学问题主要有：第一，治心是否可以转化为治世？第二，“万物一体”的社会秩序如何可能？第三，良知何以成为现实规则？第四，民间社会的思想教化有何意义？第五，学术思想如何影响现实政治或者说学者如何承担政治责任？就第一个问题来说，王阳明心学的核心问题在于“治心”，但是“治心”并不是王阳明哲学的目的，而是一个方法或者途径。王阳明心学与儒家其他思想派别一样，其念头都是在于家国天下、现实秩序、社会生活，而不仅仅是心性满足，换言之，儒家的治国平天下目标也是王阳明学派的根本追求，“尽心”“治心”是实现治国平天下的一种路径，在王阳明及其后学看来，这是一条实现儒家理想的更为有效的途径。因此，将“治心”的效应放大到“治世”上，则是阳明心学顺理成章的理论推演。就第二个问题来说，王阳明重视“万物一体”说，在《大学问》和“拔本塞源”论里都有集中的阐述，其后学王畿、王艮也是如此。在他们心目中，“万物一体”是世界的理想秩序，这种理想秩序不仅仅是人们看待世界的方式，更应该成为现实社会中的生活秩序。特别重要的是，王阳明及其后学人物，“万物一体”的理想秩序曾经在“三代之治”的社会里实现过，所以，对于人们来说，“万物一体”不仅是必要的，而且具有历史可能性。就第三个问题来说，在阳明心学里，“良知”代表着人心中抽象的道德意识、道德意志、道德理性、道德情感，它决定了人们的言语和行动。作为“规矩尺度”，良知保证了人们行为的正当性，因此，如果每个人都能明确良知、推致良知，那么社会上所有人的行为都具有正当性，一个理想的、充满道德的社会就成为现实。这正是阳明学注重良知对于社会生活之意义的逻辑前提，在他们看来，良知就是人之为人的准则，良知是儒家伦理规范的集中代表，按照良知行事，就能实现良好的政治社会。就第四个问题来说，王阳明及其弟子热衷于在民间"讲学"，进行广泛的社会教化活动，他们的意图在于通过讲学，激发人们自省到自己的良知，然后按照良知来处世做人，如此，社会便可实现善治。阳明学以讲学活动来推动人们的道德自觉，其理论根据是在于每个人都有良知，每个人都有成善的依据，只是在现实中被利益遮蔽了，需要通过不断启发才能显现出来，一旦人们的良知自觉起来，他们的道德力量将是巨大的，足以建设一个更加良善的社会①。讲学的"政治意义"正在于此，也即是期望民间社会的自我觉醒来实现善治。就第五个问题来说，王阳明及其后学强调"知行合一""政学合一"，希望儒家知识分子能够将自己的道德认知、理论认知与现实生活、政治行动结合起来，并对政治社会有所影响与改善。每个学者都应该承担自己对于公共社会的责任，即使是对于"心性"的探讨，也是在为人类的正当行为寻找恰当的人性根据，从而更好地鼓励和推广正当行为，并以此来建设美好社会生活。在这个意义上，阳明学的"政学合一"思想，为学者履行自己的政治责任提供了依据，更提供了路径。上述五个问题，既是阳明心学思想里包含的政治哲学维度的历史呈现，也是在政治哲学意义上进行的逻辑推演，对阳明学政治哲学的分析与推演，既有历史意义上的依据性，也有逻辑意义上的合理性。基于此，对阳明学所蕴含的政治哲学向度进行探究，使得阳明心学与先秦儒家的政治关怀、人类普遍的伦理秩序精神接续起来，可以展现阳明心学为实现更美好的人类社会生活所做的理论努力，也可谓中国古典政治哲学开拓出心学的独特致思方向。这是阳明心学政治之维的第三种表现形式。

阳明学的上述三种形式，一为政治史，二为政治思想史，三为政治哲学，从学术研究角度而言，三种形式皆可称为"政治维度"。

---

① 沟口雄三曾经指出："阳明学，则开始致力于把政治—道德的主体扩散到民众中处于指导地位的、具有自觉意识的阶层中去。"（沟口雄三：《中国的冲击》，王瑞根译，生活·读书·新知三联书店2011年版，第206页）

不同的是，政治史偏向于从历史事实以及中晚明社会政治格局的层面考察王阳明及其后学的政治军事行动，政治思想史偏重于从中晚明思想史以及近代政治思想追溯的层面考察阳明学与现代性思想的历史关联问题，而政治哲学则从一般普遍的层面考察儒家伦理政治的心学样态。对于阳明学研究来说，虽然阳明对于明代中期政治有一定的影响，但并不是具有全局性意义的，而且其功绩更多是军事层面，故而政治史领域可拓展的空间不大；而政治思想史领域，由于近代以来中国社会对于思想解放、人人平等、精神自由、意志力量等思想诉求，学界已经做了大量的阐发。不过，由于中国的现代化转型还并没有彻底完成，从中国固有传统（包括阳明学）中寻求现代性的思想资源和精神支撑，依然具有重要的学术价值；在政治哲学领域，阳明心学的政治哲学思想研究，着眼于从普遍的人心、人性层面来探讨政治社会的道德根基，着眼于伦理维度讨论理想社会的秩序，着眼于从教化层面思考社会成员与共同体之关系，具有超越一定时间、空间的普遍性理论价值，可以成为阳明学研究的新领域，同样十分值得学界关注。

关于阳明心学的政治向度研究，我们可以参照余英时先生在研究朱熹时的思考。余英时从政治文化的角度来解读朱熹及宋代理学，为了回应可能遇到的诘难，他在《朱熹的历史世界：宋代士大夫政治文化的研究》一书“绪说”的结尾部分曾说道：“最后我要郑重指出，我仅仅强调理学系统中有必要通过政治解读才能澄清的部分，但并不是将全部理学都化约为政治问题。”① 我们这里探讨和发掘王阳明哲学的政治向度，从政治哲学角度分析王阳明思想，也有必要说明一下此项研究的初衷。虽然，王阳明哲学大体上是以心性哲学为主要特质的，也以心性问题为其首要关注之域，在道德心性问题上的创见是其在儒学史上的主要贡献。换句话说，王阳明哲学绝不能简单化约为政治的问题。但是，作为儒家阵营里的重要成员，王阳明和先儒一样，对于政治的关注和理解同样也构成了他进行哲学思考的重要内容，在他的哲学思想中所蕴含的政治向度也是不可忽视的。从政治哲学角度对王阳明哲学予以解读，对于逐渐扩大的王

---

① 余英时：《朱熹的历史世界：宋代士大夫政治文化的研究》，生活·读书·新知三联书店2004年版，第182页。

阳明哲学研究领域，应该还是一种有益的尝试。

在方法上，本书采取的主要是传统的文献研究法和话语分析法，着力梳理王阳明哲学的文献资料以及明代思想历史的主要文献，对王阳明及其后学的哲学思想话语予以分析，参考前辈学者在王学领域内的已有成果，在思想历史的语境中把握王阳明哲学的重要概念及命题的含义，以求从政治哲学的角度更好地理解王阳明哲学，为王学研究提供一个新的视角。

另外，在行文过程中，我们将尽可能地把叙述史实和解释理论密切地联系起来。在研究过程中，我们首先尊重的是哲学史的史实，因为哲学史研究面对的对象是哲学史的史实，必须尊重历史，不能脱离历史的真实，任何解释都是在尊重历史的前提下展开的。所以，在我们对于王阳明哲学政治向度的研究过程中，始终没有脱离王阳明哲学的历史文本，也尽量回到王阳明所处的历史场域之中来看待其哲学致思，尊重原生态的哲学历史，重在展示和阐述思想历史的原貌。同时，在研究的过程中，我们还着意于逻辑的重构。这是因为我们的研究不满足于停留在就史论史的平台上，更希望从逻辑上澄明遮蔽在历史资源后面的思想与智慧，并发挥其可能发展的致思路径，为当下的哲学思考提供启迪。故而我们在讨论王阳明哲学的过程中，不可避免地会对王阳明哲学的思考予以一定程度的"去蔽"，尽可能地揭示其内在的神韵。当然，在此基础上的引申和发挥也是存在于行文过程中的。运用上述历史和逻辑相结合的方法，其理想是实现"史与思"的融合，即在尊重思想历史本身的基础上，逻辑再现王阳明哲学的政治向度，同时为当下的思考提供思想资源。

在追求史与思之统一的原则下，本书在主体论证部分对王阳明哲学予以逻辑重构，以王阳明的政治关怀为出发点，梳理了王阳明的理想政治学说、阳明政治学说的本质特征以及王阳明哲学核心概念与政治的关联，并从王阳明哲学对于后世的影响来对其政治向度予以反证，在叙述思想历史的过程中重构了王阳明哲学的政治向度。

当然，从本书构想的研究题目还可以看出，在行文中，会借鉴政治哲学的某些讨论问题的方式来为论题张目，如把哲学问题、哲学家与政治社会的生活世界结合起来考虑，以政治思想史和社会思想史上的一些术语和视角来诠释哲学问题，通过参照交叉学科的研究成果来剖析中国古代哲学思想。采用如上叙述方式，也是试图拓宽阳明学研究领域的一个尝试，或许未必完全妥帖，但似乎也不失为一种有益的尝试。

四、全书脉络的呈现

王阳明哲学或者说阳明心学是儒学发展史上的一个高峰，也是古典儒学最后一次具有巨大创新意义的理论形态，对儒家哲学的内化和深化有着重要的推动。虽然王阳明哲学在政治制度的创新和设计层面上对儒家政治绝少贡献，但是，其在基本旨趣上，还是没有脱离先儒将哲学思想同政治问题结合起来的基本思路，所以王阳明哲学在明清时代往往被称为“有用道学”，这也为我们从政治角度追问阳明哲学提供了可能性。

在本书中，我们将从王阳明的政治关怀、理想政治观念、政治哲学的特质、核心概念与政治的关联以及王阳明后学在政治向度对王阳明哲学的发挥几个层面来揭示其哲学的政治向度。换句话说，王阳明哲学的政治向度也大体展现在上述几个层面。

揭示王阳明哲学的政治向度，我们首先要从王阳明本人的生活世界出发。王阳明的人生历程可谓跌宕起伏，历经“百死千难”，这也使得他的为人、为学、为教极具神秘特质。他一生之中，力倡心学以救时弊，巡抚南赣以平民变，统帅军民以擒叛王，讲学天下以化风俗，从这些事迹来看，他绝非一个只会空谈心性而沉浸在个人思辨世界里的迂腐之士，而是一个对社会、对政治有着强烈关怀的哲学家，在朝美政，在野美俗，是一位积极入世、心怀天下的政治哲人，用儒家最喜爱的话语来说，甚至可以称之为一位“圣人”。[①]

---

① 邓艾民甚至认为由于其杰出的事功和成就，王阳明是比孔子更具有代表性的圣人，邓艾民说道：“作为封建主义的圣人来说，王守仁的成就在某种意义上超过了孔子，具有更高的代表性。……王守仁在事功方面有特殊成就，这是孔孟所没有的。……尧舜只是儒家所美化的理想人物，而王守仁的成就却是历史的事实。因而我们肯定他是中国封建社会中比孔子更具有代表性的圣人，此论应该也是可以成立的。”（邓艾民：《朱熹王守仁哲学研究》，华东师范大学出版社1989年版，第110—111页）邓艾民认为阳明作为圣人比孔子更具有代表性，主要是依据事功高于言论的圣人标准来判断的，当然，这一判断具有局限性，因为就影响来说，孔子对于中国历史的影响远远大于阳明。不过，从重视阳明在现实世界里的功业角度来看，邓氏此论也有一定的意义。

王阳明的一生事业，从对当时社会和后世的影响方面来看，可以区分为三个主要的方面，即为学、为政和为教。在为学上，王阳明对当时居于官方钦定为学术和思想正统的朱子学以及其对政治社会造成的恶劣影响充满了忧虑，认为当时陷入僵化的朱子学偏离了儒家圣学的正途，流入支离。基于对朱子学逐步走向衰朽和禁锢的不满，王阳明试图讲明心学，极力纠正学术思想上的偏妄，强调从人心上体认天理，将人的本心作为本体，要求为学当从“心体上用功”，王阳明的这一学术努力，不仅具有学术意义，同时由于发动了对正统学术的挑战，触动了主导性意识形态的权威地位，对思想界影响极大，也因而也具有了意识形态层面的政治意义。在为政上，王阳明一生所创事功颇多，对维护和巩固中晚明社会的政治秩序起到了十分重要的作用，王阳明在现实政治行动上的功绩，也为主要被认为是哲学家的王阳明抹上了浓厚的政治色彩，增添了他的个人魅力，更为他的学说让人信服增添了厚重的砝码；在为教上，王阳明开门授徒、创建书院和利用政治资源教化百姓，这一系列教化活动在当时形成了巨大的影响，对中晚明政治社会风俗的转变起到了一定的促进作用，这也反映了王阳明哲学的教化特质，而不仅仅是个体心性修养的满足。王阳明的生活世界向我们清楚地表明，作为一个儒家哲学家，他一直热烈地关切着社会政治问题，自己也积极参与到现实的政治事务中，对政治的关切也贯穿在他一生的行动和思想之中。如果从儒家“立德、立言、立功”三不朽的角度来看，王阳明的为教、为学和为政事业都取得了巨大的成就。

王阳明同其他儒家学者一样，对良好的政治生活、理想的社会秩序充满了理想和期待。王阳明的这种对良好政治的构想也反映在其哲学思想中。王阳明的理想政治观念包括了他对理想的人间秩序、理想社会模式、理想社会成员的构想和分析。在理想的人间秩序问题上，王阳明十分注重“万物一体”观念，在其学说中多次提出要在政治社会中实现“万物一体”的人间秩序。就王阳明哲学本身而言，所谓“万物一体”的人间秩序，严格地说，应该是一种社会的内在精神秩序，是一种基于情感和目的的应然秩序，是对宇宙人生的一种基本理解，而非一种现实社会中的等级秩序。这种秩序观在形上致思的层面上，从人的内在向度入手，以人的情感为出发点，倡导人我无间、天下一家的良好社会生活，这就要求社会成员在具有以天下万物为一体的仁心和气概。在王阳明看来，儒家历史上存在过的“三代之治”最好地体现了“万物一体”的生活秩序，是良好社会的典范。因此在理想社会模式上，王阳明极力推崇尧舜三代之世，他同大多数儒家一样，将尧舜三代社会这一“向后看的乌托邦”当作理想政治社会的范本，并对其倾注了巨大的热情，并且声称他本人对于追求“挽而复之三代”这一理想“以死而不顾”（《书林司训卷》,《全集》卷八，第282页）。在构筑理想秩序和理想社会模式观的同时，王阳明还对社会成员的构成提出了设想，这就是所谓“满街人都是圣人”（《传习录下》,《全集》卷三，第116页）的理想。王阳明认为，所有社会成员在本质上是没有差别的，即使事实上存在所谓圣人之间以及圣人和普通人的差别，也只是在分量上的差距，在人之为人的本质上，人和人之间是没有差别的，社会的每一个成员都有着向善的一面，都具有圣人之性。王阳明的这一思想不仅为良好社会的形成提供了人性论根据，同时为圣人和凡人之间的平等提供了论证。总体来说，王阳明的理想政治观念，大致上是由“万物一体”的秩序观、三代之世的理想政治模式观和“满街人都是圣人”的理想社会成员观构成的。在王阳明哲学思想的原初文本中，他虽然没有十分集中地提出一个系统的理想政治观念，也没有像现代政治哲学家那样形成一套纲领性的文字，但是通过对其留下来的文本进行分析，我们还是可以梳理出上述一套理想政治学说的。这也进一步说明，对于理想社会的筹划是哲学家思想中的必然之义。

王阳明哲学以心体为宗，反映到政治思想领域上，就是将治世的问题归结到治心的问题，化治世为治心，将政治社会中的问题收摄为人的道德本心上的问题，把政治的问题和道德问题合二为一。从整个儒家的传统来看，在政治学说上，王阳明大体上继承了孟子一路的基于“仁心”的政治哲学观念，王阳明认为“大道在人心”，政治事务和社会事务归根结底都本于人之“心体”，也就是人的道德本心。人的内在德性培养的过程，同时就是政治社会走向良好的过程，在王阳明看来，道德心体的培养和政治社会的治理实际上是二而为一的，政治的问题在一定意义上就是人心的问题：人心向善，则社会向善；人心向恶，则社会趋向堕落。因此，在王阳明那里，政治问题的本源在于人心，而礼仪规范等制度性问题则是政治中的第二义。治世即是治心，在道德修养中可以不断地端正自己心里的念头，那么，如何保证政治的正当性和实现良好的政治社会生活呢？在王阳明那里，这些问题是和“在心上用功”紧密联系在一起的。王阳明认为，所谓“心”不仅只是一团血肉，而且还蕴含了儒家的道德与政治原则，是道德之心、政治之心。“心”在政治生活中具有本原的意义，那么，要实现良好的政治生活，推行儒家的理想政治，无疑要强调社会个体在心上做工夫，只有从心上用功，在心上磨炼，解决内在的政治观念和政治情感的问题，现实中的政治事务方可以得到合理的安顿。否则，如果仅仅立足从政治的外在形式，在形式上揣度模仿，便丧失了政治的正当性，是道德的表演、虚假的政治。因此，王阳明哲学中的心学功夫不单是个体的修养兴趣，同时也是一个重要的政治问题。王阳明之化治世为治心的政治观在解释当时和此前历史上的政治问题时显示出了其独特之处，而且，基于本心的政治观对王阳明从事的实际政治事务也有所推动。另外，站在我们今天的历史时刻来看，本心的政治相较于基于权术的政治哲学和基于法律（制度）的政治哲学，由于它触及了政治中的道德本心问题，重视人心的问题在政治操作中的意义，使我们在重视制度建设的同时，也不忽视人心的道德建设，因而对于现实政治仍然具有一定的启发性，这些都是王阳明化治世为治心之政治观的意义所在。

良知是王阳明哲学之“心体”的内涵，同时更是王阳明哲学的主要观念，我们认为，良知学说虽然主要侧重于道德意志和道德情感的问题，但同时也具有政治的向度。良知的政治向度首先表现在其作为生活的准则。王阳明教人将良知作为自己为人处世的准则，在他看来，良知不仅是要当作判断是非善恶的标准，而且还要作为个人行为的准则，实现个体良好生活的行动准则。另外，王阳明还一再强调，人人都有良知。既然人人有良知，人人便都可以以良知为准则，那么良知的准则性便从个体修养层面扩大到整个社会共同遵守的准则层面，并成为共同体成员的心理定势。良知从个体原则扩展为共同体成员的集体意识，为良知从个人的道德原则发展成为社会内在的普遍约束机制提供了可能。如此，良知从个人的道德信念演变成个人的行动准则，并可能进一步演化为整个社会共同遵守的内在准则。我们认为，良知作为准则乃是一种不成文的准则，较之法律制度，这一准则可能显得无力，但在理论上良知仍可以算作人们为过上良好生活所必要遵守的准则。在王阳明看来，如果人人都能信奉良知，天下之人皆以致良知为务，发扬道德自觉性，那么就能够实现人间社会的正义和公平，视人犹己，视国犹家，这样，天下大同、万物一体的理想人间秩序便有望实现，良善的社会也就可能出现。王阳明的这一理想，实际上是一种对道德政治的自信，也是对良知学说政治效用的期待，世之君子人人致其良知，也就是社会上人人发扬自身内在的道德意志、道德情感和道德理性，进而依照良知在现实活动中高度自律，在这样一个道德高尚的共同体里，必然会有一个良好的政治生活，这就是良知的理想政治效用。王阳明十分信赖良知学说的政治效用，他认为若众人都知晓良知，并能切实地致良知，知行合一，认真践履，那么，在政治上便会产生理想的效果（天下治）。

毫无疑问，王阳明对于良知政治效用的期望包含相当大的理想成分，但对于阳明来说，他的这个“乌托邦”理想在逻辑上是自洽的：人人有道德良知并按良知行事，人人行善去恶，社会自然求无治而不可得。当然，“乌托邦”毕竟只是一种良好的愿望和理念，反映了人们对于现实的不满和对理想的期待，并没有现实存在的空间和时间，所以良知学说的政治效用也只是停留在阳明及其后学的良好愿望里。另外，王阳明的良知作为阳明哲学的核心概念，不仅可以视作日常生活和政治生活中的一种基本准则，而且还与政治哲学中的关键词语“平等”“自由”等存在着一定的联系。当然，需要特别指出的是，良知的平等自由精神和近代以来政治哲学所倡导的平等主义政治、自由主义政治不可同日而语，良知学说所蕴含的平等自由主要是精神层面的。王阳明曾反复强调，一般民众和圣贤一样，在良知本体上没有二致，也就是说在精神人格上众人是平等的，没有高下贵贱之别，这种平等精神为人们追求政治上的平等提供了哲学依据。王阳明的良知学说还具有倡导精神自由或者意志自由的意涵。既然众人在精神上是平等的，那么个体之精神必有可贵之处。每个个体在良知本体上都是完善的，所以行动的根据不是权威的言论，不是先知的引导，而是自己的良知。良知学说所倡导的“自作主宰”，其实质是提倡人们的意志自由，不是现代政治哲学意义上的政治自由，然而意志自由是政治自由的前提，对精神或者意志自由的强调和维护，正是人们争取法律政治自由的精神基础。正是在这个意义上，我们认为王阳明的良知学说不仅是一种道德本体意义上的观念，同时还有着鲜明的政治意义，而且还具有了与近代政治精神相勾连的地方。

王阳明身后，弟子门人众多，其中不乏在思想上有成就的哲学家，这些人对阳明哲学思想作了多重发挥。王阳明“万物一体”的理想秩序，如王畿、王艮等后学都从不同方面予以了继承，另外，诸如颜钧、何心隐等人还将这些理想付诸社会试验，并取得了初步的成效，引起了一定的争议。以阳明弟子王艮和受阳明影响至大的李贽两位中晚明哲学家为例，或可以简单说明阳明哲学的政治向度在中晚明思想界的演变。王艮继承了阳明构建“万物一体”人间秩序和往复三代之治的理想，在其一生思想和行动中多次表达了对这一理想信念的坚持。同时，王艮还将阳明的“以心为本”的政治观发展到“以身为本”的政治观，强调个体的感性存在对于政治的意义。王艮“身本政治”突出了个体感性生命和个人日常生活对于政治事务的意义，使得政治事务不仅仅流于一种只关注家国天下的宏大叙事而忽视政治社会中个体的存在价值。这也是对王阳明重视自家良知政治意义的继承和发展。另外，王艮还提出“大成师道”的思想，强调道统的传承对于政治社会的重要意义，认为儒者应该积极用所传承的圣人之教教化社会、参与政治，进而实现理想的政治。这一思想，表达了他和王阳明如出一辙的政治关怀，但从表现形式上来看，王阳明的政治关怀较为含蓄，而王艮的政治关怀更为张狂。王艮之后，李贽对王阳明哲学的政治向度也予以了吸收和改造。李贽在阳明良知学说的基础上提出“童心”说，来强调真实无妄在生活中的意义，同时猛烈抨击人人虚假造成的堕落社会。另外，李贽比王阳明更为激烈地追求平等，他强调圣人和凡人平等、庶人和王侯平等，认为人与人之间没有高低贵贱之分别。李贽的这些思想对晚明社会冲击甚大，这也进一步说明了王阳明哲学经改造和发挥后的社会影响力。近代以来，王阳明心学再次在思想界复兴。近代中国，处在一个前所未有的变革时代，为了唤起民众的革命精神来推进时代的变革，许多思想家认识到治心对于治世的作用，都易于从以强调自尊自强、注重心力的阳明心学中为挽救中国的劫难寻找精神资源。我们认为，引领近代中国思想界的主要人物，从龚自珍、魏源到康有为、梁启超、谭嗣同，从章太炎到孙中山等人，都曾在不同程度上推崇阳明心学，强调“以心挽劫”，鼓吹以精神的力量来救国救世。他们在一定意义上认同王阳明哲学崇尚心体的学说，高度重视心力、精神、意志等力量对于政治的意义，并期望以阳明学“自尊无畏”的精神激励国民，实现民族独立、国家富强、人民幸福的政治理想。从王阳明哲学的演变发挥来看，其政治向度不仅是通过王阳明哲学本身反映出来的，后学对王阳明哲学的发挥和回应，也使得我们应更加重视阳明哲学所蕴含的政治向度。

从以上对王阳明哲学政治向度的概要大致可以看出，王阳明哲学的政治向度，严格来说是儒家心性学说、道德学说所蕴含的一种政治向度，是一种基于伦理的政治观念，这一向度从没有偏离过以心性为主要内涵的儒家伦理学说。日本学者岛田虔次曾认为王阳明心学是古典儒家哲学的极限，[①] 如果按照这一说法，那么也可以说王阳明心学的政治向度也是儒家伦理政治的一个高峰。王阳明将儒家心性哲学的伦理政治向度作了较为典型的发挥，直接把治世问题归结为治心问题，将内圣与外王合为一体，并将发明心体之良知、化德性为德行作为构建良好社会的不二法门，把政治问题又拉回到个体心性修养的工夫中，试图对政治问题作一根本上的解决，以拯救天下人心的陷溺和堕落，从而往复三代之治，实现万物一体的人间秩序以及至善的社会生活。

总之，从思想脉络上，本书所讨论的王阳明哲学之政治向度大致可以归结为如下所述：王阳明哲学一般被视之为心性之学，在这样一种心性哲学里，政治是否可能以及如何展现？本书认为，虽然不能将王阳明哲学的主要问题简单表达为政治问题，但王阳明哲学却明显地蕴含着内在的政治向度，这是在王阳明哲学研究中所不能忽视的一个理解维度。王阳明哲学的政治向度源自阳明一生深沉的政治关怀，这种关怀从王阳明的为学、为政、为教事业里展现出来。从深沉的政治关怀出发，王阳明坚信万物一体的秩序为理想的人间秩序，同时认定儒家一贯推崇的“三代之治”为政治社会的理想模式。围绕着上述政治理想，王阳明哲学的政治向度表现为基于本心

---

① 岛田氏认为：“阳明心学是儒家思想（或者是中国思想）的极限，超越阳明心学，儒家思想在本质上就已经不再是儒家思想了。”（岛田虔次：《中国近代思维的挫折·序》，甘万萍译，江苏人民出版社2005年版，第4页）

的政治哲学观，即将治世的政治问题转化为治心的道德问题。本书通过分析认为，心学的政治哲学观，把仁心作为思考政治问题的出发点，以实质的政治正义为指向，以良知为政治社会的准则，强调人与人之间的本质平等，也重视个人的意志力量在改造社会中的作用。王阳明哲学的政治向度，也体现在后学对他思想的发挥上，如王艮、李贽等思想家，以及中国近代以来的王学复兴思想潮流，都曾对阳明哲学的政治向度做出过多重的历史回应。

从王阳明本人的政治关怀、其哲学思想里表现出来的政治理想和政治哲学观以及后学对阳明哲学思想的回应等来看，对于王阳明哲学来说，绝不仅仅只向心性的一面展开，同时也指向政治的一面。发掘王阳明哲学的政治向度，对于我们理解儒学、哲学的政治指向，对于我们理解人心、人性与社会政治生活的关系，理解个体的心性良知与公共生活的关系，以及我们构建中国传统政治哲学和丰富当代中国的政治文明，都具有一定的积极意义。

第一章

王阳明的政治关怀

哲学家个人的生活世界与其哲学思想世界往往相关，他们在生活世界里展现出的特色和其哲学的特色在一定意义上是一致的，用王阳明的话来说就是“知行合一”。苏格拉底、孔子、孟子等都是将自己的生活世界融入思想世界的哲学家，他们的生活世界往往就是其哲学思想的生动诠释和具体体现。

依照人生经历和其哲学的特质来分析，王阳明正是这样的哲学家：一方面，王阳明的哲学学说来源于人生旅途的历练和体验，诚如他自己所言：“某于此良知之说，从百死千难中得来。”（《年谱二》，《全集》卷三十四，第1279页）另一方面，王阳明所主张的哲学思想又主宰着个人的生活世界：“我今信得这良知真是真非，信手行去，更不着些覆藏。”（《传习录下》，《全集》卷三，第116页）从哲学家的哲学思想与生活世界的关系来看，我们考察王阳明生平事业及其与当时政治社会的相关性，从其人生经历中来探讨王阳明的政治关怀，对于发掘王阳明哲学思想中所蕴含的政治向度有极为重要的意义。有关王阳明的一生经历与其哲学思想的形成和发展的关系，《年谱》上有着详细的记载，后世学者也往往容易从王阳明的生平事业来理解其哲学思想，又从其哲学思想来思量其平生事业。而且，历史地来看，王阳明一生跌宕起伏的经历也确实为其学说思想增添了不少色彩，特别是其军事生涯，更是为后人津津乐道。

钱穆先生在20世纪30年代曾作《阳明学述要》一书，该书开头即提出：“讲王学的人，自然不可不深切注意于阳明一生的事业。”① 那么，在他的人生经历中，哪些算得上是王阳明一生的事业呢？一般认为，王阳明的事业主要是指他在现实政治中的作为，即指王阳明一生的赫赫事功，如平南赣民变、平宁藩之乱、平思田之变等。这实际上是就王阳明所立下的具体政治事功而言的，是其作为一个王朝的官吏所应该承担的政治责任，其政治效果也是时人所能当下感受到的。中国传统的哲学家，往往都是“学而优则仕”，在他们进行思想创造的同时，也担任着一定的行政官职，要履行作为为政者的职责，孔子如是，董仲舒如是，朱熹如是，王阳明也如是。作为哲学家而言，王阳明的事业绝不仅止于此，他作为一个哲学家、思

---

① 钱穆：《阳明学述要·序》，《钱宾四先生全集》（第10册），（台湾）联经出版事业股份有限公司1998年版，第3页。

想家的政治关怀，也绝不仅仅局限于一个“食君之禄、忠君之事”的王朝官吏所具有的层次上，而其对政治社会的影响也不是只限于当时具体历史情境。近代哲学家金岳霖在论述“中国哲学”时说道：“一位杰出的儒家哲人，即便不在生前，至少在他死后，是一种无冕之王，或者是一位无任所大臣，因为他陶铸了时代精神，使社会生活在不同程度上得到维系。”[①] 我们认为，王阳明正是金岳霖所描述的这样一位杰出的儒家哲人和“无冕之王”：他作为明代最有影响的哲学家，挑战当时最流行的主流思想，发起明代中后期的“心学”运动并不懈地进行“讲学”活动，门徒遍及朝野，影响波及百年，陶铸了中晚明的时代精神，同时也使流传千年的儒学得到了最后一次巨大振兴。张载的“为天地立心，为生民立命，为往圣继绝学，为万世开太平”，是对儒家哲学家事业的期许。我们也可以说，对于时代乃至后世的精神刻画和长远影响，对于思想历史的传承与更新，对于苍生的关怀以及为之代言，这正是哲学家真正的事业。

如果我们从陶铸时代精神、维系社会生活、传承和更新思想历史等角度来考察阳明的事业，进而以此考究王阳明的政治关怀，那么我们大约可以将王阳明的事业划分为三个部分：第一，为学事业。即王阳明独具其个人色彩的心学创造活动，王阳明的为学事业实现了对处于正统和主流意识形态地位之朱子学的挑战，并且陶铸了中晚明儒学的时代精神，这是王阳明事业中最为辉煌也是对后世影响最为深远的部分，也是其作为哲学家最为重要的事业。第二，为政事业。即前面所说的王阳明作为王朝官吏的具体政治活动，也即其为明王朝立下的显赫功业，王阳明的政治活动在一定程度上、一定范围内维系了明王朝的政治秩序，而且由于这些功勋使得王阳明的学说更容易被人接受，也增加了王阳明作为哲学家的个人魅力，另外，这也使得他可以凭借政治资源来推行其哲学理念。第三，为教事业。王阳明一生所教授的弟子众多，建立和主讲的书院计有十多处，而且，王阳明为官一任必教化一方，他在为教事业上的功绩，对于教化风俗、维护当时时代的政治秩序来说，实际上并不比其从事实际政治活动所造就的功绩逊色，而且由他所开启的明代儒家讲

① 金岳霖：《中国哲学》，《金岳霖集》，中国社会科学出版社2000年版，第46页。

学活动，对儒学的普及也有着巨大的贡献。

当然，上述划分不是截然的。因为，在王阳明一生的事业中，许多事情是紧密联系在一起的，如为学的过程伴随着为教事业，而且这二者合在一起，也可以套用明儒话语，即“讲学”一事。但是，如果从上述三项事业各自的出发点和针对性而言，我们的划分还是具有一定依据的。这是因为：为学事业是王阳明出自对明代朱子学的不满而生发出来的，有些儒者可能是一个好的讲学者和布道者，但不一定能够独创新说以发展儒学；为政事业是王阳明作为官吏的职责所在，其之所以在政治上取得巨大成就，也可以看作其哲学思想指导下的副产品；而为教事业是学问家、儒学家、哲学家的天然使命，主要是在宣传、推广哲学家自己信奉的学说，有些哲学家可以创造出杰出的理论，但往往在学说的推广活动中做得很糟糕，其学说往往在生前寂寂无闻。我们认为，作为一个关心政治的哲学家，王阳明在上述三项事业中都做出了具有特色的成就，将其分项区分开来，可能会更加清晰地凸现王阳明一生事业的辉煌，也能有助于我们说清楚其蕴含在一生活动中的政治关怀。

上述划分只是为了叙述的方便，并不具有绝对性，但有一点必须明确，那就是无论将王阳明一生的成就如何划分，都可以看到王阳明的政治关怀是一以贯之的，他的为学、为政和为教事业要么是在理论上筹划更好的公共生活，要么是直接参与公共生活，在一定意义上都指向了人类更好的政治生活。下面我们将从为学、为政、为教三个方面来说明王阳明生活世界里所呈现的政治关怀。

一、挑战朱学正统的“为学”

在儒家思想发展的历程上，长期以来是以先秦产生的文献作为经典，如“五经”系统，但这一情况在宋元之后有所变化，变化的主要因素就是将朱熹的著作加入了经典系统。宋元之后，朱子学成为儒家学说里的权威思想，朱子的著作成为具有经典地位的文本。换言之，朱子学成为当时儒家思想的正统。在王阳明成学之前，明代的思想界情况大致如此。在朱子学处于正统地位的思想格局下，针对朱子学而产生的阳明学，是一种新的思想潮流。在这一意义上，王阳明的为学是儒家学说内部的一场深刻变革，是对居于正统地位意识形态的一次反动，正因如此，所以嵇文甫认为："王阳明是宋明五百年道学史上一位最有光辉的人物。由他所领导起来的学术运动，是一种道学革新运动，也就是一种反朱学运动。"①历史地来看，王阳明大部分思想话语都是针对朱子学提出的，他的为学实际上就是对朱子学的一场挑战。如所周知，王阳明时代的正统学术思想是先秦儒学发展到宋明理学时期的一个特定形态——朱子学。朱子学既是当时的主流学术思想，也是当时明王朝钦定的"国家意识形态"，为统治者和思想界广为接受。对这一具有深厚根基和获得了广泛支持的学说而言，革新思想就意味着挑战权威，挑战权威意味着扰乱秩序。由此来看，王阳明的为学由于对正统的思想意识形态有所冲击，就不再仅仅是个学术的问题，其本身就已经具有了政治意义。

在先秦时期，儒学只是诸多思想流派中的一家，虽然在一定时期内与墨家一起并称"显学"，但是并不具备独占性的地位，也不为君主所看重，常常还与君主们所推崇的霸道、法术等治国方略背道而驰。从孔子、孟子在列国四处碰壁的情况，我们大约可以看到儒家思想在先秦时期政治上的处境。短暂的秦朝信奉法家，汉代初期推崇黄老之学，儒学也还只是诸子之一。儒学以"经学"的地位成为学术的正统或者国家的意识形态②，到西汉的汉武帝与董仲舒的时代才蔚为规模。董仲舒向汉武帝建议道：

> 《春秋》大一统者，天地之常经，古今之通谊也。今师异道，人异论，百家殊方，指意不同，是以上亡以持一统，法制数变，下不知所守。臣愚以为诸不在六艺之科，孔子之术者，皆绝其道，勿使并进。邪辟之说灭息，然后统纪可一而法度可明，民知所从矣。(《汉书·董仲舒传》)

---

① 嵇文甫：《晚明思想史论》，第1页。

② 关于"意识形态"概念，众说纷纭。《布莱克维尔政治学百科全书》认为："意识形态是具有符号意义的信仰和观点的表达形式，它以表现、解释和评价现实世界的方法来形成、动员、指导、组织和证明一定的行为模式和方式，并否定其他一些行为模式或方式。"（戴维·米勒、韦农·波格丹诺编：《布莱克维尔政治学百科全书》，邓正来等译，中国政法大学出版社1992年版，第345页）这一界定十分广阔，适用很广。而本书所言意识形态相对侧重从政治维度来理解，"意识形态就是以一定社会集团的利益和要求为出发点，以一定哲学（或宗教）为基础，以一定价值观为核心，以一定政治目标或社会理想为标识，以一定的话语系统表达出来并通过一定的组织程序确立起来的系统的思想信念"（朱兆中：《中国社会主义意识形态建设纵论》，上海人民出版社2003年版，第5页）。

董仲舒认为儒家所主张的“大一统”理论，超越时空，具有永恒而普遍的价值，按照“大一统”的思路，除了政治上的统一和集权之外，在思想意识上也要实现单一化，特别是在指导性的思想意识上要保持单一性，这样才能有利于政权的集中统一以及统治的顺畅。董仲舒这段极具政治色彩或者意识形态色彩的“独尊儒术”论，将儒学独尊的政治意义（如法度可明，民知所从）浓墨重彩地铺陈开来，对统治阶层极具诱惑。就当时的历史形势而言，经过汉初的休养生息，到了汉武帝时期，西汉的国力已经颇为强盛。然而在这样的强盛背后，汉帝国也潜伏着种种危机，其中最为突出的，是由于汉初分封同姓王的制度，造成了拥有强大实力的刘姓宗室诸侯对中央政府权威的巨大挑战和潜在威胁。虽然，在汉景帝时期爆发的“七国之乱”已经被平息，帝国的危机被降到最低程度，然而问题却依然存在，那就是如何有效地巩固中央集权，防止威胁中央政府权威的动乱再次爆发？上面这个问题反映到意识形态领域，就是如何妥当处理思想的多元发展同帝国集权之间的矛盾？面对这样的时代问题，董仲舒提出了用儒学来统一国家的意识形态进而维护中央集权的政治体制，可以说是投了统治阶层之所好，也就是上面提到的对最高统治者来说充满了“诱惑”。董仲舒“独尊儒术”的建议被汉武帝采纳后，儒学作为国家意识形态（而不再仅仅是“百家争鸣”的一家），便成为根深蒂固的“汉家制度”。西汉以降的2000年中，从西汉中期一直到20世纪的五四新文化运动，无论天下的分合、王朝的兴替、政权的更迭、外族的进退乃至佛道的消长，儒学作为社会的主流意识形态或者说官方意识形态地位都没有受到过根本性的冲击，一直牢牢地处在社会核心价值的位置上而主宰着中国传统社会的道德风气与人心所向。历代政权往往都是靠着军事实力建立起来，但“马上得天下”不一定能够在“马上治天下”，而儒家在维护君主集权的统治秩序上有着强大的理论支持，在保持社会秩序上也有着丰富的思想资源，因此儒学思想往往能够被统治阶层所重视并用来作为公开宣扬的意识形态，以此来统一社会政治思想，以期实现稳定的统治秩序。隋唐以来，儒学的经典更是成为科举考试的主要文献依据，儒学在士大夫那里得到更为广泛的普及。虽然隋唐佛教思想在思想文化上给儒学以冲击，但在对国家治理和士大夫政治关怀的影响上，还是与儒家存在一定的差距。正是因为在政治意识形态上为政权所推崇，为士大夫进入仕途所必须研习的对象，故而儒学也能够成为历代官方学术的正统。

当然，在不同的朝代，儒学作为学术正统则表现出不同的具体形态。在王阳明时代，作为意识形态的儒学，特指的是成型于南宋的朱子学。当然，朱子学不是从一诞生就天然地具有了国家意识形态的地位。朱子学也是通过朱熹等人（包括朱熹的前辈，如周敦颐、张载、二程等人在理学上的积淀）对汉唐儒学的反动而渐成气候，而朱子学获得官方认可成为国家意识形态则又是朱熹个人身后之事。朱子学从宋理宗开始逐渐成为官方学说，又历元朝，至明代已成为坚实的国家意识形态和不可动摇的学术正统。

朱熹一生主要精力在治学上，仕宦时间不长，“熹登第五十年，仕于外者仅九考，立朝才四十日”①。虽然担任王朝官吏的时间相对较短，但他一生心系家国，特别是对南宋偏安一隅的危颓国势充满了忧患意识，“先生平居惓惓，无一念不在于国。闻时政之阙失，则戚然有不豫之色，语及国势之未振，则感慨以至泣下”②。朱熹本人热心地关怀家国天下，但其学说在生前却多遭来自官方的诘难。朱熹所创立的理学思想在晚年他本人遭“庆元党禁”③之后，在相当长的时间里被斥为“伪学”。作为一个极度关心政治的哲学家，遭到“伪学之禁”的政治构陷和打击，对哲学家来说，可谓一种不幸，朱熹本人也因此抑郁而终。然而，哲学家的肉体生命有限，而创造新型的思想学说作为哲学家的精神生命是无限的，一旦哲学家的哲学学说得到后世的认同，无疑在某种意义上延长了哲学家的精神生命，这也是对哲学家生前沉思生活的最高褒奖。如此，我们就能更好地

---

① 脱脱等：《朱熹传》，《宋史》卷四百二十九，中华书局1977年版，第12767页。

② 黄榦：《朝奉大夫文华阁待制赠宝谟阁直学士通议大夫谥文朱先生行状》，王懋竑：《朱熹年谱》，何忠礼点校，中华书局1998年版，第516页。

③ 按：宋室南渡以后，绍熙末年，宋宁宗在赵汝愚、韩侂胄等人的拥戴下，登上了皇帝的宝座。赵汝愚为相，招揽名士，朱熹被召入经筵，给皇帝讲书。韩侂胄与赵汝愚不和，遂加以排挤。而朱熹则联合吏部侍郎彭龟年等弹劾韩侂胄，但宋宁宗信任韩侂胄，将朱熹罢免，赵汝愚和中书舍人陈傅良等竭力挽救，终无结果。庆元元年（1195）二月，赵汝愚罢相，出知福州。同年十一月，赵汝愚被流放于永州（今湖南零陵），次年正月，暴死于衡州（今湖南衡阳）。这时，韩侂胄当政，斥道学为“伪学”，“以网括汝愚、朱熹门下知名之士”。庆元三年（1197），将赵汝愚、朱熹及其同情者定为“逆党”，开列“伪学逆党”名单凡五十九人。朱熹等理学家的著作遭到禁毁，与他们有关系的人既不准为官，又不能参加科考。这就是历史上的“庆元党禁”，朱熹的学说随着这次党禁而被压制，直到嘉泰二年（1202），才开弛党禁。

理解哲学家苏格拉底在《申辩》里所说："我去死，你们去活，谁的去路好，唯有神知道。"[①] 朱子学作为一种思想学说，对于作为哲学家的朱熹而言，情况也是如此。虽然朱熹生前在现实政治事务中遭到排挤和否定，但思想的流传却让其精神重生。从这个意义上讲，创造出有价值、有创见的思想学说的哲学家，后世是不会将他们遗忘的，他们会以一种思想的方式再次出现。朱熹去世后不久，其生前的政治活动和哲学思考就逐渐得到了一定形式的肯定。《宋史》上载："嘉泰初，学禁稍弛。二年，诏：'朱熹已致仕，除华文阁待制，与致仕恩泽。'后侂胄死，诏赐熹遗表恩泽，谥曰'文'。寻赠中大夫，特赠宝谟阁直学士。理宗宝庆三年，赠太师，追封信国公，改徽国。"[②] "淳祐元年正月，上视学，手诏以周、张、二程及熹从祀孔子庙。"[③] 从上述史料看，朱熹在政治上和儒学史上的地位，得到了来自官方的正式肯定和嘉奖。在朱熹身后政治地位逐步提高的同时，其思想学说的地位也随之渐渐提高。南宋宝庆三年（1227），宋理宗诏行朱著《四书集注》于天下。自此之后，朱子学开始以国家官方钦定学术正统的面目出现在学术界和政治社会中，为天下士子研习诵读，学习和熟悉朱子之学也逐渐成为读书人踏入具体政治领域的重要入门之阶。

元朝时期，朱子学成为科举考试的依据。元仁宗重视儒学对于统治的作用，恢复科举取士，"朕所愿者，安百姓以图至治，然匪用儒士，何以致此？设科取士，庶几得真儒之用，而治道可兴也"[④]。皇庆二年（1313），元仁宗下诏恢复科举考试，此前由于王朝更替、战争滋扰而中断的科举考试开始恢复，延祐二年（1315）开始了进士的廷试，完成这一轮科举复考。在元代这一轮科举恢复的活动中，元仁宗钦定朱熹的《四书集注》为考试内容和"标准答案"，元人苏天爵记载：

> 逮仁庙临御，肇兴贡举，网罗俊彦，其程试之法，表章六经，至于《论语》《大学》《中庸》《孟子》，专以周、程、朱

---

① 柏拉图：《苏格拉底的申辩》，严群译，商务印书馆1983年版，第80页。
② 脱脱等：《朱熹传》，《宋史》卷四百二十九，第12768页。
③ 脱脱等：《朱熹传》，《宋史》卷四百二十九，第12769页。
④ 宋濂等：《仁宗本纪》，《元史》卷二十四，中华书局1976年版，第558页。

子之说为主，定为国是，而曲学异说，悉罢黜之。[1]

如所周知，中国古代自隋唐以后，科举考试一直是国家选举官吏和控制思想的主要手段，科举考试破除了此前依靠门阀士族出身的选官制度，使得普通士子可以依靠自己努力而获得晋升机会。科考的试题来源和答题标准是士子们为了博取功名而必须穷数年之力（对于有些人来说，甚至是毕生精力）来予以研读的，研读的过程，对于大部分士子来说，同时也是其个人思想形成和完善的过程。这样，研读的对象——儒家经典里所表达的思想就一代代地渗透到读书人的头脑里，通过形塑士大夫的思想而成为社会上主流的意识形态。读书人入仕之后，进而依据这些思想来经邦济国，教化风俗。朱子学在元代经钦定成为科举考试的依据，被“定为国是”[2]，这一思想史上的重大事件，使得朱子学取得了正式合法的国家意识形态和国家正统学术的地位。而此后的元惠宗至元元年（1335），皇帝下诏兴建朱熹祠庙，以及后来统治者对朱子后人各种形式的褒奖，进一步使朱子在中国古代社会里获得了类似于孔子式的先圣、先师之地位，这些都让朱学作为官方意识形态得到不断神圣化和制度化。

及至明代，朱元璋、朱棣父子亲自框定朱子学作为明王朝的国家意识形态，并使朱子学获得了独尊的地位。朱元璋在明王朝国定之初，诏令天下立学，以朱子《四书集注》和儒家经典《诗》《书》《礼》《易》《春秋》五经为依据，来考选士子，录用治国人才。《明史》记载：

后颁科举定式，初场试四书义三道，经义四道。《四书》主朱子《集注》，《易》主程《传》、朱子《本义》，《书》主蔡氏《传》及古注疏，《诗》主朱子《集传》，《春秋》主左氏、公羊、

① 苏天爵：《伊洛渊源录序》，《滋溪文稿》卷五，陈高华、孟繁清点校，中华书局1997年版，第74页。

② 余英时认为，“国是”作为一个“法度化”的概念，是一个独特的政治现象，在宋代政治文化中具有特定的重要意义。朱熹生前许多思想就和宋代的“国是”问题具有相当的联系。参见余英时《朱熹的历史世界：宋代士大夫政治文化的研究》第五章“‘国是’考”，朱熹对宋代的“国是”问题有着深刻的认识，但是，朱熹本人大概没有想到，自己的哲学思想也会被“定为国是”。

榖梁三传及胡安国、张洽传，《礼记》主古注疏。①

明代科举考试依据的儒家经典还是四书五经，但对四书五经的解释中却独尊程朱一脉。明成祖朱棣夺取帝位以后，开始更大规模地强化朱学作为国家意识形态的活动。他下诏编订以朱子学为主脑的《五经大全》《四书大全》《性理大全》，实际上就是朱子学国家意识形态化的一场运动，这场运动的成果就是使上述三部《大全》成为明朝国家意识形态的书面载体，而借助三部《大全》，朱子学也由此牢牢地占据了明代正统学术的位置。三部《大全》基本上是朱子学的集成，其"注疏传释"大致上不出乎朱学的范围，《大全》所选内容大多不是朱子本人的注疏、著作，就是其弟子门人后学所撰的著作。② 明初，国家意识形态经朱元璋父子框定之后，不仅在科举经义考试上以朱子学为基本标准，在学术思想层面上，也基本上是以朱子为宗，学者极力推崇朱子学而不敢逾越之。明初学者薛瑄认为：

《四书集注》《章句》《或问》，皆朱子萃群贤之言议，而折衷以义理之权衡，至广至大，至精至密。发挥先圣贤之心，殆无余蕴，学者但当依朱子，精思熟读，循序渐进。③

薛瑄对朱子学的认识大致上代表了明初儒学士人对待朱子学的基本态度，从明代初年士林的态度，可以看出朱子学在明初的思想界取得了独尊的地位。明代初年的儒士，多为宗朱学者，对此状况，《明史》上也有记载："原夫明初诸儒，皆朱子门人之支流余裔，师

① 张廷玉等：《选举志二》，《明史》卷七十，第1694页。

② 在《五经大全》里，《周易大全》所据为程颐《伊川易传》、朱熹《易本义》，《书传大全》所据为蔡沈《书集传》，《诗经大全》所据为朱熹《诗集传》，《春秋大全》所据为胡安国《春秋传》，《礼记大全》所据为陈澔《云庄礼记集说》，其中，胡安国乃是程门私淑弟子，蔡沈是朱熹的学生，陈澔之父陈大猷是朱熹门下第三代弟子。《四书大全》，是朱熹《四书集注》的放大，引用的先儒学说，据是书凡例所列，共106家之多，其中大多是程朱学派中人，朱子门下学生及后学最多。《性理大全》所列的先儒学说，情况和《四书大全》一样，大多是朱子所注所撰经典和朱子门人的著述。[参见徐洪兴、杨月清、殷小勇编著：《中国理学》（第1卷），东方出版中心2002年版，第158—159页]

③ 薛瑄：《读书录》卷一，孙浦桓点校，凤凰出版社2017年版，第10页。

承有自，矩矱秩然。”[①] 对于明代学术受朱子学说主导的局面，黄宗羲结合阳明学对于当时学术的意义，曾认为在阳明学未出之时，明代儒生盲目尊朱，在没有反思的情况下都接受了朱子学的思想，他在《姚江学案》的序言里说道：

> 有明学术，从前习熟先儒之成说，未尝反身理会，推见至隐，所谓“此亦一述朱，彼亦一述朱”耳。高忠宪云：“薛敬轩、吕泾野《语录》中，皆无甚透悟。”亦为是也。自姚江指点出“良知人人现在，一反观而自得”，便人人有个作圣之路。故无姚江，则古来之学脉绝矣。[②]

黄宗羲的这一判断应该说比较符合明代阳明学之前的思想状况，王阳明本人在年轻时也研习朱子学，只是他通过反思发现了朱子学存在他所不能解决的理论困境，才另出一途并发明心学的。在朱子学一统学界思想的状况下，更加凸显出王阳明为学在思想史上的重要意义。据黄宗羲在《明儒学案》里的记载，泰州学派的祝世禄对于王阳明的为学十分赞叹，将其誉为“革命”和“转法轮”，他说：

> 王新建（阳明）在事业有佐命之功，在学问有革命之功。盖支离之说，浸灌入人心髓久矣，非有开天辟地大神力大光明，必不能为吾道转此法轮。[③]

祝世禄是阳明后学，站在心学的立场上，使用“大神力”“大光明”等宗教性言语对阳明予以赞美，其判断未免有过誉之嫌。但从他的话语里也可以看出，朱子学在阳明之前已经深入广大读书人的内心，想要扭转过来必须有重大的理论突破，这种突破足以震慑人心并鞭辟入里，才能消除或减弱朱子学在明代思想界的影响力。由上简单列举可知，朱子学说的影响在明代十分广泛深远，是意识形

---

① 张廷玉等：《儒林列传一》，《明史》卷二百八十二，第7222页。
② 黄宗羲：《姚江学案》，《明儒学案》卷十，沈芝盈点校，第179页。
③ 黄宗羲：《泰州学案四》，《明儒学案》卷三十五，沈芝盈点校，第852页。

态领域的核心和主流，思想界形成了“此亦一述朱，彼亦一述朱”独占性局面，这种局面也是王阳明成学所面对的思想或哲学背景。可以说，在这种思想一元、学术一尊的情势下，王阳明为学的“革命性”意义确乎重大，正是因为面对强大的思想传统与学术惯性力量，王阳明的思想革新才更加具有价值。如上所述，黄宗羲、祝世禄等明代儒者已经将其上升到儒家学术学脉存续甚至思想意义上的“开天辟地”的高度了。虽然这些评价显然有过高过大之嫌，但在朱子学作为官学正统的明代思想界，王阳明独辟新说、挑战权威、改造思想界的格局，因而称其为学事业是一场“思想革命”，应该还是并不为过的。

王阳明成学之时，所面对的权威而正统的学术思想以及国家倡导的意识形态，就是这样一个经几朝皇帝钦定和数百年学者传承并被改造利用的朱子学。特别重要的是，明代所有的士子如要科考登第，就要熟悉朱子学。王阳明也一样，他出身科考状元之家［事指其父王华曾高中明成化十七年（1481）进士第一名］，年轻时也曾像所有的读书人一样修习举子业，并参加了科举考试，但他也不以此动心，他对同侪说：“世以不得第为耻，吾以不得第动心为耻。”（《年谱一》，《全集》卷三十三，第1223—1224页）显示了他与众不同的一面①。王阳明早年因对朱子格物说感兴趣，有“始慕圣学……语宋儒格物之学，谓‘圣人必可学而至’，遂深契之”以及“为宋儒格物之学……遍求考亭遗书读之”等治学体验，又有“亭前格竹”的切身感受：“官署中多竹，即取竹格之，沉思其理不得，遂遇疾。先生自委圣贤有分，乃随世就辞章之学。”（《年谱一》，《全集》卷三十三，第1223页）从这些经历来看，王阳明对朱子学可谓十分熟悉，既有理论的研读和科考的训练，也有实践的体验。然而此时，士人对待作为国家意识形态的朱子学，已经显现出故步自封、衰朽不堪的态势，朱子学所倡之“天理”本来是代表道德规范和社会秩序的根源，而当时的士人只将其作为科考仕进和博取清誉

① 这种在读书登第上的“与众不同”，在王阳明更为年幼的时候就体现出来。《年谱》上记载，十一岁的时候，王阳明就问塾师：“何为第一等事？”塾师的回答是：“惟读书登第耳。”而王阳明则语出惊人：“登第恐未为第一等事，或读书学圣贤耳。”（《年谱一》，《全集》卷三十三，第1221页）

的工具，作为价值理性的朱子学，此时更多展现的是工具理性。这样，“天理”和人的行为以及由人的行为所构建的政治社会秩序之间产生了明显的鸿沟，一面是儒家经典及朱子学所阐述的伦理原则，一面是人们将其作为晋升之阶而不在生活中真正践行。有鉴于此，王阳明感到除了有士大夫自身的功利倾向之外，朱子学本身也存在缺失之处。朱子学的缺失在于格物之学将天理与人心分离，这样，人心需要向外探求天理，因而人们放松对自己的道德要求而将心智转向对象物，其根子在于“析心与理为二”，他认为，“心”是不自欺的，如果人心的真实想法与天理对人的道德诉求隔若天壤，如何能求“天理”在主体行为上和社会生活上得以落实，如何能保证人们都按照“天理”去从事道德事务从而实现天理流行、天下大治呢？天理的旁落，其结果只能是“人心陷溺”。在王阳明看来，明代思想界之所以出现这样的分裂，其中的根本原因是学术不明，“此皆由学术误人之故，甚可悯矣”（《年谱三》，《全集》卷三十五，第1322页）。所谓“学术误人”，也就是朱子学自身理论存在重大缺陷而给士子带来方向上的偏差，因此他在各种场合强调当时主导思想给社会带来的问题：

> 理学不明，人心陷溺，是以士习日偷，风教不振。（《年谱三》，《全集》卷三十五，第1316页）
>
> 后世人心陷溺，祸乱相寻，皆由此学不明之故。（《寄邹谦之三》，《全集》卷六，第204页）
>
> 今夫天下之不治，由于士风之衰薄；而士风之衰薄，由于学术之不明；学术之不明，由于无豪杰之士者为之倡焉耳。（《送别省吾林都宪序》，《全集》卷二十二，第884页）

王阳明认为，儒家所提倡的“理”，本身代表人世道德之源泉，作为社会秩序之根底，这一点无疑是正当的，社会堕落的原因不是因为“理”的不正当，而是由于“人心”的不正当。换言之，天理不是问题，问题在于人们对待天理的态度。阳明认为，“天下不治”“人心陷溺”（此处用词可见阳明对当时政治社会的严厉批评），主要是因为人的心理、行为与天理脱节，天理没有转化成有效约束人的行为和社会风化的主体道德意识，天理作为规范显然形同虚设，游离于人们的日用常行之道德生活，道德生活中根本无法落实悬设于外的天理。[①] 而出现这种现象的原因，王阳明把矛头指向“学术不明”，“此皆由学术误人之故”，而当时的主流学术即是朱子学。因此，革新学术、拯救人心，就是要对朱子学为代表的官方学术予以深刻的反省，找出其弊病所在。这样的工作，需要“豪杰之士倡焉耳”，王阳明自己就是以这样的豪杰之士自命的，而革新学术力挽明代社会之弊，也成为王阳明的学术抱负。为了以学救世，王阳明说即使被人当作“病狂丧心”也不足为念，“是以每念斯民之陷溺，则为之戚然痛心，忘其身之不肖，而思以此救之，亦不自知其量者。天下之人见其若是，遂相与非笑而诋斥之，以为是病狂丧心之人耳。呜呼，是奚足恤哉？吾方疾痛之切体，而暇计人之非笑乎！”（《传习录中》，《全集》卷二，第80页）倡明心学以救世，这是一件非常迫切的事情，故而无暇顾及他人的非议嘲笑，这正是王阳明为学的动机和背景。作为一个原创性的哲学家，王阳明对其为学的目的有着十分明确的自觉，他曾说道：

> 昔王道之大行也，分田制禄，四民皆有定制。壮者修其孝弟忠信；老者衣帛食肉，不负戴于道路；死徙无出乡；出入相友；疾病相扶持。乌有耄耋之年而犹走衣食于道路者乎！周衰而王迹熄，民始有无恒产者。然其时圣学尚明，士虽贫困，犹有固穷之节；里闾族党，犹知有相恤之义。逮其后世，功利之说日浸以盛，不复知有明德亲民之实。士皆巧文博词以饰诈，相规以伪，相轧以利，外冠裳而内禽兽，而犹或自以为从事于圣贤之学。如是而欲挽而复之三代，呜呼其难哉！吾为此惧，揭知行合一之说，订致知格物之谬，思有以正人心，息邪说，以求明先圣之学，庶几君子闻大道之要，小人蒙至治之泽。（《书林思训卷》，《全集》卷八，第282页）

这一段文字近乎是王阳明对于自己倡明新说之理由的夫子自道。儒家都倾向于将“三代之治”作为理想政治的模型，王阳明和

① 参见杨国荣：《王学通论——从王阳明到熊十力》，华东师范大学出版社2003年版，第9页。

先儒一样，对儒家集体想象中的“三代之治”十分向往，认为三代之治就代表着理想政治社会，是王道乐土的集中体现。在这样的社会里，人们享受着至善的良好社会生活，青壮人士都按照儒家伦理原则生活，危困人士都能得到保全，老年人更是能安度晚年。可是，随着王道的渐衰，学术思想和政治社会一样每况愈下，儒家之道既不能行，也不能得到恰当的传承，于是离理想政治就越来越远了。面对这样的政治和学术的双重堕落，王阳明发出“挽而复之三代”的宏愿心声，希望以讲明学术而救赎政治社会，通过恢复儒家学说的本来面貌来实现良好的社会生活，人人各得其所，“君子闻大道之要，小人蒙至治之泽”。从上可见，王阳明的倡明新说绝不仅仅是个人的学术兴趣，而是蕴含着强烈的政治关怀在其中的，发挥学术思想的引领作用来端正人心、匡正政治，也就是通过正学达到至治。当然，这也是历代儒者一以贯之的理想，即通过儒家思想的发明和传播来改造社会。虽然，儒家的这种理想是很难实现的，朱熹也曾感叹：“千五百年之间，正坐为此，所以只是架漏牵补，过了时日。其间虽或不无小康，而尧、舜、三王、周公、孔子所传之道，未尝一日得行于天地之间也。”① 朱熹所论述的这种情况对于王阳明也有所适用，虽然王阳明的学说在当时影响很大，但后来的事实表明，其学术和政治理想未尽实现。尽管如此，王阳明的革新学术对明代社会的巨大影响是无可否认的，这种影响正如顾炎武所说：“以绝世之资，倡其新说，鼓动海内。”② 实际上，王阳明对儒学的革新和推进，其影响绝不止于前近代的中国思想历史，而且还一直绵延到近代和现代。

宋明理学思想发展的历史表明，王阳明的为学实现了对作为明代国家意识形态的朱子学的有力挑战，其理论结果是形成了风行天下的阳明心学，阳明心学的要紧处是“心即理”“良知”和“致良知”“知行合一”“万物一体”等思想。对这些具体哲学思想的政治向度进行分析，是本书以后几章的工作。但是我们可以看出，为学作为哲学家王阳明的一份事业，蕴含着其深刻的政治关怀。阳明心

---

① 朱熹：《答陈同甫》，《晦庵先生朱文公文集》卷三十六，朱杰人、严佐之、刘永翔主编：《朱子全书》（第21册），上海古籍出版社2010年版，第1583页。

② 顾炎武著，黄汝成集释：《日知录集释》卷十八，秦克诚点校，岳麓书社1994年版，第666页。

学的政治向度，还可以从王阳明身后的政治遭遇来分析。

王阳明生前遭朝野非议，身后曾一度被诋毁，其学亦曾遭伪学之禁，这种遭遇绝不仅是因为他擅离重任、不待诏而还，[①] 其中根本的原因恰是王阳明的为学事业。如果我们来看一下桂萼和世宗嘉靖皇帝等人给王阳明定的“罪”，就会对这一情势有所了解。当时朝廷议论王阳明的功罪，认为王阳明在学术上“标新立异”，挑战朱子学，其说是“邪说”，要予以禁毁：

> 吏部会廷臣议故新建伯王守仁功罪，言守仁事不师古，言不称师。欲立异以为名，则非朱熹格物致知之论。知众论之不与，则著《朱熹晚年定论》之书，号召门徒，互相唱和，才美者乐其任意，或流于清谈；庸鄙者借其虚声，传习转讹悖谬日甚……今宜免夺封爵以彰国家之大信，申禁邪说以正天下人之心。[②]
>
> 守仁放言自肆，诋毁先儒，号召门徒，声附虚和，用诈任情，坏人心术。近年士子传习邪说，皆其倡导。……都察院仍榜谕天下，敢有踵袭邪说，果于非圣者，重治不饶。[③]

从上述议论来看，“不师古”“立异”“非朱熹格物致知之旨”“诋毁先儒”“非圣”等所谓的“罪名”，皆因王阳明挑战国家意识形态的“异端”思想创造而起。王阳明生前死后所遭受的抨击非议，恰从反面说明了阳明心学给当时作为国家意识形态的朱子学所造成的巨大冲击。这是因为，冲击越大，所引起的为维护正统国家意识形态的反弹也就越强烈。王阳明为学事业对当时官方意识形态所带来的冲击，使得心学已经超越了学术的范围，进入了政治社会和思想斗争的领域，这里既有当时权力斗争的原因，也有儒家思想因革新而遭受冲击的原因。这种冲击所体现出来的儒学革新，实际上也是

---

① 指阳明于嘉靖七年（1528），在广西因久病缠身，一再向朝廷请辞归乡未允，而自行离职返浙，途中卒于江西南安舟中。“先生以疾剧，上疏请告：‘……病日就危，而尚求苟全以图后报，而为养病之举，此臣所以大不得已也。’疏入，未报。”事见《年谱三》，《全集》卷三十五，第1321页。

②《明世宗嘉靖实录》卷九十八，《明实录》，江苏国学图书馆《明实录》传钞本，第9—10页。

③《明世宗嘉靖实录》卷九十八，《明实录》，第10页。

儒家一以贯之的“革命”精神的重大推进。[①]儒家的“革命”从来都不是局限于意识领域的，而始终是指向社会政治生活，以思想领域始，以社会政治终，这是《易传》以来的传统：“天地革而四时成，汤、武革命，顺乎天而应乎人。”（《易传·革卦》）模仿自然变化而进行的人间“革命”，总是指向政治社会中的人群，天地的革新精神，也演变成商汤以及周武王所推动政治权力鼎革。在这一点上，阳明心学所带来的思想冲击，和先儒们在政治上的旨趣是一致的，那就是通过“立言”给政治社会带来影响，通过思想创造来革新社会风气。当然，阳明未必想带来政治权力的鼎革，而只是希望有思想学术的革新带来社会风气的变革。

王阳明为学事业上的革新，表面上是对社会主导思想学说的质疑，其背后是对现实政治、社会风气的挑战。思想最终的目标是行动的参与，希望由思想而行动，在王阳明的为学事业里，也是如此。前文已论及，王阳明发明心学，源于目睹天下不治、风教不振、人心日坏的政治社会局面，又由这种政治关怀进而来反思产生这种政治局面的根源，作为哲学家，王阳明自然要追溯到思想的源头，即盛行的朱子学，并由反思朱学到批判朱学到自成新说。王阳明的目的还不仅是停留在自成新说这一层次，而且还要宣讲心学，并期望推广心学，人们因服膺心学而按照心学予以行动，从而真正地以救天下之弊。当然，尽管有着良好的目的和愿望，王阳明并没有实现用其学说救天下的愿望，黄宗羲在《明儒学案》里说道：

> 先生命世人豪，龙场一悟，得之天启，亦自谓从“五经”印证过来，其为廓然圣路无疑。特其急于明道，往往将向上一几，轻于指点，启后学躐等之弊有之。天假之年，尽融其高明卓绝之见而底于实地，安知不更有晚年定论出于其间？而先生且遂以优入圣域，则范围朱、陆而进退之，又不待言矣。先生属纩时，尝自言曰：“我平生学问，才做得数分，惜不得与吾党共成之。”[②]

---

① 关于阳明心学革命与儒家革命精神之间的传承关系，刘小枫认为，阳明心学改变了儒家精神革命的精神意涵，堪称儒教精神史上的一大变局，而且这种革命精神，注定要将倡导者推入到改造社会、教化万民的活动中。参见刘小枫：《儒家革命精神源流考》，上海三联书店2000年版，第61—75页。

② 黄宗羲：《师说》，《明儒学案》，沈芝盈点校，第7页。

这里的“共成之”，不仅是要共成学术，而且还是要共同落实学术，将思想在社会现实中予以体现，只有这样，才算真正完成了学术革新，这也符合阳明倡导的知行合一精神，也才符合儒家的现实主义精神。儒家思想创始人孔子对政治社会中的“礼崩乐坏”的焦虑使得他一生倡导“仁义”之说，并为之周游天下；孟子也是出于对诸侯纷争的政治现实的不满，才奔走四方，宣扬他的“仁心”“仁政”思想和“王道”理想。先儒们的“成学”是基于政治现实，其指向也是政治现实，这是儒家现实主义的特质之所在。思想创造的动机从政治出发，创造出来的思想最终要落实到政治社会，思想的目的是实现良好的政治生活，这些是儒家自孔子以来的治学途径，不认识到这一点，我们将会很难理解儒家的学术。同样，从政治关怀的角度来理解王阳明的为学事业，理解他为圣学祛魅的努力，将使我们更好地理解王阳明本人在儒家学统意义上的革新精神。

二、维系统治秩序的“为政”

王阳明一生的政治经历，是他不同于古代许多书斋里的哲学家之处，也是后世学者钦慕阳明而值得大书一笔的地方。在中国古代社会里，很多儒家思想家一般都会担任一定的官职或者在某一段时间里担任公共职务，如孔子、董仲舒、周敦颐、张载、二程兄弟、朱熹、陆九渊等人，但一般来说，他们对于社会的贡献多在思想上，董仲舒对汉武帝建言并形成了“独尊儒术”的政治局面，这也是思想意义上的贡献。简言之，传统儒家哲学家较少有着比较有现实影响力的直接性事功。王阳明则不同，他不仅有着思想创新上的贡献，还对明代社会有着重要的直接性事功贡献，既有立德、立言，也在当时政治生活中有着“立功”。

关于王阳明的事功，后人多有评述。清代儒者毛奇龄曾说：“故尧汤相禅全在事功。孔孟无事功，为千秋大憾。今阳明事功，则直是三代以后，数千百年一人。”① 近人徐梵澄也认为王阳明的事功

① 毛奇龄:《王文成传本》卷二,《四库全书存目丛书・吏部・传记类》八七，齐鲁书社1996年版，第19页。

具有历史意义："王阳明未尝修史，却是以其事功创造历史。"[①] 王阳明在政事上所立下的赫赫事功，是宋明理学家参与现实政治的典范性代表。王阳明的政事经历，不仅仅具有士大夫对国家尽忠尽责的意义，历史地看，这里面还蕴含着哲学家与政治事务的关系问题。也就是说，王阳明在实际政治事务上的作为，绝非只用一个王朝官吏的履行职责就能涵盖的，这些功绩同时还是儒家圣贤所从事的事业，是与儒家思想、儒家理想密切相关的。徐复观曾强调，王阳明不是一个现实政治家类型的人物，而是做圣贤事业的理想政治家，他说："现实政治家这一类型的人物，在儒家的传统中，与圣贤事业的理想政治家，有决然的分别。第一，现实政治家，其动机多在于满足一己的权力欲望，而圣贤事业，其动机则系出于仁义之心的所不容自已。第二，现实政治家以达到自己之功名为目的，以其政治上之施为为手段，圣贤事业则以对人民之解悬救溺为目的，而自身并无所谓功名，极其至，如孔子之所谓'舜、禹之有天下而不与焉'……阳明的政治活动，阳明在政治活动中所建立之事功，皆由'其修己'之仁，亦即是由其'致良知'之所发挥表现，这是今之现实政治家所不得而溷的。"[②] 正如徐复观所言，王阳明的政治活动体现的是一个儒家哲学家的事业，而非一个现实的政客之政治作为。政客的目标是追求权力以及获得权力所需要的各类资源，而儒家的圣贤事业则是以自己出色的能力来实现其构建良好生活的理想。这种"圣贤事业"，有点类似柏拉图意义上的"哲学王"，哲学家基于智慧获得统治合法性，也因为智慧而能够按照理想模型来建设城邦，实现正义。"圣贤事业"不是基于个人的权力以及功名利禄，而是基于实现带领人民实现良好生活的政治理想。王阳明作为儒家哲学家，不仅关心政治，而且因缘际会获得了一定的政治资源，依照自己的哲学理念直接参与了维护统治秩序的政治行动，并做出斐然的成就。当然，我们要明确是，王阳明的"事功"主要还只是维护明朝正统统治秩序的活动，与"儒家之道行于天地"还是有着较大的差距。

同先秦儒家一样，宋明理学家大多怀有"治平天下"的政治理

---

① 徐梵澄：《陆王学述——一系精神哲学》，上海远东出版社1994年版，第76页。

② 徐复观：《王阳明思想补论》，《中国思想史论集续篇》，上海书店出版社2004年版，第326—327页。

想，但是大多数理学家将政治理想的实现都寄望于“得君行道”，[①]希望通过说服君主、影响君主来实现他们的政治理想，在这一点上，王阳明和他们一样，大体没有放弃对君主的期待，这从他一再上书给皇帝说明他的政治观点也可看出。[②]上书君主、影响君主，既是传统儒家官员的职责，也是当时最为行之有效的政治策略。但王阳明的不同之处在于，他没有仅仅停留在“说”和“等”的层次，而是正好有机会亲身参与了维护明王朝的政治秩序和促进百姓的生活稳定的政治活动，在朝廷和百姓的利益之间，苦苦斡旋，殚精竭虑。不论王阳明的努力在政治上收效如何[③]，王阳明都是在真诚地履行着作为一个士大夫、一个儒者和一个哲学家的政治使命：为生民立命、为万世开太平。对于儒者来说，虽然未必真的能实现这些理想，但以这种使命感来参与公共生活，也能够很好地展现他们深切的政治关怀。

早在少年和青年时，王阳明就表现出对现实政治事务异乎寻常的热情和关注，并试图对当时的政治治乱问题发表自己的看法。关于青年王阳明热衷于观察和分析政治事务的事情，《年谱》上多有记载：

> （十五岁）先生出游居庸三关，即慨然有经略四方之志：询诸夷种落，悉闻备御策；逐胡儿骑射，胡人不敢犯。经月始返。……时畿内石英、王勇盗起，又闻秦中石和尚、刘千斤作乱，屡欲为书献于朝。（《年谱一》，《全集》卷三十三，第1222页）
>
> （二十六岁）是年先生学兵法。当时边报甚急，朝廷推举将才，莫不遑遽。先生念武举之设，仅得骑射搏击之士，而不能收韬略统驭之才。于是留情武事，凡兵家秘书，莫不尽究。每遇宾宴，尝聚果核列阵势为戏。（《年谱一》，《全集》卷三十三，第1224页）

---

① “得君行道”这一儒家的古老概念，按照余英时的理解，也就是思想家们试图通过说服政治权力的掌握者（开明君主），使之接受思想家们的政治观点，然后凭借君主的权力推行种种措施，那么一个更完美的生活秩序便会出现。参见余英时：《朱熹的历史世界：宋代士大夫政治文化的研究》，第424页。

② 如《全集》里收录的《陈言边务疏》《谏迎佛疏》《请止亲征疏》等。

③ 实际上，就我们掌握的史料而言，阳明的政治作为对于维护明朝统治来说是卓有成效的，起码是在一定程度上维持和延续了明王朝的正常统治秩序。

> （二十八岁）观政工部。疏陈边务。……是秋钦差督造威宁伯王越坟，驭役夫以什伍法，休食以时，暇即驱演“八阵图”。……时有星变，朝廷下诏求言，及闻达虏猖獗，先生复命上《边务八事》，言记剀切。（《年谱一》，《全集》卷三十三，第1224—1225页）

边患和匪患长期是古代王朝统治的威胁，所以历代统治者都高度重视对边患和匪患的消弭，这种对于边患和匪患的关注，经常能够影响到思想家。宋代儒家张载少年时也曾欲“结客取洮西之地”，并曾上书主导边事的范仲淹谈论边疆政事，范仲淹则建议张载放下书生意气，从儒家名教中获得人生价值的实现[①]。当然，我们不能简单地对哲学家年少时的政治热情冠之以“冲动”之名，这些情况，实际上也反映出了一些哲学家以天下为己任的政治关怀从年少时便已经萌发。王阳明晚年回忆青年时期的疏陈边务之事，也曾对这种意气予以过重新审视：

> 先生初登第时，上《边务八事》，世艳称之。晚年有以为问者，先生曰：“此吾少时事，有许多抗厉气。此气不除，欲以身任天下，其何能济？”（《传习录拾遗》，《全集》卷三十二，第1171页）

王阳明对年少之事的重新审视，虽然对当年的少年意气有所检讨，但对“以身任天下”之情是肯定的。也就是说，“以身任天下”是王阳明一生都在追求的，这种“以天下为己任”的目的没有问题，他所反省的只是方法问题。后来他的为学、为教，也是一种“以身任天下”的活动，不是为了满足个体的精神需求，而是有着深沉的天下关怀。如果说王阳明年少时的“政治举动”具有一定冲动性的话，那么他后来人生道路上的为学、为政、为教则是其基于哲学思考和以天下为念的深思熟虑后的行为。

王阳明在三十五岁时的一次政治行为对其一生造成了巨大影响，

① 事见脱脱等：《张载传》，《宋史》卷四百二十七，第12723页。

也是促使他发明心学的一个契机。是年，宦官刘瑾弄权，南京科道戴铣、薄彦徽等奋起抗争，以谏忤旨，被武宗下诏入狱，王阳明第一个上疏为两位辩白，结果自己也身陷囹圄，被贬为贵州龙场驿驿丞。《年谱》记载道："先生首抗疏救之……疏入，亦下诏狱。已而廷杖四十，既绝复苏。寻谪贵州龙场驿驿丞。"（《年谱一》，《全集》卷三十三，第1227页）王阳明的这次政治行为的后果，就是后来他自说的遭受"百死千难"经历的主要部分，后人描绘王阳明的离奇经历也往往从此处大加演绎。在龙场度过贬谪岁月之后，王阳明升庐陵知县，随后又升任南京刑部四川清吏司主事，调吏部验封清吏司主事，旋又升至文选清吏司员外郎、考功清吏司郎中，升南京太仆寺少卿、南京鸿胪寺卿。正德十一年（1516）九月，王阳明四十五岁，升都察院左佥都御史，巡抚南、赣、汀、漳等处，开始在实际政治中有所作为、有所建树。学者研究王阳明之政治事功，往往也多从此时起论。

其时，南赣等地民变迭起流寇丛生，"是时汀、漳各郡皆有巨寇，尚书王琼特举先生"（《年谱一》，《全集》卷三十三，第1238页）。王阳明巡抚南赣，其所领受的主要任务就是要肃清流寇、平息民变，维持明王朝在南赣地区的正常社会政治秩序。后来的效果表明王阳明此任不辱使命，他率南赣军民历经一年余，就平息了该地区的军事暴乱。到南赣后，王阳明开府建衙、安抚百姓；推行十家牌法，责令民众互报连坐；挑选民兵，就地建设军事力量；调集江西、福建、广东、湖广四省各一支机动部队；建立兵符、重新整顿军事建制；设置平和、崇义等县治，加强地方治理能力，广发告谕、乡约以稳定人心、推行社会教化。经过艰苦卓绝的斗争，王阳明不辱使命，平息了该地区的多处民变。虽然民变平息、盗贼剿灭，取得了巨大的事功，但王阳明却认为这并不是治平天下的真正功绩，真正的功绩应该是推致人心向善，从根本上解决暴乱的根源。在平定南赣的军事生涯中，王阳明抒发了著名的"破山中贼易，破心中贼难"的感言：

> 某向在横水，尝寄书仕德云："破山中贼易，破心中贼难。"区区剪除鼠窃，何足为异？若诸贤扫荡心腹之寇，以收廓清平定之功，此诚大丈夫不世之伟绩。（《与杨仕德薛尚谦》，《全集》

卷四，第168页）

在王阳明看来，为了维护社会政治的秩序，组织平息少数山贼的政治军事行动并取得效果，不足为难事。如果要从根本上实现社会秩序的稳定，要做的是扫荡心腹之寇，这才是真正的难事，也是伟业。对于人心的占领是最大的征服，“平山贼”的政治军事行动是一般的政治家和军事家都可以做到的，历史上从来不缺这种类型的能臣良将，军事征服是“以暴易暴”，比军事征服更加具有根本性意义的是“人心的悦服”。“人心的悦服”用王阳明的话来说就是“平心中贼”，在中国古代就是以儒家的道德伦理来教化百姓，从一般的意义上指的是人们普遍接受某种思想学说从而按照这种思想学说来安排自己的生活。因此，“平心贼”“悦服人心”的事业，就不是一般的能臣良将所能为的了。可以看出，王阳明是以“平心贼”之伟业自期的，他对如何更好地实现儒家所期望的社会政治秩序之认识的深刻，由此也可见之。王阳明巡抚南赣的政治事务中，不仅限于征战之事，为了扫荡人们的心中贼，还发告谕、举乡约[①]、修书院、立社学以教化风俗，通过教化人心来从根本上维护当地的社会秩序。质言之，在王阳明看来，平定南赣的为政事功中，更加具有长远意义的是那些教化人心的举动。以王阳明所制定的《南赣乡约》为例，我们可以看出他对当地的民心治理和秩序维护煞费苦心。

《南赣乡约》颁行于明正德十三年（1518），正是王阳明巡抚南赣取得大捷要进行社会治理的时候，该乡约也称《阳明先生乡约法》，约法大概可以分为文告和规条两个部分。王阳明在文告中认为，乡里之所以不治，盗匪之所以出现，有司（官方）和父老兄弟

---

① 乡约渊源于周礼读法之典，作为一种民间自治制度，乡约由乡民自动自发地制定而成，并以之处理乡民群居生活中的治安、社会、教育、经济、礼俗等问题，使乡民能够“德业相劝，过失相规，礼俗相交，患难相恤”（《吕氏乡约》，王承裕校勘：《关中丛书》，《丛书集成续编》，上海书店1994年版，第881页）。中国古代最早的成文乡约，始自北宋的关中“四吕”（大忠、大防、大钧、大临）于神宗熙宁九年（1076）发起的《蓝田吕氏乡约》，后逐渐形成为邻里乡人互相劝勉共同遵守，以相互协助救济为目的的一种制度，于明清为盛。王阳明所制定的《南赣乡约》，萧公权曾称“其《南赣乡约》则为明代乡约之肇始，内容详密，为后人所称道”（萧公权：《中国政治思想史》，第521页）。本书关于阳明“乡约”的讨论，参考了曹国庆：《王守仁的心学思想与他的乡约模式》，《社会科学战线》1994年第6期；牛铭实：《王阳明与官方推行的〈南赣乡约〉》，《中国历代乡约》，中国社会科学出版社2005年，第27—33页。

（民间）都有不可推诿的责任，“往者新民（指归顺的盗贼）盖常弃其宗族，畔其乡里，四出而为暴，岂独其性之异，其人之罪哉？亦由我有司治之无道，教之无方，尔父老子弟所以训诲戒饬于家庭者不早，薰陶渐染于里者闬无素，诱掖奖劝之不行，连属叶和之无具。又或愤怨相激，狡伪相残，故遂使之靡然日流于恶，则我有司与尔父老子弟皆宜分受其责”（《南赣乡约》，《全集》卷十七，第599—600页）。同时他还指出，人的善恶只在一念之间，人之善恶为心所驱使，因此要通过教化人心来影响人为善去恶，而“乡约”可以以外在力量的形式劝人向善，使人们通过修身而心存善念，以善待人，则乡间良好的社会秩序和道德风貌自然就会形成。《南赣乡约》的规条主要内容有十五条，大致包括：乡约作为社会基层组织要有完整的组织机构；乡约要有每月一次的全约例会以及时纠恶扬善；乡约中成员要互相帮助，约中成员要在约长的带领下调解民间纠纷；乡约的职责还有维护社区治安、进行社会监督等；乡约成员还要在生活中移风易俗。从《南赣乡约》的内容大致可以看出，王阳明之所以在匪患平息的地区设立“乡约”这一乡村组织形式，一方面是使“乡约”制成为官吏传达官方意志和儒家道德主张的中间渠道，以教化来弥补治理的不足；另一方面也在于利用百姓的自我约制而维护乡村社区的秩序，从而构造良善的乡村社会，以避免匪患再起。在这里，王阳明希望通过一种民间自办的组织形式来约束人们“隐恶扬善”，用制度性的力量来破除人们的“心贼”，通过教化来“强制”人们修身立善，在思想念头上为善，这也正如他在《南赣乡约》中所说：

> 尔等父老子弟毋念新民之旧恶而不与其善，彼一念而善，即善人矣；毋自恃为良民而不修其身，尔一念而恶，即恶人矣；人之善恶，由于一念之间，尔等慎思吾言，毋忽！（《南赣乡约》，《全集》卷十七，第600页）

王阳明认为，不管以前是否为恶，只要现在具有了善心，就是善人，而从前是良民，一旦有了恶念，也便成了恶人，善恶仅仅存乎一念之间。而王阳明自认其制定“乡约”，就是要人们利用乡间组织的形式，互相促进，互相监督，时时提醒人们要弃恶从善，形成良好的道德社会，同时也是用其心学理论指导社会实践的一种尝试。《南赣乡约》颁行以后，王阳明为了保证乡约发挥维护社会秩序的实效，还陆续发布了一些诰谕，如《告谕各府父老子弟》《告谕新民》等，督促地方官员和百姓认真执行，劝说改过自新的“新民”不要再起盗贼之念。《南赣乡约》的推行，解决了南赣社会所面临的一些实际问题，对南赣地区乡间社会秩序的稳定起了一定的作用。据载，在实行乡约制度的瑞金“近被政教，甄陶稍识，礼度趋正，休风惟日有渐矣”①，在大庚县，“俗尚朴淳，事简民怡，为先贤过化之邦，有中州清淑之气”②。

概而言之，王阳明的《南赣乡约》是希望通过教化人心、改变社会风俗的方式来治理社会，将生产生活共同体转化成道德约束共同体，以此来保证儒家伦理道德的实行，这是王阳明政治生活中的一项功绩，其中的措施，也是和王阳明长期以来所信奉的“正心”“破心中贼”的治理理念是相贯通的。作为一个具有深厚哲学修养的地方官吏，王阳明所制定的《南赣乡约》对于当时南赣社会产生了积极影响，这说明王阳明不仅仅是凭借其军事行动获得平定地方之效，更是依靠其独到的思想主张和杰出的政治智慧来进行为政事业。王阳明在南赣平乱时，强调“破心中贼”及其为此所做的种种努力，这是出于一个哲学家深远的考虑，他没有把一时的军事胜利看作是最终的胜利，看作是社会秩序的根本扭转，而是从治理人心、战胜人心的角度来看待治理社会、维护秩序的成功与否，而这也是其为政事业最大的特点。

初平南赣民变之后，在具体政治事务上，王阳明承受了更大的一次考验，也借此立下了至大的功勋，那就是平定宁王朱宸濠的叛乱。江西宁王这一爵位自明太祖时封王建藩，到了朱宸濠这一辈，看到正德帝统治无术，遂起谋反之心。朱宸濠谋反的时期，正好是王阳明巡抚南赣、平定盗贼叛乱的时期，王阳明掌握一定的军事力量，因此，平定宁王叛乱的责任就落到王阳明的身上。王阳明未奉成命，临变不乱，攻击朱宸濠老巢南昌以扼其北上之锋，并经决战生擒朱宸濠于南昌，率部迅速平定了这场叛乱。关于王阳明的这件

① 赵勋修，林有年纂：嘉靖《瑞金县志》卷一，上海古籍书店1961年影印版，第6页。
② 黄鸣珂修，石景芬、徐福炘纂：同治《南安府志》卷二，清同治戊辰重刊本，第38页。

事功，明代儒家思想的异端式人物李贽曾赞叹道："且夫古之立大功者亦诚多有，但未有旬日之间不待请兵请粮而即擒反者，此唯先生能之。……呜呼！天生先生岂易也耶！"[①] 王阳明平宁藩之乱的过程，论述阳明的各种研究成果中所述甚多，也不是本书的主旨，这里不复赘言。朱宸濠造反，是要颠覆所谓正统的统治秩序，打破常态的政治格局和秩序。王阳明作为食君之禄的大臣，作为极力维护和拯救社会秩序的儒者，对这种僭越的行为自然鼎力抗之，用他自己的话说，"天下尽反，我辈固当如此做"（《年谱二》，《全集》卷三十四，第1263页）。王阳明将维护正常统治秩序作为自己的使命，即使处境极端严峻，勉力挽回正统秩序的职责是不会放弃的，这一态度和王阳明的政治关怀是一致的。回到历史的情景下，作为朝廷任命的地方大员，也必须为正统的君王效命，即便这个君王是个无道之君，否则就是抗命，而抗命不仅会招致杀身之祸，还会引来居功自傲、意图谋反的骂名与罪名。所以，当王阳明晚年又一次被派往广西去平定思恩、田州的叛乱时，即使抱病在身，也不得不前往，最后死于归途。王阳明在思恩、田州，用了大约四个月的时间，平息了当地的叛乱，同时还在当地建立学校、安抚新民。思、田平叛之功，同样也表现了王阳明在政治上的卓越才能，是其军事事功的重要组成部分。

从以上描述的阳明一生为政的大致经历来看，王阳明在所从事具体的政治事务上大多都立下功勋，其过程也十分精彩，而他也凭借这些事功成为中国哲学史上少有的立功与立言同时取得巨大成就的哲学家，成为后人反复称道的集学术与政治事功于一身、凸显儒家内圣外王政治理想的典范性人物。当然，作为一个善于反思的哲学家，王阳明对官场、仕途也曾偶有抱怨，如，他曾不无伤感地说：

> 人生动多牵滞，反不若他流外道之脱然也，奈何奈何！……仕途如烂泥坑，勿入其中，鲜易复出，吾人便是失脚样子，不可不鉴也。（《与黄宗贤七》，《全集》卷四，第153页）

在多年的仕宦生涯中，王阳明遭受诬陷、流放、追杀，长期困

① 李贽：《续焚书》卷三，第89页。

于蛮荒之野，经历战争、杀戮、忌惮甚至被怀疑谋反，多次请求致仕而不被批准，因此王阳明也偶有灰心，甚至觉得流入佛道更加洒脱。在这一心态下，王阳明还曾表示对退隐山林生活的向往："地方稍平，退休有日；预想山间讲习之乐，不觉先已欣然。"（《寄闻人邦英邦正三》，《全集》卷四，第169页）可以看出，对于时政的失望以及对于田园生活的向往，使王阳明也偶尔流露出隐退和懊悔进入仕途的念头。但即使这样，对维护秩序的使命感和责任感，学做"圣贤"的理想，又使其不断收拾精神，左右应付，以践行自己的"责任伦理"[①]，既履行王朝官吏的政治职责，更实现儒家士大夫入世博施济众、康济群生的公共理想，所谓"身可益民宁论屈，志存经国未全灰"（《游瑞华二首其二》，《全集》卷二十，第720页）。也就是，只要还有能力来为民众效力，即使是遭受委屈，也要勉力从事公共事务来履行治国平天下的职责。

王阳明对于现实政治的无法释怀，既展现在他的政治事功上，也从王阳明大量的奏疏、告谕、公牍等文件中可以看出，更不必说其哲学思想中对维护秩序、实现良好社会生活的苦心孤诣。王阳明的为政经历说明，他不仅是在治学上为实现良好的政治生活作理论努力，而且同时还身体力行，在实际政治事务中殚精竭虑，付出巨大的心力，甚至病死征途，其在某种意义上很好地实现了儒者"内圣外王"的理想，既能在思想和道德等内在维度上向圣贤看齐，又能在具体政治事务等外在维度做出实际的功绩，体现了儒家士大夫的现实关怀。另外，王阳明的为政事业，也体现了他运用心学思想参与具体事务的智慧。在这个意义上，心学不仅具有理论意义，还具有现实意义。王阳明本人就此做出了很好的示范，他的为政事业也为其心学增添了魅力，受到时人和后人的热烈追随。

以今观之，王阳明的为政事业，还为哲学家履行政治职责，实现哲学和政治在具体人物上的统一，做出了良好的表率，那就是哲学家要热切地关心政治和道德事务，关心社会和人，为参与理想秩

---

① 此处套用韦伯的术语，来说明阳明对自己既定价值立场的坚定不移。因为责任伦理意味着一个人要忠实于自己，按照自己既定的价值立场去选择自己的行动，敢于为自己行为所产生的后果负责任，并始终不渝，以履行职责的态度去面对生活的要求。参见马克斯·韦伯：《学术与政治》，钱永祥、林振贤、罗久蓉等译，广西师范大学出版社2004年版，第259—262页及第260页译者注。

序的创建和维护贡献一份力量。人无法离开公共生活而独自存在，哲学家也是如此，哲学家有必要以自己的独特姿态参与到公共生活中去。关心和参与公共生活，对于王阳明来说，不仅要在哲学思想上体现出这份关怀，还要身体力行地去担当，以维护政治社会秩序的行动来实现政治的关怀。从其一生特别是中年以后的为政事业来看，王阳明切实地实践了他的政治关怀并取得现实的成效。

三、教化社会风俗的“为教”

儒家往往认为，尧舜禹汤、文武周公因为有德有位，故而能够很好地“行儒家之道”，但是到了孔孟那里，往往是有德而无位，只能“传儒家之道”。而按照韩愈的说法，孔孟之后，连“传儒家之道”也陷入了困境。宋明理学家十分在意韩愈的这一说法，因此纷纷以“传儒家之道”为自己的学术理想。在宋明理学家那里，“传儒家之道”有两种主要的做法：一是通过创立新的思想学说来诠释或者接续先儒遗留下来的经典或思想；一是通过讲学、授徒、办学或者制定乡约、改进礼仪等教化形式来传播儒家思想。就“传儒家之道”而言，王阳明的为学属于前者，而其为教则属于后者，而且他的为学事业也是通过为教事业而呈现出最大的效果。同时，王阳明的为教事业不仅是“传儒家之道”，而且还通过“传道”来实现其深沉的政治关怀。

王阳明为学事业的社会效果和政治效果，除了他自己的政治经历体现出来，最主要的和最长远的效果和影响还是通过他的为教事业发挥出来的。为教事业也是王阳明倡明学术、教化风俗和立政治民的立足之点，王阳明本人向来也以教育和教化事业为其荣耀。阳明后学重要人物之一邹守益在《阳明先生文录序》里记录，时人曾讨论王阳明的功绩，认为王阳明缺乏讲学事业，但王阳明自己认为只愿从事讲学的事业：

> 当时有称先师者曰：“古之名世，或以文章，或以政事，或以气节，或以勋烈，而公克兼之。独除却讲学一节，即全人也。”先师笑曰：“某愿从事讲学一节，尽除却四者，亦无愧全人。”（《阳明先生文录序》，《全集》卷四十一，第1569页）

从这段话里可以看出，在文章、政事、气节、勋烈等众多夺目的事业和荣誉中，王阳明唯独倾心于讲学事业，认为只要能将讲学做好，就可以称作“全人”。上述引文所载之事，一方面说明了王阳明对众人称赞的各项功绩表示了应有的谦虚，认为所谓的功绩不值一提，另一方面也说明了王阳明对讲学教育事业的看重，认为讲学才是真正的功业。讲学和教化是儒家的传统，孔子、孟子、二程、朱子等先圣前贤一生的主要活动莫过如此，王阳明的讲学之志一方面是出自对为教事业的重视，另一方面也是对儒家讲学传统的传承。当然，王阳明的为教事业，同时也可以认为是为挽救当时制度的危机和维护儒家名教所做出的努力[1]，是期望通过传播儒家伦理主张而实现对儒家正统秩序的维持。从政治关怀角度考量王阳明的为教事业，我们可以将其区分为两个主要的部分：一是王阳明本人直接从事的讲学和兴学活动；二是王阳明利用其掌握的政治资源、个人影响力而在当时的社会上所进行的教化活动。

王阳明三十三岁时主考山东乡试，自三十四岁时起开始在京师授徒讲学，《年谱》上载：“是年先生门人始进。学者溺于词章记诵，不复知有身心之学。先生首倡言之，使人先立必为圣人之志。闻者渐觉兴起，有愿执贽及门者。至是专志授徒讲学。”（《年谱一》，《全集》卷三十三，第1226页）此后，在二十多年的时间里，王阳明不论是在颠沛流离之际，还是困居蛮荒之野、居越赋闲之时，抑或是政务劳顿、戎马倥偬之余，都一直坚持授徒和讲学不辍。王阳明的开门授徒活动，对于中晚明社会影响之巨，当时思想界无人能出其右，正所谓“门徒遍天下，流传逾百年”[2]，成为当时思想界最为人瞩目的现象。如前所述，整个宋明理学都和“传儒家之道”的讲学活动无法分开，而其中，影响最大的人物就是朱熹和王阳明，钱穆先生认为王阳明讲学活动的影响超越了朱子，“学风淹被之广，渐渍之深，在宋明学者中，乃莫与伦比。即伊川晦翁，皆所不逮”[3]。由此，也足见王阳明的讲学活动是他获得历史影响力的重要因素之一。

王阳明讲学始于三十四岁时在京师，初成规模在贵州龙场时期，

---

① 参见冯契：《中国古代哲学的逻辑发展》，上海人民出版社1985年版，第907页。

② 张廷玉等：《儒林列传一》，《明史》卷二百八十二，第7222页。

③ 钱穆：《略论王学流变》，《中国学术思想史论丛七》，《钱宾四先生全集》（第21册），第199页。

这个时候王阳明挑战朱子学并另倡新说的思想创造活动已渐趋成型，需要通过讲学予以完善；另外，由于贵州龙场当时属于“蛮荒之地”，文化和教育事业都较为落后，作为中原地区过来的士大夫也有义务在当地进行文化教育活动以提升当地人的知识文化水平。王阳明在龙场时，面对当时所谓的“蛮夷”之民，本着“天下无不可化之人也”(《象祠记》,《全集》卷二十三，第894页）的信念，认为“夷之民方若未琢之璞，未绳之木，虽粗砺顽梗，而椎斧尚有施也，安可以陋之？”（《何陋轩记》,《全集》卷二十三，第891页）秉持着这样的观念，王阳明在龙冈山上开辟讲堂，建贵阳龙冈书院，向汉、苗、彝等各族子弟传授知识和思想，当地诸生闻其名，纷纷就学于阳明，在当地成一时之盛，开辟了黔中的王学学业。后王阳明又被贵州提学副使席书聘请主持贵阳文明书院，《年谱》上载：

（席书）遂与毛（科）宪副修葺书院，身率贵阳诸生，以所事师礼事之。(《年谱一》,《全集》卷三十三，第1229页）

在贵阳书院，王阳明开始讲“知行合一”学说，影响日巨。贵州讲学是王阳明大规模讲学活动的开始。此后，王阳明所到之处，无论庐陵、京师、南京等，皆致力于讲学。而王阳明讲学规模最大者，当数居越六年的相对空闲时期。

正德十六年（1521），在四上归省奏后，王阳明终于得以获准回越。此后，居越六年［正德十六年（1521）到嘉靖六年（1527）]，居越后，王阳明专事讲学，讲学活动也达到一生的巅峰。随着其心学思想之成熟而影响日大，同时因为在江西的事功也天下闻名，所以门人日进，规模空前。《传习录》中曾记录这一盛况：

先生初归越时，朋友踪迹尚寥落。既后四方来游者日进。癸未年已后，环先生而居者比屋，如天妃、光相诸刹，每当一室，常合食者数十人。夜无卧处，更相就席；歌声彻昏旦。南镇、禹穴、阳明洞诸山远近寺刹，徙足所到，无非同志游寓所在。先生每临讲座，前后左右环坐而听者常不下数百人，送往迎来，月无虚日；至有在侍更岁，不能遍记其姓名者。每临别，先生常叹曰：“君等离别，不出在天地间，苟同此志，吾亦可以忘形似矣！”诸生每听讲出门，未尝不跳跃称快。尝闻之同门先辈曰：“南都以前，朋友从游者虽众，未有如在越之盛者。此虽讲学日久，孚信渐博，要亦先生之学日进，感召之机申变无方，亦自有不同也。”（《传习录下》，《全集》卷三，第118页）

各地来的学生环其居而住，人数多到以至于多人在当地临时共食共宿，讲座时更是有数百人围坐听讲。特别有意思的是，由于人数太多，有人在王阳明左右待了年余，王阳明也无法记得其姓名。《年谱》上还曾记载王阳明与弟子宴饮相聚的场景：

中秋月白如昼，先生命侍者设席于碧霞池上，门人在侍者百余人。酒半酣，歌声渐动。久之，或投壶聚算，或击鼓，或泛舟。先生见诸生兴剧，退而作诗，有“铿然舍瑟春风里，点也虽狂得我情”之句。（《年谱三》，《全集》卷三十五，第1291页）

从这一条记录看，一场中秋聚会就有百余弟子门人参加，相当于一所小型的学校。按照上述引文的记载，我们可以想见阳明讲学活动的盛极一时。也正是在此时，王阳明的思想开始系统地被弟子们所学习接受，并随之传播到大江南北。王阳明的骨干弟子王畿、钱德洪、陆澄、邹守益、欧阳德、聂豹、陈九川、王艮等人，包括绍兴当地主政的南大吉，他们的思想也于此段时间里成熟起来，并将阳明心学带到了全国各地。居越六年的讲学活动使阳明学在社会上广泛地传播开来。在人生最后的岁月里，王阳明受命赴广西平定思、田之乱，于途中仍旧坚持讲学，如到了江西吉安后，大会三百多士友于螺川，讲良知之学：“诸生彭簪、王钊、刘阳、欧阳瑜等偕旧游三百余，迎入螺川驿中。先生立谈不倦。”（《年谱三》，《全集》卷三十五，第1309页）

在广西时，即使身体多病，王阳明也依旧“日与各学师生朝夕开讲”（《年谱三》，《全集》卷三十五，第1316页）。王阳明一生对讲学倾注了巨大热情，如前所述，这和他对学术不明导致的天下不治有切肤之痛有很大关系。所以，在他发明良知之学之后，便以奋发之志极力将其传播开来，以期望在士子中扭转朱子官学之弊，并实现学术明、天下治的理想。因此，王阳明的讲学活动既是思想意义上的哲学家分内事，也是政治意义上的意识形态重建工作。

王阳明的为教事业还和建书院、学校等兴学活动联系密切。王阳明的讲学和书院、学校是离不开的，在贵州龙场时，他创立龙冈书院，主讲贵阳书院；在江西时，修濂溪书院，集门人讲学白鹿洞；居越时，辟稽山书院，立阳明书院，讲学龙山寺；在广西时，办思、田学校，兴南宁学校，主讲敷文书院，等等。书院是阳明心学传播的主要阵地，阳明身后，其门人弟子也大多利用书院宣讲阳明心学，造成了阳明学学术运动的浩大声势，一时间对书院所在地方的风俗影响至远。[①]

徐复观先生曾认为："宋明儒之'讲学'即是一种教化精神，用现代的话说，即是一种社会的思想运动。因为此一精神而可以浮出一社会的对象，形成一种社会的势力，在朝廷以外，另树立一人类的标准与归趋。"[②]对于王阳明及其学派的讲学来说，情况也是如此。王阳明的心学精神引导出一场思想教化运动，这场运动不是官方发动的，而是能与官方力量相并重的社会力量。王阳明本人的讲学正是这种教化精神的体现，也是中晚明王学讲会运动的肇始。对于当时阳明讲学事迹及其对明中叶以后的讲会活动的影响，《明史》中曾有过这样的记载：

> 正（德）嘉（靖）之际，王守仁聚徒于军旅之中，徐阶讲学于端揆之日，流风所被，倾动朝野。于是搢绅之士，遗佚之老，联讲会，立书院，相望于远近。[③]

徐阶是阳明门人聂豹（双江）的学生，也是王学中人，他官至

① 关于王阳明及阳明后学的书院讲会活动，近年来陈来、吴震等大陆学者都有专论。参见陈来：《明嘉靖时期王学知识人的会讲活动》，《中国近世思想史研究》，商务印书馆2003年版，第338—408页；吴震：《阳明后学与讲学运动》，《阳明后学研究》，上海人民出版社2003年版，第421—459页；吴震：《明代知识界讲学活动系年：1522—1602》，学林出版社2003年版；刘勇：《中晚明士人的讲学活动与学派建构——以李材（1529—1607）为中心的研究》，商务印书馆2015年版。另外，台湾学者吕妙芬在《阳明学士人社群：历史、思想与实践》［（台湾）"中央研究院"近代史研究所2003年版］一书里，从社会史的角度有更为专门的考察和分析。

② 徐复观：《儒家精神之基本性格及其限定与新生》，萧欣义编：《儒家政治思想与民主自由人权》，台湾学生书局1988年版，第75页。

③ 张廷玉等：《叶茂才传》，《明史》卷二百三十一，第6053页。

内阁首辅，有学者称其为“王学护法”[①]。王阳明讲学于军旅，徐阶讲学于京师，都发生在政治统治的核心地带。徐阶所讲，也是阳明心学的内容，故而我们大致也可以认为，中晚明的讲学活动基本上是由王阳明一派学人的流风所致。近代以来，学界往往高度评价王阳明及其学派的书院讲会活动，认为这些活动具有社会政治性的意义。钱穆先生称王门的“讲会”为当时的一种“社会运动”[②]，不仅仅是学术思想的宣讲，更是一种社会教化活动。陈来先生评论王学的讲学活动也说：“就嘉靖、万历时代而言，最重要、最有影响的讲会都与阳明学者有直接关系，可以说就是‘王学讲会’。这些讲会在相当程度上成为理学发展的一种组织形式，并常常与地方风俗教化发生联系。因而，它们不仅仅是理学家的个人交游，更具有积极的文化功能与社会功能，事实上，阳明学话语的建立、扩展及在明中后期对整个社会的笼罩，正是通过推行会讲、讲会的形式得以实现的。”[③] 吴震先生认为：“当时的讲学活动（主要是指阳明后学）已经超出了文人学士以文会友的这种性质，其行迹也已遍及山林城市，在社会各个层面造成了一定的影响。”[④] 从上述各家对王阳明及阳明学派的讲学活动的评价中，我们不难看出，王阳明的讲学活动对于当时政治社会产生了巨大的影响，已经基本成为后来研究者的一个共识。如前所述，王阳明为学的动机在于改变“学术不明”的状况，改变学术思想是为了改变社会风气从而实现儒家政治理想，讲学活动把学者的玄思与社会教化结合起来，从而使学术思想传播到民众中间，“觉民行道”，在这个意义上，阳明学派的讲学活动也体现了他们的政治关怀。

除了以讲学的形式倡明学术、鼓动民众以救时弊之外，王阳明还利用其作为地方长官而掌握的政治资源来进行风俗教化的活动。结束贵州的放谪生涯后，王阳明到江西庐陵任知县，用疏导人心的策略进行政治治理，《年谱》上载：

---

① 邓志峰：《王学与晚明的师道复兴运动》，社会科学文献出版社 2004 年版，第 315 页。

② 钱穆先生认为：“王门有‘讲会’，乃当时一种社会运动……其制与乡约、书院有关，其后变而为晚明之结社，是诚治王学者一极应注目之事也。”［钱穆：《王门之讲会》，《中国学术思想史论丛七》，《钱宾四先生全集》（第21册），第393页］

③ 陈来：《中国近世思想史研究》，第338页。

④ 吴震：《阳明后学研究》，第438页。

> 先生三月至庐陵。为政不事威刑，惟以开导人心为本。……在县七阅月，遗告示十有六，大抵谆谆慰父老，使教子弟，毋令荡僻。（《年谱一》，《全集》卷三十三，第1230页）

在巡抚南赣时，王阳明在军事行动的同时，也更加重视通过教化人心来改变当地的社会治安状况，他利用其独特的政治地位和掌握的政治资源来告谕百姓遵守儒家道德，形成良好的社会风俗：

> 仍告谕父老子弟："务要父慈子孝，兄爱弟敬，夫和妇随，长惠幼顺；小心以奉官法，勤谨以办国课，恭俭以守家业，谦和以处乡里；心要平恕，毋得轻易忿争；事要含忍，毋得辄兴词讼；见善互相劝勉，有恶互相惩戒；务兴礼让之风，以成敦厚之俗。"（《年谱一》，《全集》卷三十三，第1239页）

同时，王阳明还在各地建立"社学"。社学是元代以来的一种农村教育制度，明代也在各府、州、县皆立社学，以文化教育、礼法教育、思想教化为主要任务。王阳明在南赣地区大力兴建社学，期望以教化来彻底改变当地的风俗，使民恪守礼教：

> 先生谓民风不善，由于教化未明……即行告谕，发南、赣所属各县父老子弟，互相戒勉，兴立社学，延师教子，歌诗习礼……久之，市民亦知冠服，朝夕歌声，达于委巷，雍雍然渐成礼让之俗矣。（《年谱一》，《全集》卷三十三，第1252页）

《传习录中》所记述的《训蒙大意示教读刘伯颂等》《教约》两篇，就是王阳明在南赣地区推行社学所建立的"社学教条"，后广为流传。在这两篇文献里，王阳明提到"社学"的目的就是推广儒家的思想道德教化："今教童子，惟当以孝弟忠信礼义廉耻为专务。"（《传习录中》，《全集》卷二，第87页）"每日清晨，诸生参揖毕，教读以次。遍询诸生：在家所以爱亲敬长之心，得无懈忽，未能真切否？温凊定省之仪，得无亏缺，未能实践否？往来街衢，步趋礼节，得无放荡，未能谨饰否？一应言行心术，得无欺妄非僻，未能忠信笃敬否？"（《传习录中》，《全集》卷二，第88页）这些内容显示，“社学”也寄托了王阳明的社会教化理想于其中。作为地方行政长官，王阳明还在各地建立“乡约”制度：“先生自大征后，以为民虽格面，未知格心，乃举乡约告谕父老子弟，使相警戒。”（《年谱一》，《全集》卷三十三，第1255页）与“社学”一样，“举乡约”的目的也在于“共成仁厚之俗”，这是王阳明将为政转化为为教的一种治理思路，王阳明提出：

> 故今特为乡约，以协和尔民，自今凡尔同约之民，皆宜孝尔父母，敬尔兄长，教训尔子孙，和顺尔乡里，死丧相助，患难相恤，善相劝勉，恶相告戒，息讼罢争，讲信修睦，务为良善之民，共成仁厚之俗。（《南赣乡约》，《全集》卷十七，第600页）

由此可见，王阳明的“举乡约”也同他的社会教化思想是相一致的。“乡约”既是一种乡村基层组织，更是一种教化共同体，其核心目的不在于共同组织生产，而在于接受共同教化，是一种社会教化组织。如上所述，告谕、社学、乡约等各种形式，都是王阳明为拯救人心、破“心中贼”、教化风俗所进行的社会教育活动，显示了王阳明将为政与为教活动结合起来的政治治理思想。

王阳明的这些教化活动，既出自他为政一方的职守，又源于他作为哲学家对于如何有效地维护社会秩序的深刻洞见。在他看来，只有教化人心，风俗才会为之大变，而“至治”才有可能实现。从这一点上看，王阳明颇似柏拉图笔下那位从洞穴里走出来的哲人，在窥见世界真相后，开始孜孜不倦地教诲民众，承担哲学家教导民众的责任。这种责任也类同于尼采心目中的哲学家的任务，尼采的扎拉图斯特拉在几次下山时也希望实现教育理想，但是扎拉图斯特拉并没有成功，既没有实现教诲民众，也没有教导弟子，最终只是教育了自己。可见，哲学家的事业不仅仅是在书斋里创造哲学思想，同时还要像歌德笔下的浮士德一样，走出书斋，在人群中传播自己的信仰和价值观，实践教化民众的事业。从王阳明的为教事业里，我们可以知道，王阳明不仅是一个创造新说的哲学家，也是一个切实担当教化民众责任的哲学家，是一个在境界上高于流俗社会而又返回政治社会的“政治哲人”。由此，王阳明的为教事业也不再仅仅是地方官吏维持秩序的手段，还具有了哲学家改造社会的普遍性意义。

以上对王阳明的为教事业从其自身直接的授徒、讲学以及他的社会教化活动两个方面做了简单考察，可以看出王阳明对于“传儒家之道”所做的贡献和创新。为教和为政、为学一样，是体现王阳明政治关怀的重要方面，也是王阳明一生极为珍视的事业。在王阳明身后，他的为教功业开始开花结果：门人遍天下，遂将阳明学发扬光大于晚明朝野和学界，心学传播成为晚明一大思想运动，对晚明的政治社会震动极大；而教化风俗也取得了较为丰硕的成果，比如《南赣乡约》里的规划的乡村治理模式在明代中后期就得到较大规模的拓展，所立的“社学教条”对全国的社学都产生了影响，这些都对明代乡村社会的发展起到了重要作用。

四、小结

王阳明的生平往往为后人最为津津乐道，很多著作关注于此，甚至不惜演绎神化，以此来凸显心学的价值。本章所阐述王阳明一生的事业，目的不是为了神化其心学人生，也不是为了脱离王阳明的哲学来描绘其“成功学”，而是为了从他的生平事业来发掘其政治关怀。从其一生的主要事迹来看，王阳明的人生波澜壮阔，事业跌宕起伏、成就非凡，显示了他绝非只是空谈心性并沉浸在个人思辨世界里的腐儒或者“自了汉”，而是一位积极入世、心怀天下、对社会政治有着强烈关怀的儒家哲学家。王阳明怀着对于理想人生、理想社会的思考和追求，从学说思想、政治治理和教育教化等多个层面进行了一生的探索。

在这一章里，我们依据王阳明一生经历中的具体针对性，将其一生事业区分为三个主要的方面，即为学、为政和为教，从挑战主流意识形态、维护政治秩序、教化社会风俗三个方面分析了王阳明的政治关怀。王阳明为学、为政和为教三个方面，都取得了巨大的成就足以载入史册①，因此既足以涵括王阳明的人生，也可以充分展

① 明末黄道周曾称赞王阳明这几个方面的成就道：“文成出而明绝学，排俗说，平乱贼，驱鸟兽；大者岁月，小者顷刻，笔致手脱，天地廓然！若仁者之无敌，自伊尹以来，乘昌运，奏显绩，未有盛于文成者也。”（《王文成公集序》，《全集》卷四十一，第1614页）黄道周这里所说王阳明“明绝学、排俗说、平乱贼、驱鸟兽”之功业基本上涵盖了王阳明的主要成就。

现其政治关怀，并作为理解其哲学思想的人生背景。

在为学上，王阳明对当时居于正统的朱子学以及其对思想界和政治社会造成的不良影响充满了忧虑，并因此另创新说、革新儒学。王阳明认为当时陷入僵化的朱子学偏离儒家圣学的正途，流入支离，而社会思想由而晦暗不明，进而影响了社会人心，导致社会的“不治”，从而距离理想的社会越来越远。基于这种忧虑，王阳明试图通过讲明心学来使社会思想重新回到儒家的正脉上，极力纠正学术思想上的偏妄，强调从人心上体认天理，将人的本心作为本体，要求为学当从“心体上用功”，而不是简单地“格物致知”，片面追求知识并导致对于自身道德责任的忽视。王阳明的这一学术努力，不仅具有学术意义，同时由于发动了对学术正统的挑战，触动了作为国家意识形态权威学说的朱子学的根基，因而也具有了政治意义。

在为政上，王阳明一生所立事功颇多，既有维护一方平安的治理成绩，更有巩固社稷的巨大功劳，对维护和巩固中晚明社会的政治秩序起到了重要的作用，在儒家哲学家中十分少见。王阳明巡抚南赣、平定宁藩、出征思田的功绩，既是一位王朝官吏的本职所在，也展现了心学家的事功风采。在现实政治、军事行动上的功绩，为他的学说也增添了吸引人的别样魅力，更为王阳明及其心学思想涂上了浓厚的政治色彩。历史事实曾表明，在王阳明死后，当时的朝野上下围绕他从祀孔庙而产生的争论也主要是出于意识形态意义上的政治原因，王阳明在现实政治中的具体事功，是其学术的政治性、内心的政治关怀最为直接的体现。① 作为政治人物的王阳明，其政治关怀是其事业中的必有之义。

在为教上，王阳明开创了阳明心学学派，弟子门人众多，遍及朝野，影响了整个明朝中后期的思想走势；他所推动的社会教化运动，如讲会、乡约、社学等，也在明代中后期流布甚广。王阳明通过开门授徒、创建书院和利用政治资源教化百姓等途径，实现了其作为“师儒”角色的教化任务，在当时产生了巨大的影响，既传播了心学，也对中晚明政治社会起到了一定的教化作用。王阳明的为

---

① 朱鸿林先生就阳明从祀争议的意义曾做过详细的考证，认为阳明从祀之争是“政治性多于学术性的”。参见朱鸿林：《〈王文成公全书〉刊行与王阳明从祀争议的意义》，《中国近世儒学实质的思辨与习学》，北京大学出版社2005年版，第312—333页。

教事业也反映了阳明心学的思想运动性和教化性特质，而不仅仅是个体心性的满足。换言之，阳明心学具有改造外在社会的思想动机，而不只是哲学家或者修习者个体的心性修养。

当然，这里对王阳明一生政治关怀的探讨，并不是认为王阳明之政治关怀有超出其他儒家学者之非常特别之处，而是说王阳明的心学思想建基于其深沉的政治关怀。儒家学者无一不在关注政治、关怀现实，如所周知，在中国古代儒家哲学家中，从孔子、孟子以来，一直都有着心忧天下、经世济民的思想传统，“为天地立心、为生民立命、为往圣继绝学、为万世开太平”也一直是宋明诸儒为学、为教、为政的理想之所在。本章在这里所讨论的阳明之政治关怀，以及所表现出来的在朝美政、在野美俗的政治风范，正是儒家的一脉所系，是儒家精神在王阳明身上的具体体现。王阳明是“心怀天下”之儒家的重要一员，由此，本章讨论王阳明生活世界的政治性，不是要将王阳明个人的事业从宋明诸儒中孤立地高拔出来，而是要为后面讨论王阳明哲学的政治向度提供引子和背景。

通过王阳明政治关怀的分析，我们认为，在探讨和分析王阳明哲学的时候，不能仅仅从心性的角度来理解，心性的思辨与演绎，固然是王阳明哲学区别其他哲学最为重要的特征之一，但除了心性的内向性维度之外，我们还可以从政治的向度来发掘和理解王阳明哲学，以体现其作为思想传统的丰富性，更反映儒家政治哲学的多维性。

第二章

万物一体与三代之治

在谈到王阳明哲学之理想的时候，美国汉学家倪德卫曾精辟地指出："像很多后期儒者一样，他是一位理想主义者，将一种遥远和想象的过去理想化，认为人类社会是由情感和目的（它们像单个生命体的各个部分）的统一体联结起来的……他带着某种激情对这种理想主义加以描述。"[①] 王阳明和大多数儒家学者一样，信服儒家所构想的大同社会、三代之治等理想政治，对良好政治抱有一种几近知其不可而为之的理想主义态度。王阳明从事了很多现实政治事务，深谙现实政治的无奈和不堪，然而现实政治的纷乱并没有消磨掉他作为一个儒学信徒的理想。王阳明一生的为学、为教和为政事业，体现出了他作为一个儒家哲学家对于理想公共生活的政治关怀。这种关怀，作为理论形态，具体地体现在他的政治理想之中，而且在其思想中反复陈述的政治理想，更是他一生政治关怀的思想升华。那么，王阳明的政治理想具体指向何处呢？或者说王阳明在政治上的理想主义姿态究竟体现在哪些方面呢？本章试图回答这一问题。

古往今来，哲学家们总是对人类应当如何生活、什么样的生活才是好的生活这类问题表现出异乎寻常的关注。在回答上述问题时，哲学家们往往会构造出一个又一个良好生活的模式或者理念，形成关于人类社会完美形式的形形色色的理想。这种理想，是哲学家对人类生活的理想，换句话说，也是对政治社会的理想，因为人类生活总是在政治社会中发生发展的，所以对于生活的理想在某种意义上就是对于政治的理想。比如说，老子所设想的"鸡犬之声相闻，民至老死不相往来"（《老子》第八十章）的社会，既是一种理想生活，同时也是一种"不要政治"的社会理想。历史地来看，哲学家总是以哲学追问和回答的方式，或明或显地表露出其对政治社会的理想。今天流传的各种社会政治理想，在文明的轴心时代里生长出来的中西方哲学的源头那里，就已然蔚为大观，而且，当时哲学家们的政治理想也随着人类文明的发展进步而流传下来，给我们今天研究政治问题提供了不竭的思想资源。

在古希腊的后苏格拉底时期，当时的主要哲学家对于城邦的公共

---

① 倪德卫著，万白安编：《儒家之道：中国哲学之探讨》，周炽成译，江苏人民出版社2006年版，第265页。

生活具有十分浓烈的兴趣，总是在反复思考关于人的、社会的、政治的问题，而这些都集中地指向“什么是善（good）的？”这一问题。之所以提出“什么是善的？”这一疑问，正是由于哲学家们对现实生活状态的“恶”与“失序”表示不满，从而努力探寻理想的生活状态或者政治社会。把哲学“从天上拉回人间”的古希腊哲学家苏格拉底将哲学的目标定为实现公众利益，正义和美善的生活是苏格拉底的政治理想。而柏拉图则进一步将其政治理想具体表达为“理想国”，在这个理想的政治空间里，秉持着“正义”的原则，哲学家作为政治统治者是“理想国”的王，在哲学王的统治下，武士、生产者等各个等级的人过着有秩序的城邦生活。亚里士多德则在《政治学》里清楚地陈述了理想的国家和理想的政体，而无论是理想国家还是理想政体，德性是否能得以实现是区分好坏政体的根本标准，国家的终极目的是“善”，这种“善”一旦得以实现，将比个人所能实现的“善”更完满。在亚里士多德的政治理想中，最理想的政体是君主制，而现实中最佳的政体是贵族制。苏格拉底、柏拉图和亚里士多德的这些政治理想对后来的西方哲学家的政治思考产生很大的影响，成为西方政治哲学思想发展的重要资源。

而在中国的轴心时代，也就是历史上的春秋战国时代，当时，作为天命象征的周王室式微，政治社会动荡不息，诸侯纷争，处士横议，在哲学思想上呈现出“百家争鸣”的盛况。诸子各家由于对政治社会的观察分析之不同，各自形成一套学说，各自提出一套政治主张，坚守基于自家学说立场的政治理想，并希望将自己的学说、理想推行到政治社会中去，由此也造成了规模浩大的论辩，即所谓“百家争鸣”。《庄子·天下》中记述了这种围绕政治学说和理想的分歧而产生的纷争形势：

> 天下大乱，贤圣不明，道德不一，天下多得一察焉以自好……天下之人，各为其所欲焉，以自为方。悲夫！百家往而不反，必不合矣，后世之学者，不幸不见天地之纯、古人之大体，道术将为天下裂。

东汉史学家班固在《汉书·艺文志》里也认为，诸子的争论主要围绕着政治问题而产生，为了以思想、学说影响掌握政治权力的诸侯，思想家们提出了对于好的世界之理解以及如何实现这一理想的学说。班固认为：

> 诸子十家，其可观者九家而已。皆起于王道既微，诸侯力政，时君世主，好恶殊方。是以九家之（说）术，蜂出并作，各引一端，崇其所善。以此驰说，取合诸侯。

从《庄子·天下》和班固的分析可以看出，诸子百家之思想纷争，皆是秉持各自之“所欲”，“各引一端”，并以此售之于具有政治势力的各方诸侯，希望凭借诸侯的现实政治力量实现他们的政治愿望或者政治理想。以上为当时之总体状况，具体到单个的哲学家，情况也是如此，每一位哲学家的著述或者政治活动，都有着一个比较明确的政治理想作为支撑。孔孟栖栖惶惶周流天下游说列国，念兹在兹的是在现实政治中如何实现“从周”“仁政”等政治理想；老、庄著述立说无外乎在思考怎样回到“小国寡民”“自然无为”的社会；而墨家更是在身体力行地在践履“兼爱”“非功”“尚同”的政治理想；法家也是为了促进统治者实现“富国强兵”的政治目的；其余所谓百家争鸣的问题之中，也总有对“治国之道”“礼法”“古今”等政治问题的理想认识贯穿于其中。①

先秦哲学家提出的这些问题以及对于问题的解答，大多以文字的形式流传下来，并在后世成为经典著作。关于何为理想政治以及如何实现理想政治的问题，自先秦以降，各家各派更是论争不已。在儒家那里，对于理想政治的哲学关怀，则尤为哲学家们和政治家们所重视。王阳明上承先儒，并有鉴于明代政治社会秩序的混乱，在发明良知之学的同时，也提出了自己的理想政治观念。王阳明的政治理想，承接的是先儒的理想，而又和其心学、良知说等等核心哲学思想密切相关。故而，王阳明的政治“理想国”具有儒家的传

---

① 李泽厚先生就曾经说：“大体来看，中国传统思想的哲学方面经历过五个阶段。在先秦，主要是政治论的社会哲学，无论是儒、墨、道、法都主要是为了解答当时急剧变动中的社会基本问题，救治社会弊病。”（李泽厚：《中国古代思想史论》，《中国思想史论》上册，第318页）换言之，先秦诸子百家的思想主要就是政治思想，是为了讨论现实的政治问题而生发的相关学说，无论是对于天道的认识，还是对于人性的理解，以及对于道德、伦理、礼法的主张，在一定意义上，都具有实用的政治目的。

统意味，又蕴含着心学特质，我们试图对于其中的几个主要方面做一辨析。

一、“万物一体”的人间秩序

王阳明对于理想秩序的表达集中在“万物一体”思想中。王阳明的“万物一体”思想，是其通过对于宇宙人生的理解所构建的一种秩序理想，也是儒家大同理想的心学表达。在王阳明看来，人心由于天然的良知而秉持仁爱的原则，以普遍的“同情心”可以将天地、万物、他人与自我联结起来，形成一个“一体”的秩序，这一“秩序”应该是人间最为理想的生活秩序。王阳明的“万物一体”的秩序观，以“心”统摄宇宙万物，是儒家理想秩序观发展史上的一个环节，丰富了儒家对于理想秩序的认识。

“万物一体”就语词源头和基本思想来说，不是王阳明的首创，因为早在庄子那里，就有“天地与我并生，万物与我为一”（《庄子·齐物论》）的思想了，《庄子·德充符》进而说道“自其异者视之，肝胆楚越也；自其同者视之，万物皆一也”。[①] 庄子主张天地万物同体为一，描绘了一幅天地万物（包括人）和而不分的世界图景和物我齐一的逍遥境界。庄子的“万物与我为一”思想主要是从人类与自然万物的关系角度来立论，强调从人与他者的齐平同一以消弭无谓的是非，这正如陈鼓应先生所认为的：“庄子从物性平等的立场，将人类从自我中心的局限性中提升出来，以开放的

① 魏晋竹林七贤之一的阮籍在其所著《达庄论》里，曾将庄子所谓的“万物皆一”直接改称为“万物一体”，并作出如下解释：“天地生于自然，万物生于天地。自然者无外，故天地名焉；天地者有内，故万物生焉。当其无外，谁谓异乎？当其有内，谁谓殊乎？地流其燥，天抗其湿。月东出，日西入，随以相从，解而后合，升谓之扬，降谓之阴。在地谓之理，在天谓之文。蒸谓之雨，散谓之风，炎谓之火，凝谓之冰；形谓之石，象谓之星；朔谓之朝，晦谓之冥；通谓之川，回谓之渊；平谓之土，积谓之山。男女同位，山泽通气，雷风不相射，水火不相薄。天地合其德，日月顺其光，自然一体，则万物经其常，入谓之幽，出谓之章，一气盛衰，变化而不伤。是以重阴雷电，非异出也；天地日月，非殊物也。故曰：自其异者视之，则肝胆楚越也；自其同者视之，则万物一体也。”（阮籍：《达庄论》，《阮籍集校注》卷上，陈伯君校注，中华书局1987年版，第138—139页）从这段话可以看出，阮籍秉承了道家自然主义的立场，从自然现象、天地万物的发生发展历程，将自然万物看成是同体一出的，反对仅从某一具体事物和现象本身来看待这些事物和现象。从具体事物和现象中超拔出来，从根本上以普遍的观点来观察事物和现象，体现了一种形上致思的思考路径。而“万物一体”一词的意义也就是在于此，即从形上的层面将天地万物看成同然一体。

心灵观照万物，了解各物都有其独特的意义内容。”[①]“庄子打开了一个无穷的时空系统，在时间上作无限的绵延，在空间上作无限的扩展，其目的在于透破现象界的层层界限，突破形器间的重重界限，而后从宇宙的大规模上，来打通个我与外界间的隔阂，来提升个我的精神。此即取消天地万物与我——客体与主体——的对立关系，而臻于主客一体的境界，这境界也可说是艺术精神的和谐观点。”[②]庄子在《齐物论》里发挥的人与万物的“一体”观念，其主要意图在破除天地万物与人类的对待关系，回复人与万物的自然状态，即“物我为一”的境界，从而抵制“若我互胜”“此是彼非”的纷争状态。庄子这里的人与万物的本然“一体”，基本上是从本体论和生存论角度来看待物我问题的，是基于道家的自然主义立场，描绘的是理想的自然秩序而忽视了人类社会自身秩序的问题，所谓“蔽于天而不知人”（《荀子·解蔽》），对于人世的现实伦理秩序关注不够。

与以庄子为代表的道家自然主义观点不同，儒家的物我关系、“万物一体”观念，主要是从伦理道德立场、社会生活立场上出发的，关注的是“我”在伦理世界中的处境与作为。儒家“万物一体”观念试图要回答的是关乎人类理想的生活状态和社会秩序的问题，追求的是具有儒家伦理特质的、良好的社会生活。

儒家的“一体”观念在先秦时期就已有展现。孟子提出“万物皆备于我”（《孟子·尽心上》），认为天地万物本性与“我”相通，故而，人能够最终把握天道万物的本性；《中庸》里又说：“唯天下至诚，为能尽其性；能尽其性，则能尽人之性；能尽人之性，则能尽物之性；能尽物之性，则可以赞天地之化育；可以赞天地之化育，则可以与天地参矣。”人之性通万物之性，又能参与到天地的变化中，这里也提到人与天地万物的相通与合一；《易传》里说：“夫大人者，与天地合其德，与日月合其明，与四时合其序，与鬼神合其吉凶。”（《易传·文言》）人与天地、日月、四时、鬼神通合，精神上实现共通。可见，在先秦儒家那里，人与天地万物相通相合，

① 陈鼓应：《老庄新论》，上海古籍出版社1992年版，第131页。
② 陈鼓应：《老庄新论》，第142页。

人能突破经验上的有限性去把握天地万物的内在性，被视作是人值得追求的崇高精神境界。先秦儒学的这种伦理意义上的“天人合一”思想，由隐而显，在宋明理学时期被进一步发展成为“万物一体”的主张。

在王阳明所处的宋明理学话语体系里，“万物一体”的思想肇始于张载，“万物一体”的语词和进一步发挥则始于程颢。张载在其著述中，虽然没有明确提出“万物一体”这一概念，但在字里行间较为清楚地表达了“万物一体”的思想，他说：

> 大其心者则能体天下之物，物有未体，则心为有外。世人之心，止于闻见之狭。圣人尽性，不以见闻梏其心，其视天下无一物非我，孟子谓尽心则知性知天以此。天大无外，故有外之心不足以合天心。①

从上所引，可以看出，张载从“大其心”能“体天下之物”出发，认为只要能够在道德心上立乎其大，破除“闻见之狭”，克服经验认知上的障碍，以合乎天心的无外之心来对待天下万物，则“天下无一物非我”，也即任何外在之物皆和人都有着天然的联系。这就打通了人物之界、人我之别，使得人和天地万物沟通起来。如此，人和万物之间，同样也包括人与人之间，也就不再是各自独立的存在，而是有着相通、相亲的关联。在人可以与天地万物相通的基础上，张载进而提出了以“民胞物与”为核心的天下一体思想。张载在备受后人称道的《西铭》②里说道：

> 乾称父，坤称母，予兹藐焉，乃混然中处。故天地之塞，吾其体；天地之帅，吾其性。民吾同胞，物吾与也。大君者，

---

① 张载：《大心篇》，《正蒙》，《张载集》，章锡琛点校，中华书局1978年版，第24页。

② 如程颢认为：“《西铭》某得此意，只是须得佗（他）子厚有如此笔力，佗（他）人无缘做得。孟子之后，未有人及此。得此文字，省多少言语。”（程颢、程颐：《河南程氏遗书》卷二上，《二程集》，王孝鱼点校，中华书局1981年版，第39页）程颐认为：“《西铭》之为书，推理以存义，扩前圣所未发，与孟子性善、养气之论同功。”（程颢、程颐：《河南程氏文集》卷九，《二程集》，王孝鱼点校，第609页）近人冯友兰甚至认为：《西铭》“是道学中的一篇具有纲领性的著作”。[冯友兰：《中国哲学史新编》（第5册），人民出版社1988年，第137页]

吾父母宗子；其大臣，宗子之家相也。尊高年，所以长其长；慈孤弱，所以幼其（吾）幼。凡天下疲癃残疾、茕独鳏寡，皆吾兄弟之颠连而无告者也。[①]

“乾父坤母”的说法来源于《易传》：“乾，天也，故称乎父；坤，地也，故称乎母。”（《易传·说卦》）张载以儒家“天父地母”的思想传统为依据，将天地、万物比作一个大家庭，在这样一个大家庭里，天地是父母，君主是继承父母的宗子，众人是吾人的兄弟姐妹，万物与吾人一体相连，吾人要以血亲关系来看待天地之间的众人和万物[②]。在这段广为传诵的话里，张载把原来人与天地万物对立的主客关系，变成了血缘宗法关系，自我与他人也变成了家庭之间的成员关系，人与万物成为一体。如上所言，儒家“一体”之念和庄子“齐物”论不同，儒家“一体”观念主要落脚在实现良好的社会人伦关系和构造天下一家的政治社会，而不是简单的回归到人与自然万物混沌不分的原初状态。从这一点上来说，张载的“民胞物与”的一体观念严守着儒家的立场，并进一步从血缘宗法角度来理解人与世界的关系，从先秦儒学的心性一体变成血缘宗法一体，更进一步强化了儒家伦理原则的普遍性。从张载的叙述来看，“民胞物与”的目的主要是要实现“长其长、幼其幼”和“无告”的良好社会秩序和社会生活，将人与人之间的竞争紧张关系变成温情脉脉的家庭伦理关系，从而为良好社会提供秩序基础。在张载那里，所谓“民胞物与”的一体观，主要是倡导天下一家的理念和追求社会大同的理想，企求的是天下众人之间不应该有过多的纷争，而要像“一家之亲”一样孝亲悯幼，要像同胞手足一样相待相处，血肉相连，休戚与共。张载“民胞物与”的一体观念，体现了儒家学者将日常的家庭和血亲伦理扩展到社会政治伦理的一种尝试，也

① 张载:《乾称篇》,《正蒙》,《张载集》，章锡琛点校，第62页。

② 关于《西铭》的思想，朱熹曾论道：“盖以乾为父，以坤为母，有生之类，无物不然，所谓理一也。而人物之生，血脉之属，各亲其亲，各子其子，则其分亦安得而不殊哉！一统而万殊，则虽天下一家，中国一人，而不流于兼爱之蔽；万殊而一贯，则虽亲疏异情，贵贱异等，而不牿于为我之私。此《西铭》之大指也。”（朱熹:《西铭论》，张载:《张载集》，章锡琛点校，第410页）朱熹对于《西铭》的理解，大略可以为我们挑明肇始于张载的“万物一体”思想的本质，虽然张载在话语上还没有直接提出“万物一体”，但思想已然成形，这对理学或道学影响至远。

是将儒家家庭伦理在本体论层面上向外拓展的一次理论突破，对宋明理学讨论“一体”观念影响深远，可以说是宋明理学话语体系中“万物一体”思想的理论原型。[①]

由上可知，宋明理学中广为流传的“万物一体”说，从思想本身来说，在张载“民胞物与”思想里就已具雏形。张载之后，程颢继而提出“仁者以天地万物为一体”的思想，程颢的“仁者以天地万物为一体”在思想观点上，和张载“民胞物与”基本是一致的。程颢主张，要将天地万物与自己的伦理境遇关联起来，他曾说：

> 仁者，以天地万物为一体，莫非己也。认得为己，何所不至？若不有诸己，自不与己相干。[②]

程颢在这里比较明确地提出了“万物一体”的概念，将发源于孔子的“仁者爱人”思想的进一步发展，推进到“仁者以天地万物为一体”的层面，形成了一个以自己为中心的“万物同体”的世界观。程颢以“天地万物”同于己身，也就是将儒家“仁”所适用的范围更加扩大了，从敬爱同类扩大到整个宇宙秩序的层面上了，把自然世界也纳入了伦理秩序的考量之中。程颢认为，天地万物都与自己相干，天地万物因为自己而产生意义，如果我们能认识到这一点，就可以使得“仁心”充斥天下，收到所谓“何所不至”的效果。程颢的“仁者以天地万物为一体”这句话，后来被宋明儒家广泛使用，成为宋明理学中的重要话语，王阳明就多次把“仁者”改成“大人”后直接使用程颢的这句哲言。自张、程之后，宋明理学家所言“万物一体”“与物同体”，无论从思想内涵上还是从话语表达上，多直接取自张、程二子。

王阳明的万物一体观念在思想来源上也上承张、程，但王阳明的万物一体思想已经不是张、程二子之论所能涵盖的了，王阳明超越了张、程二子，在其哲学思想中对“万物一体”这一观念作了深刻的发

---

① 关于张载《西铭》一文的政治含义，余英时在《朱熹的历史世界：宋代士大夫政治文化的研究》一书“绪说”的第五部分“理学与政治文化”里（第142—157页），曾有一个详尽的考察。
② 程颢、程颐：《河南程氏遗书》卷二上，《二程集》，王孝鱼点校，第15页。

挥。[①]嵇文甫认为，王阳明哲学的主要问题就是“万物一体”，这一观念是王学的“主要精神”。[②]日本学者岛田虔次也认为，中国哲学中的“万物一体”思想的第一个高峰在程明道（程颢）那里，而第二个高峰则是王阳明带来的。[③]万物一体思想在王阳明哲学中占据有重要位置，近年来，学者们更是从多重向度对王阳明的“万物一体”思想展开理解和解释[④]，这些各具特色的理解，也体现了王阳明这一学说的多维性。这些解释，一方面和上述学者的研究立场有重要的关系；另一方面，也说明了王阳明的万物一体思想具有丰富的解释张力。本书认为，除了上述几种理解外，王阳明的万物一体观念还可以从政治社会中的理想人间秩序角度来予以理解。

王阳明的“万物一体”观念虽然也和张、程二子一样，都是从本体层面来追问世界的本然形态，但在王阳明的表述里，其意味更为丰富，阐述更为细致，王阳明认为“万物一体”同时还是社会秩序的应然形态，除了描述性之外，更加强调了其规范性意义。王阳明从人与世界的关系角度来描述社会秩序，这是在形上致思的路径下对理想秩序的一种建构。

对政治社会之应然秩序的理解，构成了哲学家对政治社会的基本认识与期待。如柏拉图认为，一个良好的社会，应该构成一个哲学王、武士、生产者等不同阶层之间等级森严的秩序，只有这样，政治社会才不至于走向堕落。又如霍布斯认为，在自然状态下的社会，其社会秩序是人与人之间的相互冲突、普遍战争，显然这种秩序将导致人类走向毁灭。在这个基础上，霍布斯提出，为了改造“人对人是狼”的争战秩序，实现良好的社会生活，人民之间达成了社会契约，

---

① 如杨国荣曾提道：“《西铭》与《识仁篇》中的万物一体，似乎首先表现为一种本然的存在形态，而在王阳明那里，万物一体则作为圣人之心而取得了应然的形式。”（杨国荣：《心学之思：王阳明哲学的阐释》，生活·读书·新知三联书店1997年版，第149页）

② 参见嵇文甫：《左派王学》，开明书店1934年版，第23页。

③ 参见岛田虔次：《朱子学与阳明学》，蒋国保译，陕西师范大学出版社1986年版，第87页。

④ 如陈来从境界角度来理解，参见陈来：《有无之境——王阳明哲学的精神》，人民出版社1991年版，第258—268页；杨国荣从主体间的沟通角度来理解，参见杨国荣：《心学之思：王阳明哲学的阐释》，第148—156页；张世英从和谐论的本体论根据角度来理解，参见张世英：《新哲学讲演录》，广西师范大学出版社2004年版，第394—395页；张学智还将其从环境伦理角度予以阐释，将阳明的“与万物一体”观念与“良知上自然的条理”观念结合起来，认为万物一体从环境伦理的角度来看，是普遍地关爱万物有可以合理地取用万物之意，参见张学智：《从人生境界到生态意识：王阳明“良知上自然的条理”论析》，《天津社会科学》2004年第6期。

在社会契约的框架下来进行政治活动和社会活动。在中国古代哲学中，哲学家也易于从秩序的角度来理解社会。如老子认为“鸡犬之声相闻，民至老死不相往来”的社会秩序是良好社会的必要条件，而儒家学者大多认为“礼乐”秩序在社会上的完全建立是实现“善”之生活的必要前提，法家则强调一个强有力的统治是理想秩序的保障。作为一个关注人类心灵和人类生活的哲学家，王阳明同样对社会生活秩序问题有着深刻的见解。王阳明在其晚年著作《大学问》里提出了以“万物一体”观念为核心的理想秩序观。

《大学问》是阳明弟子钱德洪所辑录，按照钱德洪的说法，“《大学问》者，师门之教典也。学者初及门，必先以此意授，使人闻言之下，即得此心之知，无出于民彝物则之中，致知之功，不外乎修齐治平之内”（《大学问》跋，《全集》卷二十六，第973页）。此文在王阳明思想体系里有着重要的地位，也是其晚年教学的核心思想之所在。哲学史上一般将该著作为王阳明晚年定论，和《传习录》一起作为代表王阳明哲学的基本著述。[①] 在《大学问》里，王阳明集中地阐发了“万物一体”的人间秩序理想。王阳明在《大学问》里开篇即说：

> 大人者，以天地万物为一体者也，其视天下犹一家，中国犹一人焉。若夫间形骸而分尔我者，小人矣。大人能以天地万物为一体也，非意之也，其心之仁本若是，其与天地万物而为一也。（《大学问》，《全集》卷二十六，第968页）

又说：

> 故夫为大人之学者，亦惟去其私欲之蔽，以自明其明德，

---

① 如冯友兰认为:“阳明讲学之主要意思，见于其所作《大学问》一篇。……故此《大学问》所说，实可谓系阳明之最后的见解也。”（冯友兰:《中国哲学史》，华东师范大学出版社2000年，第286—287页）关于《大学问》为阳明晚年定论一说，近年也有学者提出质疑，如方旭东认为:“今本《王阳明全集》中关于《大学问》来历的说明，与事与理皆有未合之处，不足为凭。《大学问》所反映的王阳明的思想不是他的最后定论。”参见方旭东:《〈大学问〉来历说考异》，北京大学哲学系编:《哲学门（1）》（第2册），湖北教育出版社2000年版，第136—145页。而吴震则针对方著提出反驳，认为不能因为“不能因为其中所述在其他文字中亦可找到某些痕迹为理由，从而怀疑《大学问》的真实性”。参见吴震:《驳〈《大学问》来历说考异〉》，北京大学哲学系编:《哲学门（2）》（第2册），湖北教育出版社2001年版，第212—219页。本书无意对《大学问》来历予以考辨，而重在对其思想蕴含予以发挥。

> 复其天地万物一体之本然而已耳；非能于本体之外而有所增益之也。（《大学问》，《全集》卷二十六，第968页）

在《大学问》里这几句话中，从字面意义上就可以看到，王阳明“万物一体”观念和张载“民胞物与”思想一样，直接指向人的问题、社会的问题，虽然名曰“万物一体”，但这不仅仅具有描述性的意义，还具有规范性意义，指的是人们应该去除私欲而将万物当作与自己一体。王阳明认为，所谓“天地万物为一体”，也就是能将天下之人、天下之物当作自家之人，能将他人视为自己，不能因为形骸上有所区别就认为本然上有所分别。虽然人我在存在的具体形态上（形骸）具有外在形式上的差别，但如果在社会生活中过分执着于这种外在的差别，而不关注其内在的相同相通，那么就无法在道德上成为“大人”。“大人”出于本原的仁心，可以将天下之人、天下之物同自己的道德心、仁爱之心勾连起来，为此，王阳明举例说道：

> 是故见孺子之入井，而必有怵惕恻隐之心焉，是其仁之与孺子而为一体也。孺子犹同类者也，见鸟兽之哀鸣觳觫，而必有不忍之心焉，是其仁之与鸟兽而为一体也。鸟兽犹有知觉者也，见草木之摧折而必有悯恤之心焉，是其仁之与草木而为一体也。草木犹有生意者也，见瓦石之毁坏而必有顾惜之心焉，是其仁之与瓦石而为一体也。是其一体之仁也，虽小人之心亦必有之。是乃根于天命之性，而自然灵昭不昧者也，是故谓之“明德”。（《大学问》，《全集》卷二十六，第968页）

孺子入井，因为人对同类的恻隐之心，故而人们会援手相救，但为何人也能对鸟兽、草木、瓦石产生类似的同情之心呢？王阳明认为，这就是因为每个人都有着先天的仁爱之心，这是人的“天命之性”。既然人在本体意义上具有仁爱之心，因此破除形骸上的差别达到本原上的一致则是可能的。由此，王阳明在本体层面上消除自己和他人、外物的差别，从而祛除本心上的“私欲之蔽”，在心体上达到“万物一体”之境。这个意思，和王阳明在另一处所说如出一辙：

> 圣人之求尽其心也，以天地万物为一体也。……盖圣人之学无人己，无内外，一天地万物以为心。（《重修山阴县学记》，《全集》卷七，第257页）

儒家的理想是政治社会中的每一个个体都学做“大人”，学做“圣人”。孟子曾说：“大人者，不失其赤子之心者也。”（《孟子·离娄下》）“赤子之心”就是本体之心，在王阳明这里就包含了“以万物为一体”之本心。他认为，要想成为“大人”与“圣人”，其内在要求是具有“天地万物为一体”的仁心，具备人我无间、天下一家的情怀，这是人朝向“大人”“圣人”的必要性前提。由此可见，王阳明的政治理想不言而喻：要达到或者接近政治社会的至治，那么就要求社会成员怀有万物一体的信念，共同成圣，正如陈来先生所指出的：“他要强调万物一体的思想，他要通过良知为基础，来达到天地万物为一体，实现社会的大治。”① 从这个意义上来说，“万物一体”的本体性认知是和政治世界的“至治”效果联系在一起的。

拥有“万物一体”的信念是内圣境地，但对于王阳明来说，仅有内圣是不够的，真正的儒者必将“万物一体”的政治理想和信念推进到现实政治领域，使之具有现实的“规范性”意义，也就是将“万物一体”的理想落实到明明德、亲民的政治实践中，通过修齐治平的工夫使得“万物一体”成为一种社会秩序，在这样的秩序里去实现“家齐国治而天下平”的良好政治生活。王阳明认为：

> 明明德者，立其天地万物一体之体也。亲民者，达其天地万物一体之用也。故明明德必在于亲民，而亲民乃所以明其明德也。（《大学问》，《全集》卷二十六，第968页）

“明明德”“亲民”作为《大学》的两条纲领，到王阳明这里，分别成为“万物一体”的体与用，“万物一体”统摄了“明明德”和“亲民”二事。从体而言，“万物一体”是人之“明德”的内容，“明明德”就是“明”“万物一体”的本然性；从用而言，“万物一体”

---

① 陈来：《王阳明的万物一体思想》，《中共宁波市委党校学报》2019年第2期。

表现在“亲亲仁民”的活动中，“亲民”就是将“万物一体”变成现实。按照王阳明的理解，对于政治社会来讲，“明明德”是“修己”意义上的儒家政治道德意识觉醒，而“亲民”是“安百姓”的具体政治活动和教养活动，他在和弟子徐爱的讨论中说：

> “亲民”犹孟子“亲亲仁民”之谓。亲之即仁之也。百姓不亲，舜使契为司徒，敬敷五教，所以亲之也。《尧典》“克明峻德”便是“明明德”。以“亲九族”，至“平章协和”，便是“亲民”，便是“明明德于天下”。又如孔子言“修己以安百姓”，“修己”便是“明明德”，“安百姓”便是“亲民”。说“亲民”便是兼教养意，说“新民”便觉偏了。(《传习录上》,《全集》卷一，第2页）

《传习录》里的对谈，是针对朱熹把“亲民”理解为“新民”而言的。《大学》里说“大学之道，在明明德，在亲民，在止于至善”，程颐、朱熹都认为“亲民”应该是“新民”。王阳明认为，朱熹将“亲”改成“新”是不对的，原来《大学》文本前后是自洽的，朱子的解释偏离了《大学》古本之意。王阳明不是从字词考据角度来推论，而是从义理上来论证“亲民”更加具有合理性。王阳明认为，儒家讲“亲民”是一以贯之的思想，尧、孔子、孟子都如是，“明德亲民”，就是要“修己安人”，提倡人们要“仁爱地对待他人”，特别是执政者要“仁爱地对待百姓”。如果只讲“新民”，则是放弃了自己仁爱对待他人的道德责任，因而是偏离了儒家“修己安人”的思想主旨。在《大学问》里，王阳明进一步强化了个体道德责任的思想，认为“亲民”是人明确了“万物一体”本然状态后去使之现实化的必然活动。由是，王阳明将个体政治道德意识的发掘、树立和对百姓的教养活动统一到“万物一体”上，使之成为体用关系，认为所谓“明明德”就是要树立“万物一体”的观念，这是“明体”；而所谓“亲民”就是将“万物一体”观念落实到政治社会中去，这是“达用”。“明明德”与“亲民”二者互为体用，而共源于和统一于“万物一体”。通过“万物一体”思想的阐述，王阳明将儒家传统的内圣外王、明德亲民、修己安人等思想做出了新的理解。

王阳明用“万物一体”来阐释发挥儒家经典，表明了他对“万物一体”观念的自信，同时也提供了“万物一体”成为社会秩序的可能性，为“万物一体”从观念层面落实到社会现实层面提供了传统的依据，建构历史的合法性。我们知道，“明明德”和“亲民”是儒家传统政治伦理中的最为重要的两个环节，“明明德”使政治人的内在心体或政治伦理的本原得以凸显挺立，而“亲民”使政治伦理可以贯彻到社会中，教养百姓，安抚人心，“明明德”和“亲民”两个环节共同发生作用，最后实现良好的社会生活，即所谓“止于至善”，这是长期以来人们所接受的儒家从内圣到外王、从修己到安人的思想传统。王阳明以“万物一体”将上述两个环节统摄之，换言之，“明明德”是让人们理解“万物一体”秩序的必然性，而“亲民”则是让人们确信“万物一体”秩序的现实可能性。如此，既具必然性又具可能性，而且还具有儒家意义上的历史合理性，那么“万物一体”的至善社会便可以达到。王阳明在《大学问》里描绘了这一道德“乌托邦”的理想场景：

> 是故亲吾之父，以及人之父，以及天下之父，而后吾之仁实与吾之父、人之父与天下之父而为一体矣；实与之为一体，而后孝之明德始明矣！亲吾之兄，以及人之兄，以及天下人之兄，而后吾之仁实与吾之兄、人之兄与天下人之兄而为一体矣；实与之为一体，而后弟之明德始明矣！君臣也，夫妇也，朋友也，以至于山川鬼神鸟兽草木也，莫不实有以亲之，以达吾一体之仁，然后吾之明德始无不明，而真能以天地万物为一体矣。夫是之谓明明德于天下，是之谓家国治而天下平，是之谓尽性。（《大学问》，《全集》卷二十六，第968—969页）

王阳明认为，如果社会生活中将本体论层面的“万物一体”落实到应然的社会秩序层面，那么必将待人之父母如己之父母，待人之兄弟如己之兄弟，所谓“老吾老以及人之老，幼吾幼以及人之幼”（《孟子·梁惠王上》），将私人的血亲伦理推广到公共生活中，将个体的私人情感变成公共秩序，以此类推至君臣、夫妇、朋友，甚至自然万物皆莫不为一体，家庭生活、社会交往、政治生活、人与自然，皆应如此。因为从本然的层面来说，万物与我皆为一体，可是人的私欲将此本然状态遗忘，故而必须重新倡导“万物一体”的观念，使得人们在日常生活中把个体的伦理情感和行动，转化为公共生活中的情感和行动，从而将本然的状态变成现实的状态，这既是个体"明明德"的修养活动，也是"修齐治平"的社会实践活动，还是个体的自我实现过程。从自我修养至于他人的安全教养，王阳明弘扬了儒家这种递进式的类推传统，认为社会生活的伦理不过是家庭伦理的扩大，是将日常生活中的家庭血亲伦理扩充到整个政治社会的领域中去，将个体的道德与秩序体认（明明德）通过政治伦理实践（亲民）扩充开来，从而最终实现良好的社会政治生活（家国治而天下平）。

从其本然的角度看，人与他人、自然万物具有共通之处，但从现实的角度看，人与他人、自然万物还存在着具体的差别，不能因差别性掩盖共通性，但同时，也不能因为共通性而无视差别性。在《大学问》里，王阳明和大多数儒者一样，对"万物一体"所表达的"人我无间"的秩序观持有过于理想化的态度，倾向于将《大学》里的"明德亲民"与"修齐治平"的逻辑自洽，扩大为社会生活中放之四海皆准的理论，陷入道德的"乌托邦"想象，而忽略这一过程在现实政治中实际操作的无尽困难，从而容易流于空虚之谈。[①] 虽然在现实实践上存在困难，但作为一种政治信念来说，"万物一体"观念的理想意义无可厚非。在现实生活中，人们往往只能看到人与人、人与万物之间的差异，强调个体的特殊性，而忽略人与他人以及外在世界的共通性、同一性，故而偏执于从竞争、征服的角度来处理人与他人、人与世界的关系。为了纠正这一事实上存在着的偏执，让人们认识到人与世界的共通性，个体作为政治社会里的存在者，怀有"万物一体"的秩序理想，与共在者消除间隔，破除他者

---

① 王阳明同时代的思想家黄绾（宗贤）就认为阳明此论"流于空虚"，将会带来许多问题。黄绾将阳明"万物一体"思想和墨家兼爱思想联系在一起而予以批判，认为阳明此说脱离了儒家"情有亲疏、爱有差等"的原则，黄绾说："今之君子，每言'仁者以天地万物为一体'，以为大人之学如此，而究其说，则以吾之父子，及人之父子，及天下人之父子为一体；吾之兄弟，及人之兄弟，及天下人之兄弟为一体；吾之夫妇，及人之夫妇，及天下人之夫妇为一体；吾之朋友，及人之朋友，及天下人之朋友为一体；乃至以山川、鬼神及鸟兽、草木、瓦石皆为一体，皆同其爱，皆同其亲，以为一体之仁如此。审如此言，则圣人之所谓亲亲而仁民，仁民而爱物，情有亲疏，爱有差等者，皆非矣。实不知其说已堕于墨氏之兼爱，流于空虚，荡无涯涘。由是好名急功利之徒，因借其说以为是，而得以行其欲；残忍刻薄者，因反其言以为非，而得以骋其私。而大人之道之学于此亡矣。"（黄绾：《明道编》卷一，刘厚祜、张岂之标点，中华书局1959年版，第11页）

与自我的界限，从而在将“仁心”发挥到社会生活层面，进而在存在状态上也实现人、我、物的无间无分，从差异性走向同一性，这实际也是哲学家对达成人类良善生活的某种希冀。

除了在《大学问》里集中讲“万物一体”之外，王阳明还在与顾东桥的书信中深入阐述过秉持“万物一体”信念的“三代之治”（详见下节）。同时，在平时的讲学、对谈、书信中，王阳明也喜言“万物一体”，将这一话语用来阐发他的哲学思想。据《年谱》记载，王阳明五十二岁在浙江萧山回答张元冲问“释、老二氏”时曾说道：

> 圣人与天地民物同体，儒、佛、老、庄皆吾之用，是之谓大道。二氏自私其身，是之谓小道。（《年谱三》，《全集》卷三十五，第1289页）

在处理儒家与佛道关系的时候，王阳明认为按照“万物一体”的观念，儒、佛、老、庄本可以互通，同为实现理想秩序之用。从同一性来看待儒、佛、道的关系，王阳明的这一认识无疑具有宏大的眼界，但是，他毕竟还是站在儒家的立场上，批评佛、道两教没有真正贯彻“万物一体”，故而沦为“小道”。从上也可以看出，“万物一体”还被王阳明用作“判教”之工具。《年谱》上还记载，王阳明在稽山书院讲学之时，以“万物同体”为讲学的主旨：

> 于是辟稽山书院……先生临之，只发《大学》万物同体之旨，使人各求本性，致极良知以至于至善，功夫有得，则因方设教。（《年谱三》，《全集》卷三十五，第1290页）

在稽山书院的讲学中，王阳明以《大学》作为文献，阐发其中的“万物一体”思想，其目的在于启发人们“明明德”，然后各致良知以至于至善。他期望通过讲明“万物一体”的本然状态，让人们明确自我、他人以及万物的同一性，认识到此，就可以逐渐消弭人的私欲，从而使得社会实现至善。另外，在《传习录》中，也记载了王阳明对“万物一体”思想的阐发，如：

> 仁者与天地万物为一体，使有一物失所，便是吾仁有未尽处。（《传习录上》，《全集》卷一，第25页）
>
> 仁者以万物为体，不能一体，只是己私未忘。（《传习录下》，《全集》卷三，第110页）
>
> 盖其心学纯明，而有以全其万物一体之仁，故其精神流贯，志气通达，而无有乎人己之分、物我之间。（《传习录中》，《全集》卷二，第55页）
>
> 向晦宴息，此亦造化常理。夜来天地混沌，行色俱泯，人亦耳目无所睹闻，众窍俱翕，此即良知收敛凝一时。天地既开，庶物露生，人亦耳目有所睹闻，众窍俱辟，此即良知妙用发生时。可见人心与天地一体，故上下与天地同流。（《传习录下》，《全集》卷三，第106页）
>
> 盖天地万物与人原是一体，其发窍之最精处，是人心一点灵明。（《传习录下》，《全集》卷三，第107页）

以上几条记述，都清楚地展现了王阳明对于人与万物之同一性的追求。他认识到社会秩序的混乱、理想社会的不能实现，都是由于人们从差异性出发各自追求自己的私欲，故而造成了利益的冲突与社会的不治。王阳明努力强调，人通过自己的“心之灵明”，就可以把握人与世界的同一性，如果认识到这一点的话，就不会执着于自己个体的私欲，而把眼光扩展到天地宇宙，将自己置身于大化流行中而跳出自我的偏狭，从而突破人我之分、物我之别，为“万物一体”理想秩序的实现做好认识上的准备和行动上的努力。

从上大略可知，王阳明讲“万物一体”绝不是一时的兴趣，也绝不仅仅是对孟子以及张载、程颢等人的简单继承，而是长期坚持并重新发明的一个信念。在他的思想里，“万物一体”既是“仁心”的具体化和儒家政治伦理的高度概括，也是一个理想的本然境界，同时还代表着一种理想的社会秩序。这种秩序，就是人们在社会生活中，破除了他人和自我在具体存在（形骸）上的区分，不再执着于自我与他人、万物的差异性，而是以同一性来认知自我与世界的关系，在心体上达到了无间无外，进而在社会生活中以爱己之心爱人，以血亲伦理情怀对待天下之人，以一体之念来仁爱天下万物，从而突破自我与他人、万物之间的利益争夺、征服与被征服的关系，实现一种至善的社会生活。概言之，“万物一体”的人间秩序就是“中国一人”“天下一家”的理想社会秩序，而这又是儒家“大同”理想的进一步深化和发展。“万物一体”的秩序观，是王阳明心学体系中的理想政治观，既体现了王阳明坚定的儒家立场，同时又将儒家对理想秩序的期待推上了一个新的理论高峰。

二、“三代之治”的理想治理

如前所述，哲学家们对于政治社会的观察和思考，大多都会在观念上形成一个关于政治社会的理想模式，这些模式基于各自的哲学理念又呈现出不同的样态，如柏拉图的理想国、亚里士多德的“共和制”城邦、孟子的王道等。王阳明没有发明专门的概念来表达其理想政治形态，在他的思想里，理想政治形态沿用了儒家一直推崇的“三代之世”。王阳明曾说：“唐、虞以上之治，后世不可复也，略之可也；三代以下之治，后世不可法也，削之可也；惟三代之治可行。”（《传习录上》，《全集》卷一，第10页）如果我们细心检阅王阳明的语录、往来书信和奏疏公文里，还可以发现更多王阳明对“三代之治”的想象和向往。①

自孔子以来，“三代之治”就是儒家关于理想政治模式的典范，也是儒家惯用的对理想政治的一种历史叙事。某种意义上，“三代之治”的崇高性也是自先秦以来层累而成，实际上，“三代之治”在历史上是否确有其事并不太重要，重要的是，自儒家学说创立以来，“三代之治”已经被集体回忆或塑造成儒家理想的社会模式，建构成为理想政治的象征，成为儒家理想政治治理的典范概念。另外，由于孔子等对“三代之治”的褒扬，因而这一概念也成了后世儒家批评现实政治的重要理论武器，人们在批评现实政治的时候，往往用“三代之治”来作为对照，以此表达他们的政治主张。孔子说：“周监于二代，郁郁乎文哉！吾从周。”（《论语·八佾》）又说：“三代

① 关于王阳明对三代政治社会的想象和向往，在王阳明思想的文本里可以多见，此处略举几例：“日中以前，礼仪交会，气象秩然，就是三代世界。”（《传习录下》，《全集》卷三，第116页）“夫三代之学，皆所以明人伦。”（《万松书院记》，《全集》卷七，第253页）“诚使陛下好佛之心果已真切恳至，不徒好其名而必务得其实，不但好其末而必务求其本，则尧舜之圣可至，三代之盛可复矣。”（《谏迎佛疏》，《全集》卷九，第294页）

之所以直道而行也。”（《论语·卫灵公》）“大道之行也，与三代之英，丘未之逮也，而有志焉。”（《礼记·礼运》）将“三代”作为理想来予以描述。宋明儒家大多坚信“三代之治”的正当和至善，如在关中推行“井田”的张载被认为“慨然有意三代之治”①，程颢曾说：“三代之治，顺理者也。”② 朱熹也认为：“若论三代之世，则封建好处，便是君民之情相亲，可以久安而无患。”③ 在王阳明之后的黄宗羲所撰的《明夷待访录》那里，也常常将“三代之治”作为现实政治的比较，以凸显现实政治的不堪，如“三代以上有法，三代以下无法”④“三代以下，天下之是非一出于朝廷”⑤ 云云。可以说，“三代之治”是宋明儒家的集体政治理想，也是他们心目中良好政治社会的典范。对于现实政治生活的不满以及对儒家经典教义的信奉，使得包括王阳明在内的宋明儒家将目光集体投向了遥远的“三代之治”。

从一定意义上来看，对于“三代之治”的向往，可以被看作儒家的集体“乌托邦”心态，⑥套用保罗·蒂里希的话说则是一种“向后看的乌托邦现象”（即理想的乌托邦存在于过去而不是存在于将来）。⑦ 这也正如美国学者希尔斯所言，相信人类曾经生活于一个“黄金时代”，以后的时代及当代都是那个时代的倒退，是思想史上的一个常见主题，“对那些感到世风日下、人心不古的人来说，过去是一个避难所”。⑧相信“三代之治”曾经真实地存在于远古的过去，后人实现良好社会的方向就是“往复三代之治”，正是儒家思想的一

① 吕大临：《横渠先生行状》，张载：《张载集》，章锡琛点校，第384页。

② 程颢、程颐：《河南程氏遗书》卷十一，《二程集》，王孝鱼点校，第127页。

③ 黎靖德编：《朱子语类》卷一百〇八，王星贤点校，中华书局1986年版，第2679页。

④ 黄宗羲：《明夷待访录》，沈善洪主编：《黄宗羲全集》（第1册），浙江古籍出版社1985年版，第6页。

⑤ 黄宗羲：《明夷待访录》，沈善洪主编：《黄宗羲全集》（第1册），第10页。

⑥ 按照曼海姆的看法，一种思想心态和实际中所发生的状态不相称，这种心态就是乌托邦的心态。参见卡尔·曼海姆：《意识形态和乌托邦》，艾彦译，华夏出版社2001年版，第228页。

⑦ 对于“向后看的乌托邦现象”，保罗·蒂里希除了从理论上阐释以外，还举例说明，他认为，斯多葛学派的黄金时代、基督教的乐园、卢梭的自然状态以及原始共产主义等都属于向后看的“乌托邦”理念。参见保罗·蒂里希：《乌托邦的政治意义》，《政治期望》，徐钧尧译，四川人民出版社1989年版，第172页。我们认为，蒂利希如果了解中国古代儒家心目中的三代之治的话，也一定会同意三代之治是一种“向后看的乌托邦现象”。当然，儒家的乌托邦理想也蕴含着某种程度的未来取向，因为儒家始终相信良好的政治可以再次实现，孟子的“五百年必有王者兴”（《孟子·公孙丑下》）以及王阳明的“挽回三代之治”表现的就是对未来政治的期待。

⑧ 参见E.希尔斯：《论传统》，傅铿、吕乐译，上海人民出版社1991年版，第276—277页。

个重要思想主题。[①]

中国是一个盛产理想政治形态的国度，老子向往的“小国寡民”、孟子设计的“八家共井”的井田制、《礼记·礼运》中描绘的“大同世界”、陶渊明虚拟的“桃花源”、农民起义打出的“均贫富、等贵贱”口号、太平天国构建的“天朝田亩制度”以及康有为编织的“大同梦”等等，各式各样的“乌托邦”理念一直在中国历史长河中绵延不绝。理想的“三代之治”是其中最为悠久的一个理念，同时也由于儒学在汉代以后的兴盛而影响深远。不过，吊诡的是，不管儒生们喊得多么响亮，“三代之治”自先秦儒家倡导以来在现实中却从未实现过，永远停留在儒家的笔端和口头，成为批判现实的理论工具和发明学术、拯救社会的理想目标，是一个典型“乌托邦”式的政治形态，诚如朱熹所言：“千五百年之间，正坐为此，所以只是架漏牵补，过了时日。其间虽或不无小康，而尧、舜、三王、周公、孔子所传之道，未尝一日得行于天地之间也。”[②] 朱熹认为，按照儒家之道进行治理的社会从来也没有在后世实现过。“三代之治”之所以是“乌托邦”，因为它只是儒家对于完美社会的设计，寄托在远离当下政治社会现实的，甚至是否确有其事都成问题的古代时空之中。虽然“三代之治”没有成为现实，但不可否认，儒家关于“三代之治”的“乌托邦”想象是一种良好的政治理想，而这种政治理想也激励着一代代儒者为经邦济世、康济群生而努力。

如前所述，王阳明对于“三代之治”的理想也十分向往。具体来说，王阳明三代之治的政治理想在《答顾东桥书》里表达较为突出。后来被弟子门人编入《传习录》的《答顾东桥书》，可以算作是王阳明对于理想政治的一份“宣言书”，这也就是王阳明哲学思想中颇具盛名的“拔本塞源”论。在这篇论说式的书信中，王阳明首先指出了在现实生活中由于学术不明和人们蔽于私欲而导致的社会生活堕落状态，他说：

---

① 关于“三代之治”的观念，现代新儒家牟宗三的一个观点也十分值得注意。牟宗三认为，儒家将尧舜三代政治作为理想政治形态，“是将政治形态之高远理想置于历史之开端，是将有待于历史之发展努力以实现之者置于开端以为准则”。（参见牟宗三：《政道与治道》，广西师范大学出版社2006年版，第3页）

② 朱熹：《答陈同甫》，《晦庵先生朱文公文集》卷三十六，朱杰人、严佐之、刘永翔主编：《朱子全书》（第21册），第1583页。

> 夫拔本塞源之论不明于天下，则天下之学圣人者将日繁日难，斯人沦于禽兽夷狄，而犹自以为圣人之学；吾之说虽或暂明于一时，终将冻解于西而冰坚于东，雾释于前而云滃于后，呶呶焉危困以死，而卒无救于天下之分毫也已！夫圣人之心，以天地万物为一体，其视天下之人，无外内远近，凡有血气，皆其昆弟赤子之亲，莫不欲安全而教养之，以遂其万物一体之念。天下之人心，其始亦非有异于圣人也，特其间于有我之私，隔于物欲之蔽，大者以小，通者以塞，人各有心，至有视其父子兄弟如仇雠者。（《传习录中》，《全集》卷二，第53—54页）

王阳明认为，由于圣人之学的真精神被遮蔽，使得人们在学做圣人的事业上走向歧路，“日繁日难”，陷溺于偏执、脱离儒家正道而不自知。在王阳明的时代，所谓“天下之学圣人者”的路径，主要是指朱子学，如前章所揭，王阳明之为学主要是出于对日渐僵化的朱子学的不满。王阳明认为，当时的朱子学“析心与理为二”，认为天理存于人心之外，于是求天理于人心之外，所以在学圣之路上过于求诸书册，执着于词章注疏，逐渐走上支离烦琐的道路。儒家的学圣之路，既有学术上的意义，又有政治上的意义。一旦在学圣之路上步入歧途，人心纷乱，不仅在学术上裹足不前，而且更为严重的是将导致天下的混乱不治，“斯人沦于禽兽夷狄”。另外，由于天下人之心虽然在本源上和圣人无分别，但由于逐渐“间于有我之私，隔于物欲之蔽”，被人与人之间的差异性所迷惑，导致人与人之间的同一性被遮蔽，采用一种斗争的心态来看待人我关系，社会于是趋向堕落，直至“视其父子兄弟如仇雠者”。在王阳明看来，他所倡导的“合心与理为一”的心学虽然可以在学圣之路上暂时起到一定的纠偏作用，“或暂明于一时”，但终究不能“救天下之分毫”，无法在挽救天下人心之堕落上发挥根本性的作用。故而，王阳明认为，要真正地“救天下”，实现良好的社会生活，就要社会成员发挥圣人之心，使得天下人都具有圣人之心的良善德性和高贵品质，真正地树立起“万物一体”的观念，以同一性、共通性来看待自我与世界的关系，将天下之人当作自家之人，仁爱天下，对所有人都“欲安全教养之”，这样或可实现“三代之治”。

“万物一体”的秩序得以确立，所有人都能得到“安全教养”，社会自然就成为美好的社会，这样的社会是否可能？在王阳明的心中，这样的社会是可能的，儒家历史上的“三代”社会就是这样一个良好的社会。于是，王阳明在“拔本塞源”论里接着说道：

> 圣人有忧之，是以推其天地万物一体之仁以教天下，使之皆有以克其私，去其蔽，以复其心体之同然。其教之大端，则尧、舜、禹之相授受，所谓“道心惟微，惟精惟一，允执厥中”。而其节目则舜之命契，所谓“父子有亲，君臣有义，夫妇有别，长幼有序，朋友有信”五者而已。唐、虞、三代之世，教者惟以此为教，而学者惟以此为学。（《传习录中》，《全集》卷二，第54页）

王阳明认为，唐、虞、三代之世，圣人为拯救天下人心的陷溺，用“万物一体”的仁心教化天下之人，教导天下之人“克其私”“去其蔽”，让人们从一致性的角度去理解自我与世界关系，而且还进一步在社会生活中推广“父子有亲、君臣有义、夫妇有别、长幼有序、朋友有信”五伦，使得家国天下中的主要社会关系都处在有章可循的状态下，而整个社会也因此有了良好的秩序。正是由于圣人的立教垂范，“三代之世”的良好社会生活才得以确立，天下才实现了从“乱”到“治”。

王阳明在阐述了三代之治的由来之后，如同《礼记·礼运》里对于“大同”社会的描述一样，用大段文字描绘了想象中“三代之治”的理想图景，使其心目中理想共同体的至善生活模式清晰地呈现出来。他说：

> 当是之时，人无异见，家无异习，安此者谓之圣，勉此者谓之贤，而背此者虽其启明如朱亦谓之不肖。下至闾井、田野、农、工、商、贾之贱，莫不皆有是学，而惟以成其德行为务。何者？无有闻见之杂，记诵之烦，辞章之靡滥，功利之驰逐，而但使孝其亲，弟其长，信其朋友，以复其心体之同然。是盖性分之所固有，而非有假于外者，则人亦孰不能之乎？学校之中，惟以成德为事，而才能之异，或有长于礼乐，长于政教，长于水土播植者，则就其成德，而因使益精其能于学校之中。

迨夫举德而任，则使之终身居其职而不易，用之者惟知同心一德，以共安天下之民，视才之称否，而不以崇卑为轻重，劳逸为美恶；效用者亦惟知同心一德，以共安天下之民，苟当其能，则终身处于烦剧而不以为劳，安于卑琐而不以为贱。

当是之时，天下之人熙熙皞皞，皆相视如一家之亲。其才质之下者，则安其农、工、商、贾之分，各勤其业，以相生相养，而无有乎希高慕外之心。其才能之异若皋、夔、稷、契者，则出而各效其能，若一家之务，或营其衣食，或通其有无，或备其器用，集谋并力，以求遂其仰事俯育之愿，惟恐当其事者之或怠而重己之累也。故稷勤其稼，而不耻其不知教，视契之善教，即己之善教也；夔司其乐，而不耻于不明礼，视夷之通礼，即己之通礼也。盖其心学纯明，而有以全其万物一体之仁，故其精神流贯，志气通达，而无有乎人己之分，物我之间。（《传习录中》，《全集》卷二，第54—55页）

在此处，王阳明以论述“三代之治”理想图景的形式抒发了自己的社会政治理想，这既表达了对“三代之世”的“乌托邦”想象，同时，也在一定意义上构建了以“万物一体”为宗的理想政治模式。按照王阳明的理想，在信奉“万物一体”理念的社会共同体内，天下之人，无有远近，皆得以安全教养，所有人如一家之亲，所有成员都以安济天下之民（或他人）为己任，既成就自己又成全他人。在这个共同体里，人人皆以成德为务，将德性与德行作为第一要务，没有高低贵贱，从不习高慕外，都能分别安于农、工、商、贾等各种本职工作，所有人同心一德而各自按照自身的才质从事于社会事务，虽有分工但不分裂。人们能够“各勤其业，相生相养”，实现自立且互通有无，而不是寄生于他人。这个社会，和谐安宁，亲如一家，没有人己之分、物我之间，每个成员怀着“万物一体”的仁心，遵守着良好的社会秩序同时也享受着至善的社会政治生活。概括来看，王阳明心目中的“三代之治”图景如下：人们思想一致，怀着人我一体的信念来善待他人，过着有德性的生活，而不是因追求外在知识与功名利禄而互相倾轧的生活；人们在成就德性的一致性目标下，互相将他人当作自己的亲人，各自施展自己的才能为公共社会做出贡献，人在共同体里面的位置，只按才能是否相称来安排，而没有贵贱美丑之分，才能一般的人能够人尽其用，才能高超的人能够人尽其能。如此就是“万物一体”观念的现实展开，也是“三代之治”的具体内容。

从上可见，王阳明的治理理想从世界的同一性出发，尤其强调人在本心上的无差别，而后天的才能差异正好可以实现互相补充，由此，良好的治理就是依据人的同一性本质和差异性才能来发挥每个人的作用，引导人们将德性而不是知识、功利作为生活追求，教导人们各安其分、各司其职、互相补充、互相生养，既有分工又有合作，最终实现“万物一体之仁”的理想。当然，从现代看来，如果被人利用，王阳明的上述治理理想中也有着很多专制的因素，比如“人无异见”“家无异习”，又如“同心一德”，这是要求人们按照齐同的思想进行生活，其成员不能有“出格”的想法；他能正视人在才能上的差异，但认为在生活追求和思想认识上不能有所差异，在思想上只强调共性而忽视个性；重视人的德性发展而轻视人的知识进步、功利追求；过分追求共同体的“大同团结”而忽视个体的“意志自由”……如此种种，在现实的政治生活中，统治者可能利用此说建立一个牺牲个人自由而过度集中的统治模式，社会将可能会因为丧失多样性而走向僵化。王阳明看到了人心的疏离、利益的分化给社会带来的混乱，这是其所见，但过分强调治理中的同一性而忽略个体意志的差异性，这是其所蔽，而这也是现代哲学在分析王阳明“拔本塞源”之治理理想时所需要注意的。

史华兹在《古代中国的思想世界》一书里，曾借用德国哲学家汉娜·阿伦特对于良好“政治”的理解来分析儒家的政治，阿伦特认为公民们在公共自由和公共幸福的生活之中，完全以伙伴的身份参与国家事务，可能是一种“良好”的政治①。在王阳明想象的“三代之世”中，人们正是在以互为伙伴的身份（相生相养）参与到公共的事务中，并获得了美好生活（精神流贯、志气通达）的体验，因而“三代之治”成为良善的治理模式。在评论王阳明上述社会政治理想时，钱穆曾充满感情地说道：“这样的社会，也才是理想的社会。人人分工而合德，人人平等自由，各还他一个天赋的才性之真，

① 参见本杰明·史华兹：《古代中国的思想世界》，程钢译，江苏人民出版社2004年版，第102页。

与本心的好恶之诚，而各成为一个圆满无缺之圣。这又是何等地美满的社会和人生呀！”[①] 如果王阳明的理想能以实现，这样的社会确实有可能成为钱穆先生所说的“何等美满的社会和人生”。

除了对“三代之世”的良好社会生活进行了描述之外，王阳明还对实现“三代之治”的社会成员寄托了期望。对于上述理想共同体的实现，王阳明没有寄希望于某一个圣人或者贤人的出现来从根本上改变社会，而是希望所有的成员都能成为圣人，都有“万物一体”之仁心，所谓“满街人都是圣人”（下节详叙），他们的关系是上述“伙伴”关系，而不是圣贤与普罗大众的关系。这和许多寄望于贤人统治的“乌托邦”设计有所不同，柏拉图的“理想国”设计，前提是哲学家称“王”，实行严格的等级制和贤人统治；意大利思想家康帕内拉的“太阳城”设计里，共同体的公共权力机构也是通过统治权威自上而下建设起来的，其前提是这个“太阳城”里要有一位具有至高权力的“太阳”司祭的出现，“太阳”是最为贤德的人，“他不会是残酷无情的人，不会犯罪，也不会成为暴君”[②]。相比西方古典思想世界的柏拉图和康帕内拉而言，在王阳明的理想政治设计里，没有将某位独特的贤人出现当作理想政治的必要条件，而是认为天下之人都具有圣人之心，只要都能推广万物一体的仁心，理想的秩序和理想的社会就能实现，这也是与其“人人皆有良知”的心学主张是相通的。从是否期待贤人、圣人统治的角度来看，王阳明的“乌托邦”设计，对于社会成员在“乌托邦”国度里的地位而言，则更具平等的色彩。

王阳明对于“三代之世”的“乌托邦”社会理想政治十分憧憬，甚至有点“殉道”意味，将恢复“三代之治”作为他个人毕生的政治抱负，并将此作为活在人世间的“一大事”。在王阳明一生著述和讲学生涯中，每念及此，都会感慨系之：

> 诸君每相见时，幸默以此意相规切之，须是克去己私，真能以天地万物为一体，实康济得天下，挽回三代之治……不枉了因此一大事来出世一遭也。(《与黄宗贤》,《全集》卷六，第

① 钱穆:《宋明理学概述》,《钱宾四先生全集》（第9册），第266页。
② 康帕内拉:《太阳城》，陈大维等译，商务印书馆1980年版，第14页。

220页）

如是而欲挽而复之三代，呜呼其难哉！吾为此惧，揭知行合一之说，订致知格物之谬，思有以正人心，息邪说，以求明先圣之学，庶几君子闻大道之要，小人蒙至治之泽。而哓哓者皆视为狂惑丧心，诋笑訾怒。予亦不自知其力之不足，日挤于颠危；莫之救，以死而不顾也，不亦悲夫！（《书林司训卷》,《全集》卷八，第282页）

从上可见，王阳明对于三代之治这种儒家理想政治形态的向往是十分真挚的，把个体的人生理想与政治理想联系在一起，当然，由于现实政治生活的不堪和他人的质疑，他也看到了理想政治模式的难以实现。故而，对于王阳明本人来说，他是怀着悲壮心情来担当"挽复三代"之事业的。然而，对于门人"诸君"，王阳明则以鼓励的姿态来对待，让大家以"不枉了因此一大事来出世一遭"的志向，来"挽回三代之治"。但是，不管对自己还是对他人，王阳明对三代之治的理想政治形态的向往之情，都是毫不掩饰的。对"三代之世"的理想政治模式的向往，并期望通过自己的努力接近这一理想，是王阳明作为哲学家的政治抱负。这种政治抱负，不是以个人才情在政治权力运作中能否实现为指向的，而是以人类生活的良好公共秩序为目标。哲学家可能无力改造现实政治，但是可以在精神层面引导社会朝向理想的一面发展，为政治社会构建理想的政治模式，不管这一理想模式能否在当下实现，都能"以死而不顾"，知其不可而为之，王阳明个人的豪杰气象从此也可见一斑。

另外，需要特别强调的是，在王阳明哲学思想里，"三代之治"作为他心目中的理想政治模式是和"万物一体"观念紧密联系在一起的。从上所引之"拔本塞源"论中，"三代之治"的理想景象反映在思想领域，就是社会成员要有"万物一体"的仁心，上述所揭之"圣人之心，以天地万物为一体""遂其万物一体之念""推其天地万物一体之仁以教天下"以及"全其万物一体之仁"。王阳明之所以再三致意，是因为"万物一体"观念对于"三代之治"的重要意义，可以说，没有视万物为一体的精神，就没有"三代之治"的理想效果。"万物一体"是理想秩序的观念形态，而"三代之治"是这一观念在历史上的具体展现和参照样板。可以说，"万物一体"的人间秩序观念是王阳明理想政治观的灵魂，也是王阳明所期待的理想政治共同体的内在精神秩序，对于王阳明的整个理想政治学说至关重要。

从王阳明对于“万物一体”和“三代之治”的论述中，我们大约可见他的政治理想，这个理想就是：在政治共同体里，每一个成员都具有并能自觉到“万物一体”的仁心，怀着这种仁心，都成为精神意义上的“大人”“圣人”，在社会生活里，各司其职，各安其分，都能够在生活中践行儒家伦理道德，分工而合德，共同构建良好有序的社会生活，从而确立以“万物一体”为精神秩序的理想共同体。而这个理想共同体的原型，在王阳明看来，就是儒家集体想象中的三代社会。王阳明的一生，在一定意义上，可以看作王阳明为“康济天下，挽回三代之治”和实现“万物一体”理想而努力的一个历程，这正如有学者所认为的：“他（王守仁）的社会理想之美好程度，可以说是已经达到中国封建社会后期士林社会理想所能达到的最高境地，因此，王守仁不失为一个空想家，但他的一生，恰恰是为实现其乌托邦式的理想社会模式而奋斗的。”[①] 当然，王阳明的美好理想也是来源于儒家传统，他只是在心学背景下予以了新的表达，而这种表达也确实展现了儒家“大同”理想的新高度。

三、“满街人都是圣人”

一般来说，社会秩序的建构和维护，良好政治模式的形成与完善，都与该社会成员的素质密切相关。共同体成员的认知水平、道德素质以及行动能力等因素，对于共同体的秩序至关重要。在孔孟的思想里，也往往将理想秩序的实现寄托于君子、贤人、大人、圣人的出现。在儒家的传统里，理想人格与理想秩序往往是一体的，教化与统治往往也是并行的。王阳明继承了儒家的传统，对于共同体成员的素质也有着明确的期望。

在王阳明的政治理想里，“万物一体”的理想人间秩序与“三代之治”的理想政治模式之实现是和“满街人都是圣人”的主体期

① 王处辉：《中国社会思想史》（下册），南开大学出版社2000年，第218页。

望分不开的。王阳明自幼以"成圣"为第一等事，中岁以后思想渐渐成熟，在"成圣"问题上得出的一个基本结论是"满街人都是圣人"。"满街人都是圣人"的圣人观作为一种政治哲学思想，反映了王阳明对于共同体成员的理想人格期待。实际上，从王阳明哲学的内在逻辑来看，王阳明的"万物一体"和"三代之世"的政治理想也只有在所有社会成员，也即秩序的创建主体在内在维度上"成圣"的前提下才可实现。如前所述，"明德"是"万物一体"之体，"亲民"是"万物一体"之用，只有"明明德"，"亲民"，才可能有"止于至善"的效果。如果说"万物一体"和"三代之世"是王阳明对于理想秩序和良好治理的终极期待，那么，社会成员在内在的心学理路上"成圣"，明确自己的"良知"并将其推致出来，实现个体"德性"的内在完满自足，造就"满街人都是圣人"的心学盛景，则是王阳明对理想政治创立的主体期待。

在先秦儒家那里，理想政治的创立主体，一直是由儒学视野中的"圣人"担当的。"三代之治"和儒家心目中的"王道"政治之所以能够实现，在儒家看来，和圣人的努力分不开，而尧、舜、禹、汤、文、武、周公等就是具有这样超凡能力的圣人。正所谓"古之治天下者必圣人"（《大戴礼记·诰志》）、"非圣人莫之能王"（《荀子·正论》）。在先秦儒家的理解里，担当秩序创建和社会治理的圣人往往是异乎常人的，具有超凡的智慧和高贵的精神。孔子对"圣人"充满敬畏之情，《论语》中说："子曰：'若圣与仁，则吾岂敢。'"（《论语·述而》）孔子的自谦一方面说明了孔子对于"圣人"的敬畏，另一方面也说明了"圣人"的超常特质。孟子也将民众教化之责系于"圣人"："圣人，百世之师也，伯夷、柳下惠是也。故闻伯夷之风者，顽夫廉，懦夫有立志；闻柳下惠之风者，薄夫敦，鄙夫宽。奋乎百世之上，百世之下闻者莫不兴起也。非圣人而能若是乎？而况于亲炙之者乎？"（《孟子·尽心下》）荀子对"圣人"的概括也说明了这一点："圣人，备道全美者也，是县天下之权称也。"（《荀子·正论》）在先秦儒家典籍里，对"何为圣人"或者"圣人具有何种规定性"等问题的回答，以及对"圣人"非同寻常的气象做完整精彩发挥的描述集中在《中庸》一文里，《中庸》里说：

唯天下至圣为能聪明睿知，足以有临也；宽裕温柔，足以

> 有容也；发强刚毅，足以有执也；齐庄中正，足以有敬也；文理密察，足以有别也。溥博渊泉，而时出之。溥博如天，渊泉如渊。见而民莫不敬，言而民莫不信，行而民莫不说。是以声名洋溢乎中国，施及蛮貊。舟车所至，人力所通，天之所覆，地之所载，日月所照，霜露所队。凡有血气者，莫不尊亲，故曰配天。

从《中庸》这段对于圣人的“圣”之品质的描述里，我们可以看出，圣人具有如下品质：聪明睿智，宽裕温柔，发强刚毅，齐庄中正，文理密察，这些品质非常人所能具有，因其难能所以可贵，具备了这些品质，可以治理天下、包容天下、决断政务、为人敬重、明辨是非。因是之故，圣人凭此卓越的品质，能够创立并维护政治秩序，治理社会，使民众敬之、信之、悦之，并能使华夷咸服，圣人在智识上、才性上、道德上、政治上都具有常人所不能够企及的特质，也能做出常人所不能为的成就。由此足见，“圣人”在先秦儒家哲学那里，具有崇高而异乎常人的意味。

然而，在先秦儒家那里，对于常人和圣人的关系，往往又显现出一种悖论，虽然圣人具有常人所不能有的品质，但是先儒们又同时认为，常人可以通达圣人之境，也就是孟子所说的“人皆可以为尧舜”（《孟子·告子下》），荀子所说的“涂之人可以为禹”（《荀子·性恶》）。所谓“人皆可以为尧舜”和“涂之人可以为禹”，是说虽然常人与理想中的圣人在社会地位等方面有着巨大的差距，但这并不意味着常人在通达圣人的道路上无所作为，只能等待圣人来教导、拯救，相反，常人同样可以通过“学而至”的自身后天努力通达圣人，由此来鼓励人们后天的道德修养与才性努力。圣人虽然具有异乎寻常的才能与德性，但是普通人也有可能通过后天的努力成为“圣人”，儒家的这种思想为普通人通达至高境界开了一个方便法门。

由上可知，一方面，圣人具有常人所不具有的超凡品质与能力，另一方面常人也可以为“圣”，这显然形成了一个解释上的悖论。对此，儒家给出了一个解决的办法，那就是，具有外在的政治、社会地位的“圣人”不是人人可以为之的，即使是孔子，也只能是“有德而无位”；但是在内在心性层面，却是人人可以达到圣人之境的，也就是所谓“内圣”。“内圣”强调先天性善和道德修养，人人都具有“内圣”的可能性与必要性，如“人皆有不忍人之心”(《孟子·公孙丑上》)、“自天子以至于庶人，壹是皆以修身为本”(《大学》)。在儒家思想里，“内圣”主要是在心性向度上或者伦理道德层面上具有“圣”的品质，而不一定要追求“圣”的政治社会地位，有其“德”而不一定有其“位”。“德”和“位”的分离，为解决“圣人”之境的悖论提供了一个可能性的路径，王阳明对于“圣人”的理解大致就是出于这一角度。

先秦儒家将理想秩序的创立和维护者寄望于超越常人品质之上的圣人，这一点也为王阳明所认同。“万物一体”和“三代之世”理想秩序与政治治理的实现，也有赖于人们具有“圣”的品质。但是，与先儒强调“圣人”的政治地位所不同，王阳明赋予了“圣”和“圣人”的以心学特质，注重从本心或本体层面上来理解“圣”，以内心是否纯乎天理作为“圣人”的标准。所以，王阳明的“圣人”观更加具有“内圣”色彩，在他这里，理想政治的建立与维护并不一定要完全依赖于天纵英姿的“圣王”出现，正如上节所论，王阳明所构建的“乌托邦”共同体里，独特资质的圣人、贤人并不是理想共同体能出现的必要前提，满大街的良知觉醒的“圣人”（也就是以“愚夫愚妇”面貌出现在世俗社会中的饮食男女）就足可以担当构建理想社会的责任，因此理想社会的实现不在于是否具有天才卓出的“圣王”，而在于普通人是否愿意将自己潜在的“圣性”激发出来并在日常生活中运用。

王阳明对于圣人的理解，充分地体现了其心学特色，具有内向性、意志性、精神性特质，也就是从强调在道德本心和意志品质上的“成圣”。他认为圣人之所以为圣，并不在于圣人的天赋异禀，而在乎圣人的心“纯乎天理”，也就是说，圣人不是因为其特殊的外在才能而成为圣人，而是因为圣人在内在向度上体认了“天理”，或者具有完满的道德意志、道德情感和道德理性。对此，他有所谓“精金之喻”，他说：

> 圣人之所以为圣，只是其心纯乎天理，而无人欲之杂。犹精金之所以为精，但以其成色足而无铜铅之杂也。人到纯乎天理方是圣，金到足色方是精。然圣人之才力，亦是大小不同，

犹金之分两有轻重。尧、舜犹万镒，文王、孔子犹九千镒，禹、汤、武王犹七八千镒，伯夷、伊尹犹四五千镒：才力不同，而纯乎天理则同，皆可谓之圣人；犹分两虽不同，而足色则同，皆可谓之精金。以五千镒者而入于万镒之中，其足色同也。以夷、尹而厕之尧、孔之间，其纯乎天理同也。盖所以为精金者，在足色，而不在分两；所以为圣者，在纯乎天理，而不在才力也。故虽凡人而肯为学，使此心纯乎天理，则亦可为圣人；犹一两之金比之万镒，分两虽悬绝，而其到足色处可以无愧。故曰"人皆可以为尧舜"者以此。学者学圣人，不过是去人欲而存天理耳，犹炼金而求其足色。（《传习录上》，《全集》卷一，第27—28页）

"圣人"以是否内心纯乎天理作为标准，王阳明此处对于儒家圣人的内涵作出了新解。他认为常人和圣人在本质上并无二致，尧舜等之所以成为人们心目中的圣人，并不是因为他们在本质上高于常人，只是他们在"去人欲、存天理"上比常人做得更为彻底。在现实生活中，人人都要面对人欲和天理的选择，常人往往会被人欲所遮蔽迷惑而放弃了天理，而圣人则是剔除人欲的蒙蔽和困扰，直接面对天理。众人只要在信念上意愿成为尧舜一样的圣人，通过存理去欲的工夫皆可以达到，因为就是否具有"圣"心而言，每个人都是一样的，正如黄金一样，只有斤两上的差别，而无质地的不同，由此，每个人都具有"圣"心的可能。在成圣的道路上，众人只要通过自身的道德修养将"成圣"从可能性转化成现实性，从潜在的本能变成现实的力量。这样，王阳明将人们通常理解的超凡的圣人，也即"世人以人所尤长，众所不及者，便谓之圣"[①]的圣人，同众人在本质上对等起来，为众人成为圣人提供理论上的可能性。与此同时，王阳明又强调在品格分量上的圣众之别，用分量上的差异来对传统的圣人保持尊崇，并为众人在生活世界中向传统圣人学习强调了现实的必要性。既往的圣人和众人在分量上是有所差别的，众人如果不对往圣先贤予以必要的尊崇，便会自以为是，过分狂妄，走上另一个极端，毁圣灭贤，非汤武而薄周孔。这种狂悖姿态，对恪守儒家教义的王阳明来说，显然是

① 葛洪：《辨问》，《抱朴子内篇校释》卷十二，王明校释，中华书局1985年版，第225页。

不能接受的。当然，对于形式和分量上的圣众之别，王阳明还是认为不必过于执着，他说：

> 所以谓之圣，只论精一，不论多寡。只要此心纯乎天理处同，便同谓之圣。若是力量气魄，如何尽同得？后儒只在分两上较量，所以流入功利。若除去了比较分两的心，各人尽着自己力量精神，只在此心纯天理上用功，即人人自有，个个圆成，便能大以成大，小以成小，不假外慕，无不具足。（《传习录上》，《全集》卷一，第31页）

王阳明认为，如果不过分执着于分量上的斤斤计较，每个个体凭着自己的力量与精神，发挥自身所本来具有的“圣性”，也即天理（在阳明那里更是具体化为“良知”，所谓“天理之昭灵明觉处即是良知”），都能做出圣人的事业来。而圣人的事业，就是依据德性和智慧创造良好社会生活的事业，而良好的社会生活即为“万物一体”的理想秩序得以实现的社会生活。王阳明认为，只要个人能体认自己的良知，将自己的“德性”真实无妄地发挥出来，就能成为圣人，而每个人成为圣人，就能最终在世间实现天地人我万物一体的理想图景，所以他反复强调：

> 自己良知原与圣人一般，若体认得自己良知明白，即圣人气象不在圣人而在我矣。（《传习录中》，《全集》卷二，第59页）
>
> 良知之在人心，无间于圣愚，天下古今之所同也。世之君子惟务致其良知，则自能公是非，同好恶，视人犹己，视国犹家，而以天地万物为一体。（《传习录中》，《全集》卷二，第79页）

王阳明将“良知”的体认作为成圣的前提，改变了传统儒家对于圣人的认识。如韩愈在《原道》里所列举的圣人谱系：“尧以是传之舜，舜以是传之禹，禹以是传之汤，汤以是传之文、武、周公，文、武、周公传之孔子，孔子传之孟轲。”[1] 传统意义上的“圣人”

---

① 韩愈：《原道》，《韩昌黎文集校注》卷一，马其昶校注，马茂元整理，上海古籍出版社1986年版，第18页。

所指称的往往只是少数几个具体历史对象，如尧、舜、禹、汤、文王、武王、周公、孔子、孟子等等，而王阳明心学意义上的圣人则泛化为在内在向度上存有天理的众人。等待“五百年必有王者兴”式的圣王出世，并依赖此实现良好的政治生活，创制和维护理想合理的政治秩序，是先儒的理想政治创立的主体期待。王阳明的理想政治创立所依赖的圣人即在当下的众人之间，只要存乎天理良知，圣愚无间，人和人之间本无分别，“同谓之圣”。孟子说：“待文王而后兴者，凡民也。若夫豪杰之士，虽无文王犹兴。”（《孟子·尽心上》）王阳明对于众人成为“圣人”的期待，也即是希望人们都能有豪杰之气，担当起改造社会、建设社会的任务。

期待杰出人物（圣王）与期待普通民众，上述两种思想相比较而言，从理论上看，普通民众的基数要远远多于杰出人物的出现的概率，就此而言，无疑王阳明的秩序创治之主体期待似乎更具现实性和可预见性。当然，这一“现实性”在一定意义上也是另一种“乌托邦”，这种现实性是针对天资独具的圣人出现而言的，相对于天资独具之圣人的观念性存在，当下的“愚夫愚妇”确实是真实存在着的，然而，“愚夫愚妇”的真实存在并不能代表他们都能切实地开启良知，推广仁心，构建良好的社会生活。这一点，王阳明自己也是同意的，因此在他的表述里，十分强调“若体认得自己良知”“惟务致其良知”等字眼，“若”“惟务”这些条件性的字眼表明，王阳明的理想秩序也是建立在一个假设的前提下，而不是当下即可呈现的，需要每一个个体在道德上不断体认和实践。事实也是如此，在现实中，我们且不论人人依据良知行事是否真能够实现良好生活，甚至于每一个共同体成员去认识自己的良知何在都根本无法做到。可见，王阳明的人人成圣的理想，同样是一种超越政治现实的政治想象，是无法实现的“乌托邦”式想象。但即便如此，王阳明认可圣人和常人在本质上并无二致，打通了圣人和常人之间存在的壁垒，揭掉圣人的神秘面纱，确立“圣凡平等”的观念，这些无论在理论上还是现实上都是十分值得肯定的。

另外，值得一提的是，从王阳明的“精金之喻”，我们自然会联想到柏拉图《理想国》里的“金银铜铁之喻”。柏拉图认为，为了实现正义的社会，在理想的城邦里，应有几个等级或者社会阶层。他以金银铜铁来比喻这几个等级的特性，政治统治者是由金合成的，辅助者或者武士是由银制成的，而农人和工匠则是由铜和铁制成的。而且，在社会上，应给予所有人与其本性（金银铜铁）相对应的等级对待，不同金属制成的阶层绝不可以僭越自己的等级，否则就会导致秩序的混乱。只有这些阶层都安分守己、各司其职，国家或者城邦才能达到和谐与公正，或者说实现正义和善的生活。柏拉图的这种不同等级各司其职的思想和王阳明上述之“大以成大，小以成小，不假外慕”的思想，对于维护政治秩序稳定性来说，无疑有着某种相近之处。但是，柏拉图之将人群划分为不同的属质，则和王阳明的精金之喻似有较大的理论距离。如上所述，王阳明将所有的人，无论传统的圣人还是常人都譬若足金，差距只在分量上，是故才有了所谓“圣、愚”之别。因此，在王阳明那里，“精金之喻”蕴含了众人在本质上的平等之义。而柏拉图则认为不同等级具有不同本质，且这种本质不容掺杂，否则城邦或国家将陷于大乱。所以，尽管柏拉图反对阶层之间的互相压迫和敌视，但其将众人划分为天然的等级，则为社会阶层之间的不平等和互相隔离敌对制造了可能性，也可以说是为一种等级森严的社会出现埋下了伏笔。相比之下，王阳明在“精金之喻”里，则为人们在政治社会中的本性平等做了较为充分的理论预设，不管在现实政治中人们之间有多少的不公正和不平等，起码从理论上来说，人皆可以为尧舜。王阳明从圣、愚在本质上是相同的理论出发，自然会得出“满街人都是圣人”的看法，将所有社会成员从道德上都赋予了圣人的可能性，而也只有在这种人人都具有向内成圣的可能性的社会里，众人方可以在本质上达到一体相通，否则，遑论万物一体和天下一家。

虽然“满街人都是圣人”的观念影响深远，但在王阳明的文本里，这一话语的完整形式却不多见。当然，如果从王阳明的“人胸中各有个圣人”（《传习录下》，《全集》卷三，第93页）、“个个人心有仲尼”（《咏良知四首示诸生》，《全集》卷二十，第790页）以及引述孟子“人皆可以为尧舜”等话语来看，可以发现王阳明对这一思想实际上是再三致意的。上述话语的意思大致是在表达同样的一种思想，那就是每一社会成员都有“圣”性，存在着成圣的内在可能性，圣人的基本品性是具有普遍性意义的。不过，由于“人皆可以为尧舜”是来自先儒的话语，孟子以下人皆知晓，而“人胸中各有个圣人”等语又过于抽象化，不易理解，故而当“满街人都是圣人”之简易直白话语的出现，就显得格外引人瞩目。王阳明高足钱德洪在《传习录》中记载道：

> 先生锻炼人处，一言之下，感人最深。一日，王汝止出游归，先生问曰："游何见？"对曰："见满街人都是圣人。"先生曰："你看满街人是圣人，满街人到看你是圣人在。"又一日，董萝石出游而归，见先生曰："今日见一异事。"先生曰："何异？"对曰："见满街人都是圣人。"先生曰："此亦常事耳，何足为异？"盖汝止圭角未融，萝石恍见有悟，故问同答异，皆反其言而进之。（《传习录下》，《全集》卷三，第116页）

钱德洪记载此事，本意是说明王阳明教人之法因人而异、因材施教，虽然这句话的原话不是王阳明所说，但却是王阳明平素思想的概括。"满街人都是圣人"之说简易直白，又发先儒之未发之论，故往往被认为是王阳明圣人观的简易俗白表达[①]。正如佛教中"一阐提人皆能成佛"一样，"满街人都是圣人"之语，闻者当下即可领会其中之意，适合于教义和思想的宣传鼓动。

王阳明的圣人观有两种表达方式：一种是"人胸中各有个圣人""个个人心有仲尼"，这是典型的心学表达方式，从内在维度将人自心的完满自足和潜在的"圣"性比喻得清楚明白，但是由于内在的完满自足过于容易偏向于个体内心的神秘体验，难以在现实层面中以具体的形象展现开来，故而也显得有些玄虚；另一种即是"满街人都是圣人"，这实际上是"人胸中各有个圣人"的再次比喻，然而更加简易直白一些，有些"禅机"在里面，它的意思无非是说满街人都具有圣人的本质或本心，圣人不再是经典文献里的人物，而是日常生活中的"你我他"，一点也不神秘，人人皆可成圣。如同前面所说的"精金之喻"一样，每个社会成员都有"金子"一样的圣人本质，不过分量有差别而已。但具有圣人的潜质绝非说满街人

---

① 也有论者认为，"满街人都是圣人"的话头本由王艮（汝止）、董启予（萝石）提起，非阳明本人专论，而且与"人胸中各有个圣人"等思想相较之下，胸中有圣人，绝不等于人就是圣人。故而，"满街人都是圣人"之说不是王阳明圣人观最准确的表述。参见方旭东：《以良知为圣——心学视野中的圣人》，《孔子研究》2000年第3期。

现成已然是圣人了，“满街人都是圣人”这一提法，最大的不足就在于使人容易把可能性当成现实性。当然，如果我们从人的本性角度上去理解“满街人都是圣人”的话，这种误解或可避免。从正确理解的角度来看，为了全面把握王阳明的圣人观，最好是将“人胸中各有个圣人”和“满街人都是圣人”结合在一起：每个人都有圣人的本质，这种本质藏于人的本心之中，而且，这里的“每个人”绝非悬设出来的，只存在于口头笔端，而是就真切地存在于日常生活世界和公共活动领域（大街上）之中，存在于我们周围，大街上的愚夫愚妇、饮食男女，都有着成为圣人的可能。从政治哲学的角度而言，“人胸中”所本有的圣人，只是一种伦理意义上的圣人，伦理道德在王阳明那里是理想政治的最切实之担保，而仅有此担保还不免流于空泛，而“满街”作为人们活动的场所，则恰可以为圣人的存在提供了一个现实的公共空间，在这个空间里，伦理道德具体化为“大街上”现实的政治秩序，从而内在的“明德”与外在的“亲民”又可结合起来，实现“内圣外王”的价值理想。

从王阳明的圣人观可以看出，在本体层面，王阳明将所有社会成员在本质上视为平等的，这也符合其“万物一体”的秩序理想。既然“万物”为一体，那么圣、愚在本质上自然一致，人我也自然无间。倘若所有社会成员都能如是观之，自我意识和觉察到本心中的“圣”性（即所谓“人人有良知”，在阳明处，以良知为圣①），自觉成为理想秩序和理想政治创制和维护的担当者，“万物一体”的理想秩序也自然能得以实现，“三代之世”也就可以重现于现实政治中。

在王阳明看来，在一个政治共同体里，只要每一个成员都能自觉到自己的“胸中之圣”，并按照自己良知行事，那么“满街之圣”的盛景就是可以期待的。如果说，先秦儒家将构建理想秩序的责任赋予超乎常人之“圣人”的话，那么，王阳明则打破“圣人”创造和拯救世界的“神话”，将这种责任赋予每一个可能成为“圣人”的大街上的“常人”，而儒家学者在现实政治中的责任，也从“得君行道”转向了“觉民行道”，那就是启发“常人”觉察到自己身上的

---

① 以良知为圣，说见王阳明：“善即良知，言良知则使人尤为易晓，故区区近有‘心之良知是谓圣’之说。”（《答季明德》，《全集》卷六，第214页）又见：“心之良知是谓圣，圣人之学，惟是致此良知而已。”（《书魏师孟卷》，《全集》卷八，第280页）

“圣人之性”并将之发挥出来。常人具有内向的成圣可能，一旦常人实现了传统儒家所倡导的内圣，那么现实政治中理想秩序也就可以预期了。

尽管王阳明“满街人都是圣人”的思想同样具有“乌托邦”的色彩，但是他将理想秩序的创制主体从“圣人”转移到“常人”，还是具有明显现实意义的。甚至在一定程度上可以说，这一思想同近现代意义上的“人人生而平等”“人民创造历史”等政治哲学观念遥相呼应。当然，“人人生而平等”或者“人民创造历史”这些观念是强调人民在具体政治生活中的地位以及人民对于历史前进的贡献，而王阳明的“满街人都是圣人”注重的是圣人、凡人在精神层面的一致性，二者的思想差距甚远。但是，如果我们从重视“普通民众在政治生活中的意义”的角度来看，二者之间无疑有着一致性。这是因为，无论是“人民创造历史”还是“满街人都是圣人”，其针对的都是英雄或圣人这类超凡的人物，都是在批评超凡人物对于政治和历史推动的唯一性，而强调普通民众在政治空间场所和时间序列上的意义，突出人类在本性上是平等的，普通民众和英雄圣人的本性并没有区别。对于创造历史和美好生活而言，普通民众才是最为广泛、现实和可靠的主体性力量。

四、小结

本章集中讨论了王阳明哲学中的理想政治观，从理想秩序、良好的社会治理模式、理想社会成员对王阳明的理想政治观念予以了分析。哲学家往往都会从观念上设想一个良好的生活模式，而他们的哲学思想也是实现这一模式做出推理和论证的。在这一点上，王阳明也不例外。

在理想的秩序上，王阳明十分注重从张载、程颐那里就得到发挥的“万物一体”观念，不仅将“万物一体”作为世界的本然形态，同时还将其作为世界的应然状态，在其学说中多次提出要在政治社会中实践“万物一体”的理念。王阳明的“万物一体”思想在当代的理解中，有着多重的解释进路，这些解释路径都给本章的写作提供了十分有益的启示。在这些路径的基础上，本章进而从理想秩序的角度来理解阳明的“万物一体”思想。“万物一体”的秩序，从儒家仁爱之心出发，将天地万物与他人都看成是与自己一体相关的，意识到“万物一体”就是“明明德”，把“万物一体”变成现实，就是“亲民”，因此王阳明认为，儒家哲学本质上就是要“万物一体”是否可能以及如何可能展开的。严格地说，“万物一体”应该是一种社会的内在精神秩序，而“万物一体”本身也是从本体层面上来看待这个世界应该是如何的，所以我们称“万物一体”的秩序观是形上致思路径下的一种秩序关怀，这种秩序从内在向度上倡导人我无间、天下一家的良好社会生活，这就要求每一个社会成员具有以天下万物为一体的仁心和气概。

在良好的政治治理上，王阳明认为历史上的“三代之治”充分地体现了“万物一体”的生活秩序，落实了“万物一体”的观念，是良好治理的典范。因此在理想社会模式上，王阳明极力推崇“三代之世”，他同大多数儒家一样，将三代社会这一“向后看的乌托邦”当作理想政治社会的范本，并对其倾注了巨大的热情，并且声称他本人对于挽复三代之治这一理想“以死而不顾”，作为自己人生奋斗的目标。在“什么是良好的社会生活”这一典型的政治哲学问题上，王阳明以“万物一体”的人间秩序和“三代之世”的政治模式作了回答，既继承又发展了儒家的秩序观和政治理想。

在构筑理想秩序和理想社会模式观念的同时，王阳明还对社会成员的构成进行了设想，这就是所谓“满街人都是圣人”的理想。王阳明认为，人都具有良知，因而在本性上是一致的。既然所有社会成员在人的本性上并不存在差别，那么即使事实存在所谓圣人之间以及圣人与普通人之间的差别，也只是在分量上的差距，在人之为人的本质上，人和人之间是没有差别的，社会的每一个成员都有着向善的可能性，都具有圣人之性。王阳明的这一思想不仅为良好社会的形成提供了人性论根据，同时也为“圣凡平等”提供了论证。历史地看，王阳明的圣人观回应了宋明理学中“如何成圣”的问题，对于先秦以来儒家圣人观也是一个重大的发展，不再依赖天赋卓绝的圣人来挽救和整顿社会秩序，而是认为普通民众同样具有成为圣人的可能性和现实性，普通民众是建设美好社会的核心力量，因而这一观念具有“人人平等”的思想因子。

当然，王阳明哲学中关于理想政治的思想，和儒家很多陈义甚高的观念一样，在很大程度上属于“乌托邦”式的美好愿望，大多只能停留在理论层面上，不具备使之得以呈现的时间和空间，因而难以完整地在现实中付诸实践。不过，作为一种哲学思想来说，难以实现并不能和虚幻等同，因为观念本身的构造在一定程度上就是对现实的推进。这也正如康德所说："哲学也可以有其自己的千年福祉王国学说，然而它却是这样的一种，仅凭这一观念的本身——尽管它还异常之遥远——就可以促进它的来临，因而也就绝不是虚幻的。"① 从康德对于哲学中之政治理想的认识来看，王阳明的理想政治观念虽然主要存在于"乌托邦"的层面上，但还是具有其独特的价值，可以为人们追求理想政治提供一种理论可能，也为人们在现实中实现良好生活提供思想资源。

总体来说，王阳明的理想政治观念，大致上是由"万物一体"的人间秩序观、"三代之治"的理想治理观和"满街人都是圣人"的理想成员观构成。在王阳明哲学的思想文本中，他虽然没有十分集中地提出一个系统的理想政治观念，但是通过对其留下来的文本进行分析，我们还是可以梳理出上述一套具有内在逻辑性的理想政治学说。当然，这种梳理仅是对王阳明哲学予以政治解读的一种尝试，而就王阳明的理想政治学说进行展开研究而言，本书的讨论还远远不够深入和细致。另外，在王阳明的理想政治观念中，虽然许多语词都非阳明之首创，如"万物一体""三代之治"等，但王阳明基于心学的立场，对这些观念也给予了新的发挥，这和其哲学上的心学本体论是分不开的。因此，我们要讨论王阳明哲学的政治向度，还要十分关注他的哲学立场，探讨其基于本心的政治观。

---

① 康德：《世界公民观点之下的普遍历史观念》，《历史理性批判文集》，何兆武译，商务印书馆1990年版，第15—16页。

第三章

化治世为治心

如上章所述，王阳明的政治理想是期望再次出现一个“满街圣人”并按照“万物一体”秩序进行生活的“三代之世”。“万物一体”的理想秩序和“满街圣人”的理想成员，又是和王阳明哲学以仁心为本的政治理念联系在一起的。王阳明哲学以心学为特质，以心体为哲学致思的出发点，而其政治哲学也是构建在这一本体之上的，所以在王阳明哲学里，治世的政治问题往往和治心的伦理问题交错在一起，呈现出“化治世为治心”的思想取向。

中国古代哲学在先秦时代的生发，源于思想家对当时混乱的现实政治世界的反思，他们围绕“什么才是好的社会”以及“如何实现好的社会”等问题，展开了不同角度的思考。不同的反思路向则导致内容各异的“诸子百家”哲学思想的产生，这些不同的哲学思想又主导了各家各派的政治思考。如，老庄哲学以“无”为本，以“自然”为最高价值，在政治哲学上反映为主张不干涉主义，崇尚无为而治，向往小国寡民的社会政治模式，期待使个体得以全身适性、自由逍遥的理想政治秩序；墨子哲学以兼爱为本，故其政治理念表现为尚同、非攻等；法家则以法、术、势为旨，所以在政治上尊君权、任法术，以扩张君权为追求，以法术为工具，刑名法术，无所不用其极；儒家在哲学思想上以仁爱为本，在政治理念上则期望礼治仁政，王道仁政的典范是“三代之治”，推行王道仁政的则是尧、舜、禹、汤、文、武、周公等圣王贤君。在儒家内部，虽然具体哲学观点有所差异，但对上述政治观念都是能够基本认同的。儒者都能认同王道仁政，这是构成儒学信念认同的基础，但是在如何实现先儒仁政理想和如何实现大同至善社会的问题上，孔子之后的儒者们则有着不同的理解，他们的哲学思想也由此而呈现出不同的面向。孟子强调人性本善，因而期望通过教化来激发人们的善端，以“仁心”来实现“仁政”；而荀子则以人性之恶作为逻辑出发点，认为好的治理，应该是以礼法来约束人们的欲望，从而形成良好的社会秩序。孟、荀的这种分别，虽然构不成政治实践中的绝对分化，但基于激发仁心的教化之治和基于约束欲望的礼法之治，还是可以表现为不同的治理路径。在如何治理的路径上，教化之治重视对于个体道德心性的引导，礼法之治重视国家规范制度的建设，这构成了儒家政治哲学的双重进路。王阳明的哲学接续孟子的内向性思路，以人人具有良知为前提，期望通过人的自我向善而造就整个社会向善的理想秩序，特别是主张人们都能端正自己的心体，从源头上解决被私欲蒙蔽而为恶的问题，把现实的政治治理建立在人心的治理之基础上，表现出了“化治世为治心”的基本特质。

一、儒家政治哲学的双重进路

儒家学说在观念上的确立肇始于孔子，孔子创立儒学观念的现实动机之一是希望以仁礼学说改变当时纷乱失序、礼坏乐崩的现实政治世界，以“仁”收拾纷乱的人心，以“礼”重建理想的政治秩序。纵观孔子一生，不辞劳苦周游列国，奔走四方，教礼授艺，编订文献，基本上都是基于这个重建政治秩序的动机。而孔子对当时政治社会中各种政治和道德事务的思考而形成的思想成果，构成了儒家政治哲学的理论源头，奠定了儒家伦理政治的理论雏形。孔子之后，儒家学者谈政治，都脱不开孔子所开拓的伦理政治的思路。所以，考察王阳明所遵循的儒家政治哲学进路，有必要从孔子的政治思考出发，简略回顾一下先秦儒家所建构的儒家政治哲学基本旨趣。

儒家哲学家将理想政治的形态大多指向三代之治，孔子更将这一理想具体化为“从周”，正所谓“周监于二代，郁郁乎文哉！吾从周”(《论语·八佾》)。基于这一理想政治的目标，孔子以“仁”“礼”为方策，反复称道“仁”与“礼”，以“仁”与“礼”两个理念作为改变现实政治、实现政治理想的良方，希望“克己复礼”和“天下归仁”。故而，“仁”与“礼”也成为孔子政治哲学的核心理念，“仁”意味着人与人的互爱互敬之心，“礼”则意味着理想的现实秩序。而且，在孔子那里，仁礼并举，由仁及礼。“仁”是孔子的基本政治原则，而“礼”是这一原则的体现和落实。他说：“人而不仁，如礼何？”（《论语·八佾》）又说：“克己复礼为仁。”（《论语·颜渊》）如果没有“仁”的原则为指导，“礼”所确定的秩序又有什么意义呢？而如果没有“克己复礼”，仁道原则也不过是空谈。这大致上是孔子在仁、礼关系上的基本态度。在孔子那里，“仁”偏向于原则，具有内在性，在根本上表现为一种仁心和德性，这种主观的仁心和德性使得“仁者爱人”（《论语·颜渊》）和“夫仁者己欲立而立人，己欲达而达人”（《论语·雍也》），爱人、立人、达人是内在的仁心在政治社会中的表现。而“礼”则偏向于外在规范，是将仁心具体化为道德和政治规范，只有现实规范被人们在生活中遵守了，仁道秩序才可实现，“一日克己复礼，天下归仁焉”（《论语·颜渊》）。内在原则（仁）和外在规范（礼）的统一，这是孔子政治哲学的一贯主张，用孔子的话说就是“道之以德，齐之以礼”（《论语·为政》），即以仁爱之德来引导人们，以礼仪来规范和约束人们，二者都是实现良好社会不可或缺的前提。

概括来讲，孔子政治哲学的理路是既重视“仁”，又重视“礼”，既重视收拾人心，也重视重建规范，人心和德性是礼制规范得以建立的人性论基础，而礼制规范是仁爱原则得以实现的制度保障。这正如美国学者史华兹所说，在孔子那里，“‘礼’提供了限制性的格式，若既没有持续不断地实行‘仁’的意志，又没有相关的德性，‘礼’也仍然只是空的架子；而若没有‘礼’的构造性和教育性的效力，作为优秀人格之最高理想的‘仁’就不能实现”。[①]“礼”与“仁”在孔子政治学说里，是互为表里、内外贯通的关系。正是从孔子开始，“仁”的原则、“礼”的规范，开始成为儒家政治哲学观念的主要内容。

孔子所开创的以“仁”“礼”为主要内涵和核心概念的儒家政治哲学思想，在孔子之后的儒学发展史上，呈现了对于“仁”和“礼”各有侧重的两条不同进路。[②]“仁”“礼”两条进路的分野，在孔子之后，经由孟子、荀子的分述而逐渐鲜明起来，而孟子和荀子的仁与礼思想渊源均可以追溯到孔子。孟、荀同源于孔子而在思想上又各有侧重的状况，诚如萨孟武先生所言：“荀子与孟子之学均出于孔氏，而属于儒家。孟子所注意的是仁义，仁从内出，所以不言刑赏。荀子所注意的是礼义，礼由外作，所以不但主张刑赏，而且主张重刑。孟荀学说在孔子思想之上均有根据，然其结论不同，孟子注重修身，荀子注重治国。”[③]这也就是说，同样发端于孔子学说，以伦

① 本杰明·史华兹：《古代中国的思想世界》，程钢译，第82页。

② 史华兹也认为：“我并不打算暗示，所有关于仁、礼关系的问题在《论语》中都已得到解决。事实上，仍然存在着模糊与含混之处，它们在后来的门徒围绕着‘人性’问题的讨论中才变得清晰起来。”（本杰明·史华兹：《古代中国的思想世界》，程钢译，第81—82页）

③ 萨孟武：《儒家的政治思想》，王曰美主编：《二十世纪儒学研究大系·儒家政治思想研究》，中华书局2003年，第313—314页。

理政治为基本宗旨，孟子重内，倾向于以激发人心、培养“好人”的方式来实现理想秩序；而荀子偏外，倾向于以礼法刑赏来约束人的欲望并达到政治目标。

孟子在政治哲学上重视“仁”的观念，并依据“仁”的原则提出著名的“仁政”思想。孟子明确地将“仁”与内在道德意识联系起来，他说：“仁义礼智根于心。”（《孟子·尽心上》）“恻隐之心，仁也。”（《孟子·告子上》）“仁，人心也。”（《孟子·告子上》）可见，在孟子那里，所谓“仁”，无外乎指的是“仁心”，即内在于人的先验道德意识。如果在政治社会里，人们特别是为政者能够将这种“仁心”转换成“仁政”，那么就能出现好的政治效果，如孟子所言：“人皆有不忍人之心，先王有不忍人之心，斯有不忍人之政矣。”（《孟子·公孙丑上》）“仁心”能推出“仁政”，孟子认为，这股“仁”的力量发挥到现实政治生活中，其力量是十分强大的，效果也将会十分明显：“以不忍人之心，行不忍人之政，治天下可运之掌上。”（《孟子·公孙丑上》）以“仁”治天下，则天下归仁、四海升平、百姓安乐，也即是实现了“王道”。正是对“仁”的高度信心和高调期待，孟子一再强调：

> 三代之得天下也以仁，其失天下也以不仁。国之所以废兴存亡者亦然。天子不仁，不保四海；诸侯不仁，不保社稷；卿大夫不仁，不保宗庙；士庶人不仁，不保四体。（《孟子·离娄上》）
>
> 夫国君好仁，天下无敌。（《孟子·离娄上》）
>
> 不仁而得天下，未之有也。（《孟子·尽心下》）
>
> 尧舜之道，不以仁政，不能平治天下。（《孟子·离娄上》）

孟子通过历史的溯源，认为三代之治之所以能够成为最好的政治，就是因为推行了“仁政”。“三代”得天下以“仁”，失天下也是因为“不仁”，在一个政治共同体里，天子、诸侯、卿大夫、士乃至庶人，都以“仁爱”为怀，才能够保证这个共同体正常有序地运转。总之，在孟子的政治逻辑里，“仁”是“平治天下”的充分必要条件，有之必然，无之必不然。上述有关“仁”对于政治的意义之类的话语，在《孟子》全书中还多次以不同的方式表达。可见，在孟子的政治哲学思想里，“仁”具有十分重要的地位，如果为政者能够推行“仁政”，使得“仁”之原则能够落实，现实政治的种种混乱无序，国与国之间的互相攻伐，在孟子看来，大都会迎刃而解，所谓“天下无敌”。

在孟子看来，家国天下良好秩序的确立和维护，全在“仁”的原则是否得以推广和落实，“仁”不仅仅是理想，更是政治生活中的“规范性”要求。换言之，“仁”在孟子那里有了治国平天下的规范性意义，“仁”不再仅仅是抽象的道德意识，而且还具体到治国之规范的层面上去了。[①] 仁心既是道德伦理原则，支配个人生活的私人行为选择，同时也是政治原则，支配公共生活中的政治行为选择，“以仁心作为贯通伦理与政治，化政治治理为伦理抉择，是孟子理解政治的基本准则”[②]。也就是将政治治理上的方略选择，前置到人们的伦理选择，如果要实现好的治理，就要在伦理上选择贯彻和落实“仁心”，发挥“仁心”，就会有“王道仁政”。

当然，孟子的这种政治哲学进路，过于强调抽象的道德原则，以仁心为政治之本，家国天下、政治秩序等都赖于政治主体“仁心”的发挥，不可避免地存在着将仁道原则片面夸大的弊端，使得道德意识泛政治化，回避了具体的政治操作技术问题，容易使政治事务流于空虚，所谓“迂远而阔于事情”（《史记·孟子荀卿列传》）。我们知道，孟子所崇尚的“仁政”从来也没有在现实政治生活中真正实现过，但“仁政”确乎成了儒家王道政治的评价标准，也逐渐成为一种社会政治生活的准则。后世统治者，无论人品贤与不肖，无论政治功绩上堪与不堪，无论治下百姓生活是否安乐，在表面上都会引“仁政”以为旗帜，儒家学者往往也以“仁政”作为评价现实政治的一个重要概念，就是一个明证。

统而言之，孟子提出以“仁心仁政”为核心的一整套道德理想式的政治哲学思想，将“仁心”“仁政”作为使人民安服、国家稳

---

① 杨国荣：《儒家政治哲学的多重面向——以孟子为中心的思考》，《浙江学刊》2002年第5期。

② 任剑涛：《伦理王国的构造：现代性视野中的儒家伦理政治》，中国社会科学出版社2005年版，第69页。

定、天下治平的根本方略。这套政治哲学思想的实施思路在于：强调为政主体的内在修养和道德人格在政治实践中的重要作用，注重对人民进行伦理道德的教化，主张对人民施德政、仁政，反对严刑峻法、虐政、暴政，并以此作为实现"王道"理想的必要条件。总之，孟子对以"仁心"为内容的道德教化充满了信心，对发掘人性中善的因素从而改良现实秩序寄予无比的期望。尽管熟知现实政治复杂性的人，都会认为孟子的政治哲学带有浓厚的理想主义气息，但孟子这种对人性、对政治的乐观主义精神还是十分值得肯定的。其实，孔、孟先儒何尝不知道现实政治的残酷呢？当他们周流天下四处碰壁时，他们也非常明白，现实政治中统治者最重视的根本不是"德"，而是"力"。但是他们还是不懈地去设计并宣传"仁政"的治国思路，这就是"知其不可而为之""虽千万人吾往矣"的气概，也是思想家最为可贵的品质，为理想和信念而不计个人一时的得失和荣辱。

如前所述，在社会政治生活准则的问题上，孟子的政治哲学重视内在的"仁心"，将对人心的塑造作为治理的前提，是所谓"仁治"的治理思路；而荀子的政治哲学则偏向于外在的"礼"，将对人之欲望的约束以及完善的制度作为治理的前提，是所谓"礼治"的治理思路。当然，这种说法只是说孟、荀二人在政治哲学思想上各有侧重，并不是说孟子不重视"礼"，荀子轻视"仁"，而是说孟子、荀子对于"仁"与"礼"强调程度不一而已。需要注意的是，仁治与礼治的关系在儒家政治哲学思想里，不是并列的关系，更不是对立的关系，二者的关系更近乎是抽象和具体、原则和制度的关系。也就是说，"仁"是一种根本原则，"礼"是保证这一原则能得到切实贯彻的仪式或制度保障。仁治强调的是原则性，礼治强调的是制度性，二者各有侧重。传统中国所谓的"仁治"思想，最终都要通过礼治的手段来予以实施。因为"仁"毕竟是一个较为空泛的所指，而"礼"却是具体的制度和规范，操作性与可参照性更强，在现实政治层面的操作中使得人们有章可循。

在早期中国社会，"礼"最初表现为不成文的习俗和传统，后来人们才在此基础上形成了具体的条文规定。在儒家早期文化中的"礼"，内容极为广泛，除了习俗、道德、各种人伦关系外，还包括经济、政治乃至冠、婚、丧、祭等礼仪制度，甚至包括了刑罚、威狱等强制性的惩罚手段。[①]“礼”是条理天地、总章万物的根本法则，更是规范人们言行的具体准则。作为“礼治”的信奉者，荀子认为，“礼”起源于先王的养民之道，他说：

> 礼起于何也？曰：人生而有欲，欲而不得，则不能无求，求而无度量分界，则不能不争。争则乱，乱则穷。先王恶其乱也，故制礼义以分之，以养人之欲，给人之求。使欲必不穷乎物，物必不屈于欲，两者相持而长，是礼之所起也。故礼者，养也。（《荀子·礼论》）

荀子首先正视人的欲望以及人的差异性存在，认为人们实现自己的生存欲望是客观事实，但他接着认为，这种欲望必须通过“礼”来规约，否则就会导致严重的后果。具体来说，人群在原初状态，对于个体欲望的追逐，由于缺乏适当的规约，出现了“一切人反对一切人”的现象，往往会导致社会秩序的混乱，人们因为各自逐利而导致了全体社会处于危险之境，而“圣王”们为了避免这种无序的欲望追逐，为社会制定礼义，通过度量分界，人为地按照一定的身份等级原则为纷乱的社会制定差别，使得人群在遵守这种差别的前提下，人人得以其养，从而保证社会秩序的稳定。这就是荀子所主张的“礼治”差异性社会秩序，各种身份差异在礼治中得到实现，他说：“君子既得其养，又好其别。曷为别？曰：贵贱有等，长幼有

---

① 按照《左传·昭公二十五年》的记载，“礼”是一套极为庞杂的关系、制度和原则体系，既是天地法则的反映，又是生活秩序的展现。为了更好地理解关于儒家之“礼”，我们将《左传·昭公二十五年》之大段描述附录于下：“子大叔见赵简子，简子问揖让周旋之礼焉。对曰：‘是仪也，非礼也。’简子曰：‘敢问何谓礼？’对曰：‘吉也闻诸先大夫子产曰：“夫礼，天之经也，地之义也，民之行也。”天地之经，而民实则之。则天之明，因地之性，生其六气，用其五行。气为五味，发为五色，章为五声，淫则昏乱，民失其性。是故为礼以奉之：为六畜、五牲、三牺，以奉五味；为九文、六采、五章，以奉五色；为九歌、八风、七音、六律，以奉五声；为君臣、上下，以则地义；为夫妇、外内，以经二物；为父子、兄弟、姑姊、甥舅、昏媾、姻亚，以象天明；为政事、庸力、行务，以从四时；为刑罚、威狱，使民畏忌，以类其震曜杀戮；为温慈、惠和，以效天之生殖长育。民有好、恶、喜、怒、哀、乐，生于六气。是故审则宜类，以制六志。哀有哭泣，乐有歌舞，喜有施舍，怒有战斗；喜生于好，怒生于恶。是故审行信令，祸福赏罚，以制死生。生，好物也；死，恶物也；好物，乐也；恶物，哀也。哀乐不失，乃能协于天地之性，是以长久。”’简子曰：‘甚哉，礼之大也！’对曰：‘礼，上下之纪，天地之经纬也，民之所以生也，是以先王尚之。故人之能自曲直以赴礼者，谓之成人。大，不亦宜乎！’”

差，贫富轻重皆有称者也。”（《荀子·礼论》）荀子认为，根据社会的现实，人在共同体中的存在是具有差异性的，要按照这种差异性予以区别对待，就能保证社会稳定的秩序。可见，在荀子看来，“礼”是先王为了“养”民、消弭纷争而赋予社会差别合理性的一种规范。荀子的这一思想和其他儒家经典里的思想是合拍的，《礼记》上说：“分争辨讼，非礼不决。”（《礼记·曲礼上》）《孝经》上也说：“安上治民，莫善于礼。”（《孝经·广要道章》）在这些儒家典籍里，“礼”也是作为一种政治治理的规范出现的。这种规范一经形成，就可以成为维持社会各阶层人员行动的一个准则，而这一准则保证了统治阶级所认可的社会差别，另外，国家还会将“礼”变成“法律制度”，予以强制推行，这都显示了“礼”的政治性意味。当然，荀子并没有将社会差别的度量分界绝对化，他所说的“礼”虽然主要包含着社会分界的意义，但同时也蕴含着公正的原则，任何人只要守礼，就可以纳入相应的等级并接受与之相称的规范。为此，他说：“虽王公士大夫之子孙，不能属于礼义，则归之庶人；虽庶人之子孙也，积文学，正身行，能属于礼义，则归之卿相士大夫。”（《荀子·王制》）也就是说，礼的原则对所有社会成员是一致的，无论出身的高低贵贱，在“礼”面前人人平等。[①]可见，荀子接受身份差异的社会事实，但是他并没有将这种差异固化，他认为，身份等级要与其能力品行以及遵守礼仪情况相对应。也即是说，荀子主张差异化的身份等级秩序，但这种差异要随着品质能力与“守礼”情况相变化。

从荀子关于“礼”的起源观来看，荀子认为“礼”之出现对于人类秩序至关重要。为了更好地理解荀子对于“礼”的起源之看法，我们来粗略地看看霍布斯对于“国家起源”的认识。同荀子一样，霍布斯认为人们在自然状态下，为了自己个体的生存权利争斗不息，每个人都努力追求自己的权利，每一个人都可以侵犯别人和保护自己。在霍布斯看来，这种各自为己的利益争夺，最终会造成一切人反对一切人的战争。这种战争状态导致了和平状态被破坏与社会的无序，以及人们安全和自身利益的丧失。不同于荀子的是，

---

① 参见杨国荣：《善的历程——儒家价值体系的历史衍化及其现代转换》，上海人民出版社1994年版，第92页。

在霍布斯那里，没有出现一个"先王"来创制秩序，而是由"理性"教导人们要追求和平，要求人们通过签订社会契约转让权利给一个共同体，也就是一个或者多个人形成集体性组织，这个组织就是国家（利维坦）。霍布斯提出："我承认这个人或这个集体，并放弃我管理自己的权利，把它授与这人或这个集体，但条件是你也把自己的权利拿出来授与他，并以同样的方式承认他的一切行为。这一点办到之后，象这样统一在一个人格之中的一群人就称为国家，在拉丁文中称为城邦。这就是伟大的利维坦的诞生。"[①]在霍布斯看来，国家就是为了防止人与人的战争状态、保护成员利益和安全、大家共同让渡权利而形成的一个集体，它的目的是停止无序的战争状态。可见，"礼"和"国家"分别都代表着一种政治秩序，都源于对自然无序状态的忧虑，虽然荀子的"礼"是由"先王圣人"创制的，霍布斯的"国家"是理性教导下人们自己签订契约而组织的，但从维护秩序的角度来看，无论是荀子的"礼"和还是霍布斯的"国家"无疑都有着鲜明的政治性。不过，从现代的眼光来看，"国家"这一概念更加具政治意味，"礼"则往往被人们视为风俗和习惯。

以上说明了荀子关于"礼"的起源的认识具有鲜明的政治性，实际上，从荀子对"礼"之作用的看法，我们更可以看到荀子对"礼"之政治作用的期待。荀子将"礼"作为治理国家的根本依赖，他说：

> 天地者，生之始也；礼义者，治之始也。（《荀子·王制》）
>
> 礼者，治辨之极也，强国之本也，威行之道也，功名之总也。（《荀子·议兵》）
>
> 人之命在天，国之命在礼。（《荀子·强国》）
>
> 国无礼则不正。（《荀子·王霸》）

荀子认为，"礼"是国家得以治理的前提，也是国家强盛的根本，还是国家的命脉所在，缺少"礼"，国家治理就缺失了合理性。如前所述，"礼"既为养民而出，而国家的存在是为了人民更好地

① 霍布斯：《利维坦》，黎思复、黎廷弼译，杨昌裕校，商务印书馆1985年版，第131—132页。

生活，“礼”对于家国天下就具有根基性意义。荀子在其话语系统里，对于“礼”的政治重要性之强调，上述列举的只是一二。在《荀子》一书中，“礼”是道德规范和礼节仪式的总称，指的是外在的道德规范和礼义典章制度、等级秩序。荀子政治哲学的核心即在于强调“礼”在国家治理中的作用，“礼”是一切政治事务、道德事务的统率和标准。符合“礼”，则家国天下治，百姓安服，“得之则治”，“法礼、足礼，谓之有方之士”（《荀子·礼论》）；悖于“礼”，则国家不治，百姓不宁，“失之则乱”，“不法礼，不足礼，谓之无方之民”（《荀子·礼论》）。“礼”作为人类社会生活中各种行为规范的总和，在荀子看来，没有“礼”或者突破了“礼”的制约与限制，社会生活就会发生动乱。通俗地说，“礼”就像一张弥天大网，将社会人事的一切种种都包摄于其中，人的行为不能突破这张网对它的约束，否则就是“越轨”，而“越轨”的后果，用不甚恰当的比喻就是“鱼死网破”，也就是社会秩序被颠覆，而人自身也会深受其害。

由孟子、荀子对于“仁”“礼”的各有侧重可以看出，儒家政治哲学的核心观念，或者说所倡导的政治伦理原则、政治标准，在不同的哲学家那里，已然出现理论上的分野，这也使得自孟、荀之后的儒家政治哲学呈现出了两条不同的进路。一条是孟子“泛道德意识化”的政治，将政治内向化，用政治主体内心的道德意识（仁心）来解释政治事务，将政治的正当性诉之于是否符合“仁”的标准，并强调仁心对于政治事务的无可替代性。另一条则是荀子的“泛礼化”的政治，用“礼”来解释政治活动，强调“礼”的规范对于政治的意义，将政治正当性诉之于是否合乎“礼”，把政治治理与儒家礼学的典制结合起来，以此来保证政治治理的合理性、有效性。两种政治路径本质上都在儒家的伦理政治范围中，但其不同的致思路向还是将先秦儒家伦理政治分化成两种取向的政治哲学思路，孟子和荀子分别为这两条道路的主要代表者。①

---

① 当然，上述两条路径的区分只是在学理上的区分。如所周知，在后来以儒家学说为意识形态的实际政治中，从话语表述上，各个时期基本上以追求仁政为目标，而在政治生活中，大多遵从儒家的礼治规范。更为重要的是，在儒家政治生活中，“仁”和“礼”的关系远不止我们所谓的两条进路能概括之。我们这里只是从儒家学者的政治哲学角度简单地考察一下“仁”和“礼”两种政治思路的肇始，并不能完全回答儒家政治生活的“仁”和“礼”的复杂关系。

在后世儒家那里，孟、荀的政治哲学思想也随二人在儒家内部地位的不同而受到不同的理解。后世部分儒家学者之所以判荀子为歧出，主要是从宋明心性儒学的立场出发，认为荀子背离了儒家心性传统。就王阳明所在的宋明理学话语系统里，孟子在儒学中的地位远远高于荀子。我们知道，宋明儒学主要是从心性角度、道德形上学角度发挥原始儒学的思想，所以侧重于从外在规范角度理解儒学的荀子，就不怎么受他们待见。不过，这一偏见丝毫不能改变在现实政治实践领域中“礼治”作为儒家所推崇的主要治理手段的历史事实。从汉代儒家成为国家的主导意识形态以后，礼治就成了王朝实施统治所首要凭借的工具。关于礼学的典籍《周礼》《仪礼》和《礼记》以及“五经”“四书”里关于“礼”的文献，更是被当作经邦治国的煌煌大典，不断被人修习传诵，同时作为现实政治的参考引证。在儒家政治思想中，孔子在《论语·为政》中所说的“道之以德，齐之以礼”是政治治理的信念，德与礼同为政教之本，礼治对于儒家政教来说不可或缺。

宋明新儒学的先声由中唐韩愈发出，前文已揭，韩愈发挥儒学道统学说，认为从尧、舜、禹、汤、文、武到周公、孔子所传承的儒家道统，在孔子之后只有孟子才真正接上，而荀子则不在其列，孟子之后，儒家的道统中断，韩愈说道：“荀与扬也，择焉而不精，语焉而不详。”[①]韩愈将孟子列为儒家正统，而判荀子为不精粹之儒，在韩愈这里，孟、荀高下立别。韩愈对待孟、荀的态度，在宋明理学的思想和话语系统中，进一步得到确立和发展。《孟子》一书在唐代及宋明时期得以升格[②]，为儒家“四书”之一，成为科举考试的教科书，孟子的政治伦理思想开始与“四书”里阐发的儒家政治哲学思想一道，上升为官方的意识形态。[③]宋明儒家学者对于孟子的重视，主要在于服膺孟子的内圣之学，也即孟子的仁心之说，这也是宋明儒家着力在心性向度上发挥儒家学说的一种需要。[④]宋儒推崇

---

① 韩愈：《原道》，《韩昌黎文集校注》卷一，马其昶校注，马茂元整理，第18页。

② 关于孟子升格的研究，参见徐洪兴：《思想的转型——理学发生过程研究》，上海人民出版社1996年版，第92—137页。

③ 明太祖朱元璋删除《孟子》书中部分内容的行为，只是例外。

④ 徐洪兴在探讨“孟子升格运动”兴起的原因时即指出：“谈心性，此点可谓孟子升格运动之所以兴起的关键所在。”（徐洪兴：《思想的转型——理学发生过程研究》，第119页）

“正君心”，主张“格君心之非”，强调“得君行道”，即是希望以儒家伦理政治的思想教导皇帝，使皇帝在思想上接受儒家的仁义学说，并使仁义之说成为其内在信仰，然后依赖皇帝在政治上的权威性，将理想的仁义学说转化为现实的治平之策，从而实现“家国治天下平”，而孟子的仁心、仁政之说实为这一思想的来源。

王阳明的哲学以心为本体，从一定意义上来讲，就是远袭孟子而来，后人所谓“文成学孟，才与孟等”（《王文成公集序》，《全集》卷四十一，第1615页）。基于心体的基本哲学立场，王阳明的政治哲学思想也表现为以仁心为本，以本心为思考政治问题的圭臬。按照如上对儒家政治哲学思路的分析，如果说孟子的政治主张是期望“化仁心为仁政”，荀子的政治是“化治理为治礼”，那么我们可以说，王阳明继承了孟子的政治思想，也从仁爱之心的角度思考政治问题，但略有不同的是，王阳明是“化治世为治心”，即将解决现实政治问题的期望寄托在激发人们内在的良善本心之上。下面我们将对王阳明基于心体的政治治理观予以分析。

二、尽心与治平

王阳明哲学以心为本体，在朱子学注重天理的儒学话语体系之外，强调“天理”就在人心，“心即理”，高扬以心体为核心的儒家哲学，也就是我们通常所说的阳明心学。对于王阳明哲学在宋明理学体系中别出心裁的心学特质，长期以来，研究者们已经做出了许多详尽的分析和考究。本书无意于在心体的层面上继续展开诠释，而是将着眼点置于王阳明的本心之论在政治上的内涵，也即考察（在王阳明思想体系中）本心与政治的关联。

前文多次说明，王阳明政治哲学思考的归宿是要实现“万物一体”的人间秩序，恢复“三代之治”，在王阳明看来，要想实现这一理想，首先要讲明学术（前文在论述王阳明之“为学”时，也已反复提到这一点），王阳明说：“政事虽剧，亦皆学问之地。”（《答徐成之》，《全集》卷四，第145页）在他看来，政治事务基本上可以纳入学问之领域中来处理的。在儒家那里，所谓“学问”，就是千载一脉的圣人之学。王阳明曾多次明确表示，在他的理解中，圣人之学就是心学。[1] 心学以“心”为本体，将儒家所重视的天理置于人心，其哲学思考指向内在的路径，希望发掘人心的力量以成圣或者造就理想的社会。这显示王阳明的思考，无论在伦理层面上还是政治层面上，都将会以内在心性为旨归，而不是走荀学以“礼”为特质的外向型路径。在王阳明看来，“礼”和朱子“格物穷理”的“理”都是以主体之外的原则来规范伦理、政治，而他则旗帜鲜明地竖起“心”的标尺作为伦理和政治的尺度，所谓“大道即人心，万古未尝改”（《赠阳伯》，《全集》卷十九，第673页）。

大道即在人心，无复外求，这就将儒家伦理、政治的原则内摄于心，故而对于儒家的道德和政治能否实现来说，其关键在于践行道德活动和政治活动的主体，而不在于对象物如何。在与弟子徐爱的对答中，王阳明概述了其以心为本的政治纲领，提出“心即理”，认为伦理政治事务的根源在于“人心”。《传习录》记载：

> 爱问：“至善只求诸心，恐于天下事理有不能尽。”先生曰：“心即理也。天下又有心外之事，心外之理乎？”爱曰：“如事父之孝，事君之忠，交友之信，治民之仁，其间有许多理在，恐亦不可不察。”先生叹曰：“此说之蔽久矣，岂一语所能悟！今姑就所问者言之：且如事父不成，去父上求个孝的理？事君不成，去君上求个忠的理？交友、治民不成，去友上、民上求个信与仁的理？都只在此心，心即理也。此心无私欲之蔽，即是天理，不须外面添一分。以此纯乎天理之心，发之事父便是孝，发之事君便是忠，发之交友治民便是信与仁。只在此心去人欲、存天理上用功便是。”（《传习录上》，《全集》卷一，第2页）

所谓“心即理”，首先是承认儒家信奉的至善天理之存在，但这至善天理不是朱熹所说的在“事事物物”上，而是在自己的内心。

---

① 关于圣人之学就是心学，王阳明曾多次表述。如在《象山文集序》里说：“圣人之学，心学也。”（《全集》卷七，第245页）在《重修山阴县学记》里说：“夫圣人之学，心学也。”（《全集》卷七，第256页）在《谨斋说》里说：“君子之学，心学也。”（《全集》卷七，第263页）在《应天府重修儒学记》里说：“圣贤之学，心学也。”（《全集》卷二十三，第900页）

因此，穷理的紧要处在于端正自己的内心，而不是舍本逐末在外物上耗费心神。王阳明针对朱熹格物穷理的思想，在理论上表示了质疑，提出“心即理”的理论判断，“心即理”是阳明学的最根本主张，与朱熹的“格物穷理”说针锋相对。而所谓“心外无事、心外无理”，则是讲离开了道德本心，外在的事物失去了价值和根据，变得没有意义了。换言之，如果人不将道德意志、道德情感和道德理性赋予对象事务，只是从对象事务上去寻找处理事务的原则和方法，那么无异于南辕北辙、舍本逐末。王阳明认为，天下事理即在人心，人心之外别无天理，天理和人心本无二致。在人心上追求至善的同时，就是在追求天理的圆满和现实事务的至善，而只要本心纯然无私，便是天理所在，秉持纯然天理的道德本心，以之从事社会和政治事务，必然会实现社会和政治事务上的至善。所以，在王阳明看来，追求社会政治生活的至善，不必纠缠于对象物上，而要在本质上追求本心的至善，在心体上磨炼用功即可。为更加清楚地说明问题，王阳明继续以实际社会事务来解释：

> 爱曰：“闻先生如此说，爱已觉有省悟处。但旧说缠于胸中，尚有未脱然者。如事父一事，其间温凊定省之类有许多节目，不亦须讲求否？”先生曰：“如何不讲求？只是有个头脑，只是就此心去人欲、存天理上讲求。就如讲求冬温，也只是要尽此心之孝，恐怕有一毫人欲间杂；讲求夏凊，也只是要尽此心之孝，恐怕有一毫人欲间杂。只是讲求得此心。此心若无人欲，纯是天理，是个诚于孝亲的心，冬时自然思量父母的寒，便自要去求个温的道理；夏时自然思量父母的热，便自要去求个凊的道理。这都是那诚孝的心发出来的条件。却是须有这诚孝的心，然后有这条件发出来。譬之树木，这诚孝的心便是根，许多条件便是枝叶，须先有根然后有枝叶，不是先寻了枝叶然后去种根。《礼记》言：‘孝子之有深爱者，必有和气；有和气者，必有愉色；有愉色者，必有婉容。’须是有个深爱做根，便自然如此。”（《传习录上》，《全集》卷一，第2—3页）

为了讲清“心即理”，王阳明以日常生活中的忠孝事务为例，他认为，履行忠孝的道德责任，其前提是自己在内心中要有真诚的忠孝之心，而不是首先考虑从对象那里去探求如何履行忠孝之责。如果有了真诚的忠孝之心，自然就会水到渠成，那些仪节、方法自然就会生发出来，也自然就圆满地完成了忠孝的道德责任，正如陆九渊所说："若某则不识一个字，亦须还我堂堂地做个人。"[①] 早期儒家孟子也说过："舜明于庶物，察于人伦，由仁义行，非行仁义也。"（《孟子·离娄下》）"由仁义行"就是按照自己的内心里生发的道德去行事，自然就能很好地履行人伦责任；而"行仁义"则是按照那些既定的仪节要求去做，是从对象物出发而不是从内心出发，有可能会沦为道德表演。王阳明在这里所讲的"只是就此心去人欲存天理上讲求"，与孟子"由仁义行"的思想既一脉相承，又有所创新。

王阳明与徐爱的这一段对答，从政治哲学的角度看，其精髓在于王阳明将儒家在政治社会中仁义忠孝的处世原则和规范都一并收摄于内在之仁爱之心，将伦理政治秩序整顿问题变成了内在的道德修养问题。在儒家学者看来，一个社会之所以具有合理性和稳定性，是因为仁义忠孝等原则都被全体社会成员适当的贯彻了。君臣有义、父子有亲、长幼有序、夫妇有别，人们对于人与人之间的关系有着确定性的期待，从而知道该如何安排自己的言行，各安其分，各尽其责，于是像"三代之世"那样的理想社会便形成了。倘若彻底抛弃了这些原则或这些原则不能得以贯彻，社会必然走向混乱和解体，失去存在的合理性，"率兽相食"，天下分崩离析。儒家学者在讨论伦理和政治问题时，经常以事父、事君、交友、治民等日常的公私生活为例，在这里，君君、臣臣、父父、子子代表着政治社会的一种等级秩序，既涉及公共生活，又涉及个体的私人家庭生活，各个等级、各种身份的人履行各自的伦理职责和政治职责，以维持整个社会的良好秩序和稳定的政治统治，这也是儒家学者反复强调君君、臣臣、父父、子子的政治意义。王阳明此处便以事父、事君、交友、治民等伦理和政治事务为例，来说明其以心为本的道德与政治纲领。事父之孝，事君之忠，交友之信，治民之仁，既是个人的德性，同时也是一个社会共同体保持良好秩序的基本要求，是社会与政治基本事务的公共原则。在王阳明那里，这些原则都集中和统一于"心"

① 陆九渊：《语录下》，《陆九渊集》卷三十五，钟哲点校，中华书局1980年版，第447页。

的本体。上述社会政治事务如若出现了偏差，不能仅仅只在这些事务本身找根源，要将视野向内转换，转到履行社会和政治事务的人之内心上来。解决了内在心体的问题，在内在向度上用功，使操持社会政治事务的人具有仁爱之心，就是解决了根源性的问题，“有个深爱做根”，因此无论在人伦事务还是在事君治民等政治活动中，自然通达无碍，儒家的礼仪规范等也自然落到实处。在王阳明基于本心的政治观里，人心是一切外在活动的根本，如果人心向善，则外在事务也一定迎刃而解，反之，如果人心出了问题，那么处理外在事务的知识、技能、技巧也就失去了其正当性的意义。

质言之，在王阳明看来，社会政治生活里的忠孝仪节，只是形式而已，是约束人们行为的外在规范，人们处理社会政治事务，决不能仅仅纠缠于这些礼仪规范上，不能从枝节上用功，而是要从根本上发力，开掘社会成员内在的本心，培养人关于社会政治的内在道德观念和道德情感，只有这样，社会政治才可能从根本上走向至善，从而实现良好的生活。

王阳明在《重修山阴县学记》里还进一步阐发了基于本心的政治观，将每个人的“尽心”作为家国天下得以实现至治的道德根源，把公共性的“治平”之事和个体的“尽心”紧密联系起来，化外为内，他认为：

> 圣人之求尽其心也，以天地万物为一体也。吾之父子亲矣，而天下有未亲者焉，吾心未尽也；吾之君臣义矣，而天下有未义者焉，吾心未尽也；吾之夫妇别矣，长幼序矣，朋友信矣，而天下有未别、未序、未信者焉，吾心未尽也。吾之一家饱暖逸乐矣，而天下有未饱暖逸乐者焉，其能以亲乎？义乎？别、序、信乎？吾心未尽也。故于是有纪纲政事之设焉，有礼乐教化之施焉，凡以裁成辅相、成己成物，而求尽吾心焉耳，心尽而家以齐，国以治，天下以平。故圣人之学不出乎尽心。（《重修山阴县学记》，《全集》卷七，第257页）

本着“万物一体”的政治理想，王阳明认为天下之所以有“恶”的生活且出现了秩序混乱的状态，其原因都在于人们没有“尽心”，没有将心体中蕴含的善端、善根推而广之，没有推己及人，这才导致天下的“不治”。而且他认为，政治活动中的“纪纲政事”和“礼乐教化”等，实际上都是人心之善的外化。之所以有“纪纲政事”和“礼乐教化”，目的还是“尽心”，只有个体在道德上“尽心”，才可实现家齐、国治、天下平的理想社会图景，个体道德的水平决定了公共生活的秩序。这段文字是王阳明在论述儒家的圣人之学同禅学的根本区别时阐发的，是为了说明儒家之心与禅学之心的分别，实际上也是王阳明站在儒学立场上的一种宣言式的表达，也是王阳明本心政治理念的一个重要体现。在事关家国天下、儒释之辨等宏大政治和学术问题上，王阳明都旗帜鲜明地坚持其心学立场，强调用“尽心”作为治平的基石，希望把内心的良善完全激发出来并变成现实的行动，用向内用功的方法求取外在的功效。

类似的关于“正心即是求治”观点，王阳明在《五经臆说》里也有过比较明确的表达。在解释儒家经典《春秋》中费人思量、歧见百出的“元年春王正月”一句时，也显示了其心学政治的特点，王阳明认为：

> 故天下之元在于王；一国之元在于君；君之元在于心。元也者，在天为生物之仁，而在人则为心。心生而有者也，曷为为君而始乎？曰：“心生而有者也。未为君，而其用止于一身；既为君，而其用关于一国。故元年者，人君为国之始也。当是时也，群臣百姓，悉意明目以观维新之始。则人君者，尤当洗心涤虑以为维新之始。故元年者，人君正心之始也。”（《五经臆说十三条》，《全集》卷二十六，第976—977页）

对于古往今来众说纷纭的“元年春王正月”一句，王阳明做出了一个新颖的理解。在王阳明的逻辑里，治理天下是王者的根本职责，天下的根本在于王者。同理，一国的根本在于国君，而国君的根本在于其心。按照这样的逻辑，治理国家的要害就在于国君如何“正心”，这样，国家治理的政治事务就成了国君治理内心的道德修养，治世的问题就成了如何“尽心”“治心”的问题。他认为，《春秋》经中所谓“元年”，从时间角度看，正是关乎一国政治的人君正心之始，而且只有人君洗心涤虑，从心上开始做工夫，现实政治才可出现一派新貌，“维新之始”。对儒家经典中重大政治问题的心学式解读，也体现了王阳明基于本心的政治观。对比一下《春秋公羊传》里的解释："元年者何？君之始年。春者何？岁之始也。王者孰谓？谓文王也。曷为先言王而后言正月？王正月也。何言乎王正月？大一统也。"（《公羊传·隐公元年》）公羊高将"元年春王正月"解释成为君王的"大一统"式政治统治，也就是从一个时间概念变成一个政治统治的模式，强调国君的政治独尊地位。王阳明也是从时间概念出发，但王阳明从心学立场出发，把这个历史时间概念解释成为国君"正心维新之始"。从上述比较可以看出，王阳明在处理历史文献中的政治问题时也处处显示其心学特色，"化治世为治心"，把"正心"作为良好治理的开端。

另外，王阳明在明世宗嘉靖时期发生的"大礼议"事件中的态度，也很能说明王阳明基于本心的政治观。嘉靖时期的"大礼议"事件，由最高统治者嘉靖皇帝本人发起。明武宗正德皇帝朱厚照意外去世，没有留下子嗣继承皇位。明宪宗朱见深之孙、明孝宗朱祐樘之侄、兴献王朱祐杬之子、明武宗朱厚照的堂弟朱厚熜，以地方藩王身份入承大统，用何种礼仪对待自己已故的父亲兴献王和自己的母亲，成为朱厚熜上台后面临的一个现实问题。嘉靖皇帝朱厚熜要用"先皇"的祭祀礼仪对待其生身父亲、以"太后"之礼尊崇其生母，但以内阁首辅杨廷和为首的部分朝臣则认为朱厚熜应该尊明孝宗为正统，因为他继承的是孝宗、武宗一脉的统嗣。双方僵持不下，因而在朝野引发了一场旷日持久的围绕"礼仪"问题的大争论。①

"大礼议"时期，王阳明在越守丧闲居。在"大礼议"事件中，王阳明虽然没有直接参与争论，但是从相关文献中还是可以看到他对于此事的一些态度。王阳明曾写信给其门人邹守益论"礼"，邹守益曾经参与"大礼议"并明确反对嘉靖皇帝的主张，他希望遵守"古礼"。对此，王阳明说：

> 今之为人上而欲导民于礼者，非详且备之为难，惟简切明白而使人易行之为贵耳。中间如四代位次及祔祭之类，固区区

① 关于这场论争，学界多有记述，兹不详述。有关"大礼议"和王学的关系，参见邓志峰：《王学与晚明的师道复兴运动》，第76—113页；任文利：《治道的历史之维：明代政治世界中的儒家》，中央编译出版社2014年版，第154—187页。

> 向时欲稍改以从俗者，今皆斟酌为之，于人情甚协。盖天下古今之人，其情一而已矣。先王制礼，皆因人情而为之节文，是以行之万世而皆准。其或反之吾心而有所未安者，非其传记之讹阙，则必古今风气习俗之异宜者矣。此虽先王未之有，亦可以义起，三王之所以不相袭礼也。若拘泥于古，不得于心，而冥行焉，是乃非礼之礼，行不著而习不察者矣。后世心学不讲，人失其情，难乎与之言礼！然良知之在人心，则万古如一日。苟顺吾心之良知以致之，则所谓不知足而为履，我知其不为蒉矣。（《寄邹谦之二》，《全集》卷六，第202页）

王阳明这里用“隐微”的笔法，表达了对嘉靖皇帝尊崇其生身父母而变革古礼的某种认可。王阳明从其本心的政治观出发，认为“礼”本乎人心之情，是因人情而制定的，不得于人心之礼，不顺乎良知之礼，在本质上不是一种“礼”，“非礼之礼”。作为儒者，王阳明对“礼”之精神是肯定的，但是从以心为本的政治观出发，他对于不因人情、泥古不化的“礼”，则表示不认可。在“礼”的问题上，他认为，“礼”要随人情变化而变化，“三王”也“不相袭礼”，“礼”的形式一直在变化之中，不可泥古不化。从行动上看，居越期间，王阳明自己在为其父王华举办丧礼的时候，就曾将当地的礼俗置于不顾，“越俗宴吊，客必列饼糖，设文绮，烹鲜割肥，以竞丰侈，先生尽革之”（《年谱三》，《全集》卷三十五，第1285页）。对于不必要的礼俗，王阳明在个人能够影响到的范围“尽革之”。从思想上看，王阳明认为，人们之所以拘泥于“礼”的外在形式，流于形式之争，主要是因为心学之不讲，人们不知道所谓“理”和“礼”都是源于“心体”的，“礼”是人心、人情的表现形式，倘若以本心和良知为裁度，立乎其大，围绕“礼”之形式的无谓争议便可消除。

从王阳明给邹守益的信以及王阳明自己操办其父丧礼的活动中，我们可以看到王阳明对待“古礼”的态度，也可以看出其基于本心政治观而对于嘉靖皇帝的“隐微”支持。另外，王阳明对待“大礼议”的“隐微”姿态，在《年谱》的记载中也可看出：

> 是时大礼议起，先生夜坐碧霞池，有诗曰：“一雨秋凉入夜新，池边孤月倍精神。潜鱼水底传心诀，栖鸟枝头说道真。莫

谓天机非嗜欲，须知万物是吾身。无端礼乐纷纷议，谁与青天扫旧尘？”又曰：“独坐秋庭月色新，乾坤何处更闲人？高歌度与清风去，幽意自随流水春。千圣本无心外诀，六经须拂镜中尘。却怜扰扰周公梦，未及惺惺陋巷贫。”盖有感时事，二诗已示其微矣。四月，服阕，朝中屡疏引荐。霍兀崖、席元山、黄宗贤、黄宗明先后皆以大礼问，竟不答。(《年谱三》,《全集》卷三十五，第1292页）

从这段记述可以看到，王阳明在“大礼议”的朝野纷争中，虽然表面呈现了置身事外的姿态，即使是在别人追问的情况下，也是采取了回避的态度。但作为思想家，他还是隐约地表达了他的思想倾向，在“时事”上“示其微”。在这两首述怀诗里，王阳明写到“无端礼乐纷纷议，谁与青天扫旧尘”“千圣本无心外诀，六经须拂镜中尘”等话语，还是可以隐约看到他不泥守古礼、因人情而变的主张。除此之外，王阳明还颇为自得地以潜鱼、栖鸟自喻，认为自己是在传授心学，讲习真道，而当时朝野纷争的礼乐是一种无端之争。在王阳明看来，这种争议源于“心诀”“道真”的未明，他自己便以发明心学、揭示真道自任。

由王阳明在“大礼议”这一政治事件中的态度，也可以明确地看到本心的政治哲学观念在现实政治事务中的体现：对于当时政治生活中重要的礼制，他认为，只要本于人心，因乎人情，皆可以尊崇；但如果对于礼制的态度走向极端，在礼仪上泥古不化，蔽守于外在的形式，纠缠于礼仪的节文，则由此而发生的一切争议则毫无意义。对于片面追求礼的仪节，王阳明曾不无讽刺地说道：“若只是那些仪节求得是当，便谓至善，即如今扮戏子，扮得许多温清奉养的仪节是当，亦可谓之至善矣。”（《传习录上》,《全集》卷一，第3页）“仪节”等外在礼仪规范所体现的良好生活（至善）是不真实的，譬如戏子演戏过程中，扮得许多仪节，嘘寒问暖等温清奉养事务在戏台上表现得十分周全，但这些仪节的完善能说明戏子在舞台上的良好生活是真实的吗？答案显然是否定的。所以，至善的生活不取决于仪节的完善，而取决于人心的完善。王阳明政治哲学以心为本的内向倾向，在“大礼议”事件这一实际政治中有所体现，即把礼仪政治的问题归结为心的问题。另外，从对待“礼”的态度上，也可以看出，王阳明对于儒学仁与礼的两条政治进路，明显是偏向于仁心一路，希望根据人心而不是固定的礼仪来行事。①

无论从哲学思想的表达和现实政治问题的态度上，大致都可以看出，王阳明在政治事务和社会事务上都本于“心体”，也就是本于人们内在的德性，而不是拘泥于既定的外在规范。职是之故，我们认为，王阳明心学政治观的本质特征在于将“治平”之事归于“尽心”，其核心在于将道德本心的培养引入政治事务，将外在的政治问题的解决收摄到道德心体的养成，也就是将政治问题转化为个体的道德修养问题，或者说将公共政治问题转化为个人的道德修养问题。在王阳明看来，政治问题千头万绪，纪纲政事、礼乐教化，归根结底都需要人来操作，因此政治的良好首先取决于人在道德上的良好，也就是“大道在人心”。正是出于对政治的如此理解，王阳明认为“心尽而家以齐，国以治，天下以平”，这也就是说，先有个体的道德培养之工夫，然后才有政治上的治平之业绩；先有个体的良善，再有公共生活的有序良好。在王阳明这里，人的道德是公共政治得以展开的前提，良好的政治必出于社会成员道德心的养成，所以他反复强调“正心”“尽心”，把“治世”问题转化为“治心”的修养工夫。

王阳明的这一政治观体现了将政治问题归为伦理问题的思路，也体现了儒家政治哲学思想泛伦理化的特征。儒家政治学说始终是和伦理问题不可分的，在王阳明这里，更是把公共生活与个体内心的道德意识、道德情感和道德理性联系起来。王阳明的政治学说同样遵循着先儒的“修己”而后“安人”“治天下”的政治逻辑，所不同的是，基于对道德形上本体的独特认识，王阳明进一步将“修己”的问题具体内化为“尽心”“正心”的问题，认为先有良善之心而后有良善之人，而后才有良善之社会。在王阳明看来，良善之心是良好政治的根本，而礼教、礼治不过是辅助手段，要实现良好的社会和政治，根源在于解决道德本心的问题，使人认识到只有本

① 《传习录》中也曾记载阳明对于孟、荀开辟的两条进路的评价，有弟子问工夫：“孟子从源头上说性，要人用功在源头上明彻；荀子从流弊说性，功夫只在末流上救正，便费力了。”王阳明对此的回答是：“然。”（《传习录下》，《全集》卷三，第115页）工夫在阳明那里，不仅是道德修养意义上的，如本书再三致意的，工夫对于政治主体来说也具有政治的意义，所以从此处我们似乎也可以看出王阳明对于儒家两条政治进路的评判。

心的“正”，才可能有政治的“正”。为此，在具体的政治事务上，大可不必纠缠于礼仪规范的细枝末节，而要在本心上立乎其大，培养良善的道德本心，发挥人性中良善的因素，在伦理本源上做足功夫，公共性的政治之事也可以迎刃而解。虽然，王阳明的这一思路把政治问题简单化约为伦理问题，在现实政治中将会带来巨大的困难，使得许多实际的政务由于囿于人心的难以把握而无法有效地实施，但王阳明注重在政治中引入人的问题、道德的问题，注重把人心作为政治生活中的重要元素，强调政治生活中人的道德本心的意义，还是为政治问题从操作层面回归到形上层面提供了一种有益的启示。

三、心即理、心上用功与政治正当性

“心即理”是王阳明哲学区别于朱熹“格物穷理”说的根本所在，王阳明认为，政治、伦理事务的正当性来源于内在道德本心，因而应该从人的本心那里去“端正念头”，从而为政治伦理事务寻找正当性，这也是“化治世为治心”之心学政治观的一个重要特点。

在王阳明的视域里，不仅礼仪的问题可以归结到心性，而且宋儒特别是二程兄弟和朱子强调的天理也可以纳入“心”的范畴中。天理在宋儒那里，除了具有哲学意义上的本体论色彩之外，同时也是儒家的道德、政治原则的高度概括。在宋儒话语里，“理”代表的是礼仪、秩序、规范和行为准则，符合“理”就意味着接受了儒家的思想、观念和秩序规则。宋明理学中流行的“存天理，灭人欲”这一口号，成为社会各阶层的伦理生活指针，就很好地说明了宋儒对“理”作为道德、政治原则的认同。朱熹曾说：“圣贤千言万语，只是教人明天理，灭人欲。”[①] 王阳明也说：“圣人述《六经》，只是要正人心，只是要存天理、去人欲。”（《传习录上》，《全集》卷一，第9页）又说：“学者学圣人，不过是去人欲而存天理耳。”（《传习录上》，《全集》卷一，第28页）可见，处在理学话语系统中的王阳明，对“存天理、灭人欲”的口号本身自然也是认同的。但是，在

① 黎靖德编：《朱子语类》卷十二，王星贤点校，第207页。

王阳明这里，“理”已然不再悬设在人心之外，远不可及，而是变成“心即理”，外在之“理”正是心之条理，而且此“理”正是维护良好社会秩序的“理”，他说：

> 理也者，心之条理也。是理也，发之于亲则为孝，发之于君则为忠，发之于朋友则为信，千变万化至不可穷竭，而莫非发于吾之一心。（《书诸阳伯卷》，《全集》卷八，第277页）

上文已述，孝、忠、信等原则维系着社会成员中良好的社会关系，代表着一个良好社会秩序所必备的规则，这些规则，归纳起来，用宋儒的话语来说就是“理”。日常的伦理生活秩序，只有符合天理才是正当的。朱熹认为，“理”在伦理事务上，因而应该从伦理事务那里去体验天理。而王阳明则认为，此“理”发于人心，虽然可以外化为具体生活场景的不同规则、标准等，但其本源于心，归根结底是心之条理，其条分缕析的秩序来源于人的内心，心是发端处。心即理，故而工夫要从心上去做。王阳明认为，认得心即理，从心上做工夫，反映到政治领域，便会实现“王道”，他曾对弟子们说：

> 诸君要识得我立言宗旨。我如今说个心即理是如何，只为世人分心与理为二故，便有许多病痛。如五伯攘夷狄，尊周室，都是一个私心，便不当理。人却说他做得当理，只心有未纯，往往悦慕其所为，要来外面做得好看，却与心全不相干。分心与理为二，其流至于伯道之伪而不自知。故我说个心即理，要使知心理是一个，便来心上做工夫，不去袭义于外，便是王道之真。此我立言宗旨。（《传习录下》，《全集》卷三，第121页）

王阳明认为，他之所以强调“心即理”，是因为人们总是把“心”与“理”分开的缘故。从王阳明举的例子来看，春秋五霸的“尊王攘夷”，明明是出于私心，人们偏要说其合理，这就混淆了是非，还引来人们效仿，影响恶劣。五霸打着“尊王攘夷”的旗号，互相讨伐，实际上在扩张自己的势力，王阳明认为，这样的政治行为只是说一套、做一套，将心与理分开了。真正的“本心”不是人的私欲，而是“天理”，人们的内心与天理合二为一，如果说“尊王攘夷”，那么就是真的在做“尊王攘夷”的事，而不是在借机互相攻伐、扩张势力，这才是“心”与“理”合一，否则都是“袭义于外”的霸道。这段话，王阳明将其视为自己的“立言宗旨”，是其阐发哲学思想的动机和目的所在，这说明他的“心学”是为了解决现实生活中人们“外面做得好看，却与心全不相干”的问题，希望人们表里如一，认识到道德本心并将其在实际行动中体现出来。在他看来，政治行为若仅仅限于外面做得好看，只作表面文章，不从心上做工夫，将“心”与“理”分为二，这样的政治不过是伯（霸）道；而将心理合一，从心上做内圣工夫，这样的政治才是真正的王道政治。王阳明认为，他之所以要强调心即理，其用意正在于通过内圣工夫实现王道，即对于政治而言，重要的是将外在政治原则和内心信念合而为一，从内在进路上解决好政治情感和政治信念的问题，这样，政治生活中出现的问题才会得到正当的解决（王道），否则都会流于虚伪的政治（伯道）。“王道”在儒家学者那里，指的是尧舜先王一脉相传下来的治平之道，经由孟子发挥后，成为儒家理想政治的标志，实现王道是儒家政治哲学的一个鲜明追求。相对于霸道或伯道来说，王道代表着合法的、正当的政治之道，历来为儒者所推崇。从王阳明将“心”“理”合一以及在心上用功看作是“王道之真”，而将“分心与理为二”和“袭义于外”称为“伯道之伪”，可以看出，“心即理”与现实政治的正当性问题是紧密相关的。如果“心理合一”，从道德本心出发履行政治事务，那么就是正当的；反之，如果只是进行道德表演，那么就是非正当的。概言之，王阳明心学政治观的立言宗旨在于，之所以没有实现良好的政治，是因为人们没有真正地端正念头，将内在的道德本心变成具体的行动，而是只做表面工夫进行道德表演，看上去合乎外在的“理”，实际上与自己内心无关，因此这样的政治缺少坚固的本心根基，导致了天下的“不治”。只有真正地认识到“心即理”，发掘内心的良知并真正按照良知行事，才可能实现“王道”理想。心学的理论努力就是让人们认识到这一点，并通过在“心”上用功，赋予伦理、政治事务以正当性。

“正当性”（legitimacy），大致上来说是指人类的认识、行为以及人类社会制度等合乎一定的价值、规范和准则。由此出发，政治上的正当性则是指政治认识、政治行为和政治制度等合乎既定政治原则、政治伦理以及政治规范。当然，这种原则、伦理和规范是相对的，基于不同的政治利益或者政治立场往往有不同的原则、规范和道德。换句话说，一定的政治认识、行为和制度在一种政治立场看来是正当的，而在另外一种立场看来则未必如此。王阳明的“心即理”与政治正当性联系起来，主要基于儒家立场。王阳明的“心即理”所具有的正当性，从本书来看，主要有两个方面的内涵，一是本体意义上的正当，另一则是行为意义上的正当。在宋明儒学话语系统中，自程朱以降，“理”一直代表着儒家的最高价值和最高本体，而且“理”要通过“格物”的工夫方可“穷理”，也就是说要通过向外的功夫才可以追求最高价值，朱熹说：“盖人心之灵莫不有知，而天下之物莫不有理，惟于理有未穷，故其知有不尽也。是以《大学》始教，必使学者即凡天下之物，莫不因其已知之理而益穷之，以求至乎其极。至于用力之久，而一旦豁然贯通焉，则众物之表里精粗无不到，而吾心之全体大用无不明矣。”① 朱熹主张从天下之物那里获得“理”的体认，而在王阳明看来，通过格天下之物来求理是本末倒置的，是不“正当”的，他说：“先儒解格物为格天下之物，天下之物如何格得？且谓‘一草一木亦皆有理’，今如何去格？纵格得草木来，如何反来诚得自家意？”（《传习录下》，《全集》卷三，第119页）天下之物与自己的心志、意念端正无关，所以从“格物”来“穷理”，对于人的道德修养来说是没有意义的。王阳明同样认可“理”的价值，但是他认为，“理”并不在外，而在于“人心”，所谓“心外无理”，向外求理都是将工夫倒做了，不能对个体的心性修养有所增益。所以，王阳明认为，“格物”就是“格心”：“格物如孟子‘大人格君心’之格，是去其心之不正，以全其本体之正。但意念所在，即要去其不正以全其正，即无时无处不是存天理，即是穷理，天理即是明德，穷理即是明明德。”（《传习录上》，《全集》卷一，第6页）就是去除心体的不良念头以归于心体纯然，在心上做功夫才是正途，把内心的“明德”展现出来才是正当的。既然“心即理”在本体论意义上是正当的，那么就说明“理”所代表的社会规范和“心”所代表的个体意识互相融合，因此对于人来说，治心也就是在治世，遵守个体的道德意识也就是在遵守社会的规范，就是

① 朱熹：《大学章句》，《四书章句集注》，中华书局1983年版，第6—7页。

在为实现社会的正当秩序做准备。所以，在处理政治问题时，人们首先面对的应该是自己的道德本心，从心上解决政治情感、政治意志和政治观念的问题，从而在根本上为政治活动扫荡人心之恶，将良善的道德本心在现实生活中展现出来，也就是孟子讲的有“仁心”而后有“仁政”。人们秉持这样的道德之心去从事政治，出于真诚的道德意志、道德情感和道德理性，而不是为了满足自己的私欲而进行某种虚假表演，自然也会建立起良好的政治和良好的社会，实现“王道”理想。反过来，如果人们将“心”与“理”析为二，不从源头上解决本心是否良善的问题，在具体政治事务上追求机巧性的道理，用手段和形式上的“合理”掩盖动机、信念上的不善，就是流于虚伪的“伯（霸）道”，其政治行为是不正当的。可见，在王阳明这里，“心即理”之宣言，既关乎儒学本体论意义的正当，又与政治行为上的正当性有着联系。从这个意义来看，“心即理”这一命题在王阳明看来是合乎儒家的根本教义的，即发掘人们的“仁爱”本心，让人们遵从自己的善良意志“由仁义行”，而不是做表面上的“行仁义”。他认为，强调“心即理”，有助于人们端正自己的念头，格去心中之非，这对于实现儒家心目中的良好政治有着巨大的理论前提意义。儒家政治从根本上而言是德性政治，“为政以德”的理念既强调按照道德原则来进行政治治理，更强调为政者应该是一个道德品质高尚的人，由此，是否合乎儒家道德关系着政治治理的正当性。王阳明主张“心即理”，认为“心”蕴含着“理”，将道德原则是否能得到彻底贯彻诉诸内心纯乎天理与否，还认为只有个体不断“正心”“诚意”，才可能成为一个品德高尚的人，这样的人去从事政治治理，才不至于流于虚伪的“伯（霸）道”。统合儒家“为政以德”的道德政治学说与王阳明的“心即理”，可以看出，“心即理”的主张不仅具有本体论意义，同时也具有政治正当性的意义。

既然社会政治、道德伦理的最高原则之“理”内在于心，社会规范和个体意识合二为一，故而政治上的工夫要先从“心”上去做，这样，方可让政治事务从源头上保持正当性。王阳明曾说：“古人为治，先养得人心和平，然后作乐。”（《传习录下》，《全集》卷三，第113页）“制礼作乐，必具中和之德。”（《传习录中》，《全集》卷二，第53页）“礼”和“乐”都是儒家政治治理中的重要元素，制礼作乐是儒家先王治理社会的策略，也是教化风俗的手段，在儒家看来，“乐”与政通，王者作“乐”，因而“作乐”也是一件重要的政治事务。儒家经典《礼记》上说“礼乐刑政，其极一也”（《礼记·乐记》），把乐和礼、刑、政等典型政治元素在政治效用上看作是一致的。又说：“乐行而伦清，耳目聪明，血气和平，移风易俗，天下皆宁。”（《礼记·乐记》）认为“乐”可以参与社会风俗，有助于实现“天下皆宁”的良好生活。总之，在儒家看来，“乐”绝不仅是为了满足艺术欣赏的需要，“乐”和“礼”一样，都是关乎政治社会治乱问题的政治元素，“观其礼乐而治乱可知也”（《礼记·礼器》）。儒家之“乐”是政治美学领域的话题，因此，在现实政治中，要将“乐”和“礼”并重起来，形成“礼乐之道”，“故曰致礼乐之道，举而错之，天下无难矣”（《礼记·乐记》）。王阳明深谙“乐”在儒家政治学说中的意义，所以他说：“圣人一生实事，俱播在乐中。”（《传习录下》，《全集》卷三，第113页）在强调“乐”对于政治的重要性之后，王阳明进而认为，要维护“乐”这一教化手段的合理性与正当性，保证其在政治生活中的效用得以恰当的发挥，“作乐”首先要在心上做工夫。如果不从心上做工夫，只在“词调”等细枝末节和具体形式上纠缠，“乐”便会失去其应有的意义，王阳明说：“若后世作乐，只是做些词调，于民俗风化绝无关涉，何以化民善俗？”（《传习录下》，《全集》卷三，第113页）在王阳明看来，后世作“乐”，而关注“词”和“调”的表现，而对其化民成俗的德性实质不加深究，没有从人心上做工夫，所以只能流于形式主义，其政治功能得不到应有的发挥。所以，王阳明认为，如要维护其合理性和发挥其化民善俗的意义，对于制礼作乐之政事，就必须摒弃枝叶上的讲求，直指本心，在心上做工夫，“心”是礼乐的本原，正所谓“必须心中先具礼乐之本方可”，“学者须先从礼乐本原上用功”（《传习录上》，《全集》卷一，第20页）。从上可见，在王阳明那里，作为政治元素的“乐”，如果要发挥政治效用，也只有通过在心上用功才能保证其正当性和有效性，“乐”由心出，“心”平则“乐”和，“乐”和然后才能参与到政治教化汇中，从而化民善俗。

在后世儒家眼里，孔子是圣人，宋明理学的主要问题之一就在于“学以成圣”，因此学者往往去“学孔子”。王阳明为了进一步说明在心上用功对于政治事务的重要性，也以“学者学孔子”为例说明之：

> 孔子气魄极大，凡帝王事业，无不一一理会，也只从那心上来。譬如大树，有多少枝叶，也只是根本上用得培养功夫，故自然能如此，非是从枝叶上用功做得根本也。学者学孔子，不在心上用功，汲汲然去学那气魄，却倒做了。（《传习录下》，《全集》卷三，第114页）

王阳明认为，孔子对于政治事务（包括帝王事业）的关切和理解都堪称后儒的典范，但是需要特别注意的是，后儒学习孔子，绝不能从外在的形式上去学孔子气魄，或者学那帝王气势，而是要学习孔子那样从心上做工夫，在根底处培养“仁爱”之心，然后再去理会具体的政治事务，否则就是“倒做了”。王阳明提出的“心上用功”之要求，也可以从他对王艮的一次严厉批评中看出一二。王艮曾问王阳明关于孔子时代“辙环车制”的问题，由于王艮向来行事奇异，所以王阳明对王艮此问笑而不答，而后王艮又自制蒲车，招摇四方，意在模仿孔子周游讲学。王阳明闻知此事，先是写信责问，后在王艮回来拜见以后，又痛加裁抑。[1] 王阳明对于王艮从外在形式上学孔子时代的辙环车制，提出了严厉批评，固然是因为当时朝野对王学批评之势渐起，而王艮此事可能会授人以柄继而在朝野上下引起对王学的攻击，所以王阳明有此姿态。但同时，也可以看出王阳明对于王艮不从心上用功学习圣人反而从枝节末流上效仿圣人的不满。王阳明认为，学习圣人不是对圣人行为、形迹的简单模仿，而是学习圣人之心并在自家心体上磨炼。可以说，王阳明在王艮模仿先圣行迹一事的态度与做法，体现了他反对形式主义、重视切实的德性培养与锻炼的立场，这与其一贯注重在心上用功来保证行为正当性的思想是一致的。

不过，需要特别引起注意的是，王阳明强调在心上用功，但这

---

① 事见《明儒学案》：“（王艮）因问阳明以孔子辙环车制，阳明笑而不答。归家遂自创蒲轮，招摇道路，将至都下。有老叟梦黄龙无首，行雨至崇文门，变为人立。晨起往候，而先生适至。当是时，阳明之学，谤议蜂起，而先生冠服言动，不与人同，都人以怪魁目之。同门之在京者劝之归，阳明亦移书责之，先生始还会稽。阳明以先生意气太高，行事太奇，痛加裁抑，及门三日不得见。阳明送客出门，先生长跪道旁，曰：‘艮知过矣。’阳明不顾而入，先生随至庭下，厉声曰：‘仲尼不为已甚。’阳明方揖之起。”（黄宗羲：《泰州学案一》，《明儒学案》卷三十二，沈芝盈点校，第710页）

里的“心”不是虚寂之心，而是关怀天下的“心”。王阳明认为，在心上用功要以儒家的社会关切和政治关怀为前提，而不是个人心性满足的玄虚之功。没有对于现实社会的关切，一味在心上用功便是走向了歧路，也就是流于禅学的“明心见性”了。在王阳明看来，是否具有现实的公共关切，是儒家和佛家明心、治心的根本之区别：

> 或问：“释氏亦务养心，然要之不可以治天下，何也？”先生曰：“吾儒养心，未尝离却事物，只顺其天则自然，就是功夫，释氏却要尽绝事物，把心看作幻相，渐入虚寂去了，与世间若无些子交涉，所以不可治天下。”（《传习录下》，《全集》卷三，第106页）

“心上用功”不是仅仅面对自己的内心进行抽象反思，而是要和具体的事务结合起来。换言之，不是只要向内用功都是治天下的正当途径，王阳明认为，用功虽然向内，但心中要有天理、有天下，这样的用功才是有现实意义的，才可以说是正当的，若心中没有对于世间的真实关怀，离却天下事务，仅仅满足做个“自了汉”，用功之结果便走向虚寂，与治平天下无涉，也不是真儒事业。关于王阳明治心与佛教的区别，黄宗羲在《明儒学案》里说得颇为得当：

> 先生点出心之所以为心，不在明觉而在天理，金镜已坠而复收，遂使儒释疆界，渺若山河，此有目者所共睹也。[①]

在黄宗羲看来，王阳明言“心”不是个人的思辨满足，不着意于个体的知性“明觉”，而是强调“天理”的觉察和运用。由于“心”统摄了儒家道德、政治的原则，所以要在心上用功，将其从潜在变成显在，并在实际生活中予以推行。从与佛家明心的比较，也可以看出王阳明心学绝非空虚心性之学和近禅之学，而是包含政治和伦理关怀的儒家学说。王阳明心学具有突出的政治指向性，其在心上用功的思想包含着对天下世间的关注，目的是为治平天下培养

① 黄宗羲：《姚江学案》，《明儒学案》卷十，沈芝盈点校，第182页。

个体的道德之心，而不是仅仅为了个体一时的明觉和心性的澄虚。对于天下事务的深入关切以及对于彰显天理的热情，这决定了王阳明心学的政治性，而不是佛家清心绝欲、超脱生死的“养心”之说所能包含的。

由上分析观之，王阳明将政治的正当性与其思想的根本宗旨“心即理”“心上用功”等联系在一起。“理”是宋明儒学话语中儒家政治原则的核心概念，认识到“心即理”，这就从本体上保证了“心”在儒家政治哲学中的合理地位，从而确证“心”不仅只是一团血肉，更蕴含了儒家的道德与政治原则，是道德之心、公共之心，是社会规范和个体意识的聚合体，在政治问题上具有本原的意义。“心”既然在政治生活中具有本原的意义，那么，要实现良好的政治生活，实现儒家的理想政治，无疑要强调政治主体在心上用功。王阳明认为，只有从心上用功，将治世转化为治心，解决内在的政治观念和政治情感的问题，恰当地发挥个体的道德意识，现实中的政治事务方可以得到合理的安顿。否则，如果仅仅立足从政治的外在形式，袭义于外，进行道德或者政治表演，便丧失了政治的正当性，是虚假的政治。可见，这里的所谓“正当性”，主要是在形式层面和实质层面来区分的。换句话说，王阳明认为，如果人们认识到“心即理”，从而在心上用功来保证政治治理的良好，这是具有实质意义的，也是正当的；如果人们认为人心和天理是两回事，拘泥于外在的政治机巧，只在形式上按照“天理”行事，内心并不认同，这样的政治治理只具有表面的意义，因而是不正当的。

四、治心的意义

王阳明面对儒家政治哲学的向内（仁）向外（礼）二重进路，以“心体”为根本宗旨，树立了本心的政治观，把治世归结于治心，并将政治事务的正当性和心即理、心上用功等心学命题联结起来，为孟子以来的儒家政治哲学内在维度向更精深的方向拓展做出了理论贡献。王阳明“化治世为治心”的政治观不仅在儒学发展史上具有重要意义，对于王阳明哲学本身和人类政治思想的多重致思路径来说，强调通过治心来治世，同时也还具有其他方面的重要意义。

对于基于本心良知的政治理念，如果将其同基于权术和基于法律的政治理念相比较的话，还可以看出治心对于政治的特殊意义。对于基于权术的政治哲学，我们以意大利政治哲学家马基雅维里为例。马基雅维里的政治理念可以称之为基于权术的政治理念的一个典型，这种政治理念将政治和伦理彻底分离，认为国家治理中的权术不受任何伦理道德法则的约束，运用这些权术的君主也完全只从目的的角度来考虑他们政治行为的正当性。权术是政治活动的核心和关键，政治主体的良知和道德则不是题中之义，这是对道德和政治相结合的古典西方政治传统的一种反叛，是对苏格拉底、柏拉图以来"道德决定政治"之教导的颠覆。我们知道，从古希腊以来，政治和道德问题一直联系在一起，国家作为政治问题中的核心，一直被看成是为了实现某种正义或善业的组织，而不是权谋的机器。正因为如此，美国政治哲学家列奥·施特劳斯将马基雅维里称为"现代政治哲学的奠基人"，并认为马基雅维里的政治理论"唯一考虑的是权术，即为了达到其目的不惜采用各种手段，无论是正义的还是邪恶的、严酷的抑或恶毒的——其目的在于其国家和祖国的扩张，但也将祖国用来为政治家、国务活动家或其党派的自我扩张服务"①。马基雅维里将道德因素从政治领域中驱逐出去，在他看来，作为权术的政治治理，同道德生活毫不相干，"一个君主如要保持自己的地位，就必须知道怎样做不良好的事情，并且必须知道视情况的需要与否使用这一手或者不使用这一手"②。这就说明，在马基雅维里看来，政治的至上原则是权术，而不是其他的什么。在这一点上，如果我们忽略时空距离、文化差异的问题，单就思想本身来看，王阳明"化治世为治心"的政治观，与马基雅维里基于权术的政治相较，恰好是两个极端。王阳明以人心之良知为最高的政治原则，反复强调"大道在人心"，反对脱离本心去追求仁义忠孝的政治价值，更遑论以追求权术为目的的政治原则了。

对于类似于马基雅维里所主张的那套政治权谋之术，如先秦法家的"权""术""势"的思想，基于儒家道德政治的立场，王阳明统统将其称为"霸术"，并对此予以了严厉的批判。他说：

---

① 列奥·施特劳斯、约瑟夫·克罗波西主编：《政治哲学史》，李天然等译，河北人民出版社1993年版，第334页。这里所引述的文字是施特劳斯亲自撰写的第十一章关于马基雅维里部分的内容。

② 尼科洛·马基雅维里：《君主论》，潘汉典译，商务印书馆1985年版，第74页。

> 三代之衰，王道熄而霸术焻；孔、孟既没，圣学晦而邪说横：教者不复以此为教，而学者不复以此为学；霸者之徒，窃取先王之近似者，假之于外，以内济其私己之欲，天下靡然而宗之，圣人之道，遂以芜塞，相仿相效，日求所以富强之说、倾诈之谋、攻伐之计，一切欺天罔人，苟一时之得，以猎取声利之术，若管、商、苏、张之属者，至不可名数。既其久也，斗争劫夺，不胜其祸，斯人沦于禽兽夷狄，而霸术亦有所不能行矣。(《传习录中》,《全集》卷二，第55页)

王阳明认为，“三代之治”之所以衰落，是因为基于权谋的“霸术”代替了基于道德本心的“王道”，法家的“富强之说、倾诈之谋、攻伐之计”代替了仁心、仁政之说。在政治治理上，为政者假公济私、名利当道，导致了整个社会混乱，乃至人也沦于“禽兽夷狄”，丧失了文明。由是观之，王阳明对于基于权谋的社会政治深恶痛绝，以“欺天罔人”“禽兽夷狄”等严厉的字眼表达了他对于权谋政治的痛恨。王阳明认为，所谓“霸术”，其目的是“猎取声利”以满足个人的私己之欲，由此必然带来“斗争劫夺”的祸害，到头来，因为正常的社会秩序崩塌了，“霸术”也将自食其果。我们知道，王阳明心目中的良好政治社会是“万物一体”的理想世界，他要破除的是人己之分和由此带来的私欲横流。因此，王阳明认为政治生活中的霸术将给社会带来致命的伤害，将造成道德的沦丧和人心的堕落，因而无法造就至善的生活。在王阳明看来，要想杜绝这种功利的权谋政治（霸术），其途径是“大端惟在复心体之同然，而知识技能非所与论也”(《传习录中》,《全集》卷二，第55页)。也就是说，在他看来，要想清除社会政治中霸术的流毒，只有放弃表面上的政治机巧，而重新将本心良知作为根本原则，建立一套基于心体的政治理念系统，而不是向外诉求于权术、计谋和程序（知识技能）。结合“拔本塞源”论中的“万物一体”的秩序理想，他说：

> 所幸天理之在人心，终有所不可泯，而良知之明，万古一日，则其闻吾“拔本塞源”之论，必有恻然而悲，戚然而痛，愤然而起，沛然若决江河而有所不可御者矣！(《传习录中》,《全集》卷二，第56—57页)

在“拔本塞源”论里，王阳明描述了“三代之治”中“万物一体”的理想景象，并将再现这一景象作为其思想学说的目标，在他看来，要想实现这一目标，就一定要明确“天理在人心”。对于“天理在人心”的强调，也再次说明，王阳明希望在政治社会中人们都能基于本心的良知而从事政治活动，自觉抵制没有道德内涵的“霸术”，从而实现以“万物一体”为根本秩序的政治社会。是否抵制霸术，是否基于本心的良知、基于美德来从事政治事务，或者说把政治活动看作是人的道德本心自然流露的伦理事务还是将其看成是一种为了更好地统治获取政治权益的技术，是王阳明和马基雅维里两位思想家的截然不同之处，这也是王阳明基于本心的政治哲学的一个重要特色。

同样的视角，我们还可以从王阳明哲学同传统法家哲学的区别那里看到。法家哲学崇尚刑名，以吏为师，以法为教，热衷于法、术、势对于政治事务的意义，而忽略伦理道德对于政治的意义，“划道德于政治领域之外”①。法家甚至认为：“法已定矣，而好用六虱者亡……六虱曰礼乐，曰《诗》《书》，曰修善，曰孝弟，曰诚信，曰贞廉，曰仁义，曰非兵，曰羞战。”② 商鞅将儒家所珍视的道德价值贬低到亡国之“虱”的位置上去，韩非子也将儒家列为“五蠹”之一，可见，儒家所倡导的道德理想在法家式治理中被极度贬低。法家在政治上的非道德主义，把政治活动理解为一种维护君主统治权势的技艺，这在主旨上和马基雅维里有相通之处，如上所述，把政治当作权术、把政治当作技艺，都是王阳明所严厉批判的“霸道”，也是王阳明基于本心的政治哲学所要彻底清除的东西。

从上可以看出，王阳明基于本心的政治哲学同基于权术、权谋的政治哲学的根本区别在于：是否将道德引入政治，是否将政治活动与伦理活动联系起来。基于权术的政治哲学看到的是在政治操作层面上的现实利益和近期效果，主张“用权弄术”，以保证某一团体或阶层的政治利益和统治效果。而王阳明基于本心的政治哲学，是将政治问题化约为伦理道德问题，认为只要在心体上发掘天理、培养德性，从而塑造善人，社会自然就臻于善治。我们知道，基于权

① 萧公权：《中国政治思想史》，第216页。

② 商鞅：《靳令》，蒋礼鸿：《商君书锥指》卷三，中华书局1986年版，第79—80页。

术的政治哲学只能是满足一定集团、一定阶层的政治利益，在权术运用的过程中，可能会逐步导致利欲熏心无所不用其极的局面，从长远来看，这会给社会带来更为严重的后果。而基于本心的政治哲学，是从人的道德培养角度入手，从培养善人出发来构建良好的社会，虽然短期内不能取得明显的效果，但长远来看，促进社会个体注重德性的涵养会使整个社会的道德水准不断提高，从而在根本上实现良好的社会生活。这个立场与孟子和梁惠王的讨论一样，梁惠王追求短期富国强兵之利，而孟子追求长效仁政的王道之义，由此，孟子反对权谋性政治，而期望基于仁心的仁政。从基于本心的政治哲学并反对权谋的霸道的角度来看，王阳明和孟子的思想是一脉相承的。

王阳明基于本心的政治哲学也和基于法律（或者制度）的政治哲学相距甚远。基于法律或制度的政治哲学，往往以既定的或成文的行为规范作为政治事务的原则，一旦法律或制度得到明文确定以后，政治活动就必须在既定的框架中进行，如果违背了这些法律或制度，就是不合乎正当的。这实际上是通过法律或制度确定一套政治活动的程序，用程序来保证政治事务的正当性。远古的原始巫术礼仪、中国古代的礼仪规范、近现代的法律制度等等，就是这样一套基于程序正义的政治理念的具体体现。就王阳明生活的时间和空间来说，基于法律或制度的主要观念，主要是指基于封建礼仪规范的政治观念，它是由一整套典章、制度、规矩、仪节所构成的习惯性法规。中国古代社会的“礼”在一定程度上承担的就是社会法律或者制度的任务，礼仪作为一种制度，规范着人们在政治生活中的行为，保证着合乎礼仪规定之秩序的稳定性。这一点，我们从孔子对“八佾舞于庭”（《论语・八佾》）、“礼乐征伐自诸侯出”（《论语・季氏》）等混乱状态的愤怒，也可以看到，而后来长期延续的三纲五常更是将礼仪的规范性地位推至极端。对于王阳明来说，作为儒家，他同样遵从着三纲五常等礼仪规范，这从他常常脱口而出的事君、事父等话语可以看出。但是，相对于完全拘泥于礼仪规范的迂腐行为来说，王阳明基于本心的政治哲学又有其独特高明之处，显现出王阳明哲学在政治问题上的灵活性和变通性。《传习录》上记载：

问：“名物度数，亦须先讲求否？”先生曰：“人只要成就自家心体，则用在其中。如养得心体，果有未发之中，自然有发而中节之和，自然无施不可。苟无是心，虽预先讲得世上许多名物度数，与己原不相干，只是装缀，临时自行不去。亦不是将名物度数全然不理，只要知所先后，则近道。”（《传习录上》，《全集》卷一，第21页）

所谓“名物度数”，在中国古代是关于礼仪规范的一些具体知识，王阳明对于这些礼仪知识的态度很明确，那就是，首先要确立道德心体的优先性，然后才可以理会“名物度数”。一个人是否按照礼仪来践履道德，其要害处不在是否通晓这方面的知识，而是要在本心上确立道德观念。在心体和“名物度数”在政治生活中何者具有优先性、何者更为根本的问题上，毫无疑问，王阳明的主张是强调心体的优先地位，同时也不否定“名物度数”。但是王阳明认为，绝不能陷入故纸堆中的“名物度数”中去，而要将“名物度数”的问题和道德本心结合起来，让“名物度数”服从于道德本心的良知，“但致良知成德业，谩从故纸费精神”（《示诸生三首》，《全集》卷二十，第790页）。只有首先确立心体，“名物度数”等礼乐制度才有意义，才不至于简单地落入“装缀”，也才有可能发挥效用，所以他说：

天下事物，如名物度数、草木鸟兽之类，不胜其烦。圣人须是本体明了，亦何缘能尽知得？……圣人于礼乐名物，不必尽知。然他知得一个天理，便自有许多节文度数出来。（《传习录下》，《全集》卷三，第97页）

王阳明在对待礼乐制度的态度上，既重视先儒流传下来的礼仪规范，又不拘泥于这些礼仪规范。这是因为站在他的哲学立场上，对待政治和社会生活中的礼仪规范，必须首先确立一个心体，也就是以本心良知为最高原则，这些规范才有其合理性。相反，如果人们只是拘泥于流传的关于礼仪规范的文字典籍，则是本末倒置、南辕北辙了，彻底做反了功夫：“若只牵文泥句，比拟仿像，则所谓心从法华转，非是转法华矣。”（《传习录中》，《全集》卷二，第64—65页）前文所述的王阳明在“大礼议”事件中的态度，正是其在礼仪制度和本心良知两种立场的政治哲学中间做出选择的具体体现。又如，在讨论传统“明堂”之治时，王阳明也认为“明堂”作为一种宫室制度，只是行使政治权力的形式，具有形式的而非实质的意义，不必过于拘泥。王阳明在《答顾东桥书》中说：

> 夫明堂、辟雍之制，始见于吕氏之《月令》、汉儒之训疏，“六经”“四书”之中未尝详及也。岂吕氏、汉儒之知，乃贤于三代之贤圣乎？齐宣之时，明堂尚有未毁，则幽、厉之世，周之明堂皆无恙也。尧、舜茅茨土阶，明堂之制未必备，而不害其为治；幽、厉之明堂，固犹文、武、成、康之旧，而无救于其乱。何邪？岂能以不忍人之心而行不忍人之政，则虽茅茨土阶，固亦明堂也；以幽、厉之心而行幽、厉之政，则虽明堂，亦暴政所自出之地邪？（《传习录中》，《全集》卷二，第52页）

明堂及其相关制度是儒家政治礼仪的重要内容，历来为人推崇，但在王阳明看来，“明堂”不过是政治权力的表现形式，圣王的正确政令与是否出自“明堂”并不具有必然关系。因此，政治行为的正当性与是否熟知“明堂”的名物度数无关，而只与人们是否能够将内在的道德本心恰当地推致出来，所谓“三代之学，其要皆所以明人伦，非以辟不辟、泮不泮为重轻也”（《传习录中》，《全集》卷二，第52页）。如上对于儒家传统礼仪规范的看法，都表现出了王阳明基于本心的政治学说，在具体政治事务上十分尊重人的主体意识，反对人们拘泥于名物度数的文辞，而强调主体意识在政治生活中对于繁文缛节、礼仪规章的优先性。

由于王阳明坚持代表政治生活中正义原则的“天理”和“道”都在人心，与人的道德意志、道德情感和道德理性相关，所谓“天理在人心”“大道在人心”。因此，在对待表征程序规范的礼仪制度的态度上，坚持心体对于礼仪制度的优先性。心体的正义是实质性的正义，而礼仪制度不论其多么完备，不过是一种程序上的正义，程序正义的实现终究要依赖于人。在这一点上，我们也可以认为，王阳明实际上是在坚持实质正义对程序正义的优先地位。在政治哲学中，坚持实质层面对于程序层面的优先，也就是坚持人的立场的优先。因为政治哲学的根本问题在于“什么是人类良好的政治社会生活”和“如何实现良好的生活”，这就决定了任何流派的政治哲学或者政治思想，其出发点首先应该是人的问题，人是一切政治问题的核心。在王阳明的时代，以程朱理学为核心的儒学走入僵化，忽视了人的问题，而纠缠于词章考据、名物度数等外在形式的问题，对于外在形式的重视造就了一批“假道学”。王阳明认为这些外在形式的问题将会冲淡对人以及人心的关注，所以他发明心学，力图使儒学回归人的立场、德性的立场，坚持人以及人的德行这一实质问题在儒学思想发展中的优先地位。正是如此，王阳明才在政治问题上也坚持道德本心优先于礼仪制度，坚持人的至善问题优先于制度的完善问题，也就是所谓“实质正义优先于程序正义”，具有更为深远的意义，而不仅仅是头痛医头、脚痛医脚的权宜之计和表面文章。

除上述二者之外，本心政治还有另外一些意义。从王阳明哲学的文本来看，王阳明本心政治对于历史和当时政治的解释具有一定意义上的合理性。当代政治哲学家迈克尔·欧克肖特认为，政治哲学必须被理解为解释性的活动。[①] 从这个意义上来讲，如果把王阳明的化治世为治心的思想看作是一种政治哲学观的话，我们会发现，王阳明也在试图利用本心的政治观来解释历史和现实中的政治活动。

对于历史上的许多政治事务，王阳明就倾向于从本心的角度去解释。在《答顾东桥书》里，王阳明对舜的不告而娶、武王的不葬而兴师等历史事务，从基于本心的政治观出发，都给予了肯定（下文论述“良知作为准则”时对此事另有详述）。又如，对于唐虞三代之治，王阳明一再称道，其原因在他看来，也是因为从事政治事务的人们坚持从本心出发来履行职责，所谓“教者惟以此为教，学者惟以此为学”，这里的“此”指的就是在心体上确立“父子有亲、君臣有义、夫妇有别、长幼有序、朋友有信”的道德感和“万物一体”的秩序观。

而对于现实政治，王阳明也一再从本心的政治观出发，给出自己的判断。比如上文一再提到的“大礼议”事件，王阳明的解释就是“礼”因乎人心之情，故而不必从古礼典籍找根据并展开往复辩

---

① 参见迈克尔·欧克肖特：《政治中的理性主义》，张汝伦译，上海译文出版社2004年版，第57页。

论从而引起无谓的政治风波。而对于当时此起彼伏的民乱、民变，王阳明的看法是，简单地平息变乱解决不了根本的问题，重要的是要从人心解决人们的“心贼”，所谓“破山中贼易，破心中贼难”。出于这种考虑，王阳明在多次平定变乱的过程中，所做之事绝不仅仅是平息几个山贼的作乱而已，而是更深一步地对当地百姓予以教化，教之以人伦道德，使之自觉向善。王阳明在巡抚南赣、平定盗贼时，常常在用兵之前，先告谕“贼巢”，如在对乐昌、龙川等地的“贼巢”用兵前，王阳明发出如下告谕以教化“山贼”：

> 人之所共耻者，莫过于身被为盗贼之名；人心之所共愤者，莫过于身遭劫掠之苦。今使有人骂尔等为盗，尔必愤然而怒；又使人焚尔室庐，劫尔财货，掠尔妻女，尔必怀恨切骨，宁死必报。尔等以是加人，人其有不怨者乎？人同此心，尔宁独不知？乃必欲为此，其间想必亦有不得已者。……譬如一父母同生十子，八人为善，二人背逆，要害八人；父母之心，须去二人，然后八人得以安生。均之为子，父母之心，何故必欲偏杀二子，不得已也。吾于尔等，亦正如此。若此二子者，一旦悔恶迁善，号泣投诚，为父母者，亦必哀悯而赦之。何者？不忍杀其子，乃父母之本心也。今得遂其本心，何喜何幸如之；吾于尔等，亦正如此。……呜呼！民吾同胞，尔等皆吾赤子，吾终不能抚恤尔等，而至于杀尔，痛哉！痛哉！（《年谱一》，《全集》卷三十三，第1244—1245页）

王阳明在告谕里的这一通话，可以看出他在破除“盗贼”的“心贼”上的良苦用心，将心比心，以父母之心去劝谕，期望能消除“盗贼”心中之悖逆之念，从而悔恶迁善，而不仅仅是去消灭他们的悖逆行为。王阳明在这份告谕里，首先试图激发起“盗贼”的羞耻心和同情心，而不是对其谩骂或者恐吓，也就是所谓的“攻心为上”。在这份告谕发出之后，“盗贼”首领“即率众来投，愿效死以报”（《年谱一》，《全集》卷三十三，第1245页）。当然，“盗贼”投诚可能是在多方面权衡以后做出的决定，未必全是王阳明的一纸告谕之功。但从王阳明的立场来分析的话，还是可以看出他在政治行动中十分注重“人心”的意义，采取针对人心的策略，这种具体政务的方略，和他的心学思想路线是一致的。

另外，王阳明作为一个实际政治事务的执行者，在其可以利用的政治资源范围内，也以“化治世为治心”的思路来构建良好的政治秩序。王阳明的治学之道、治理之道、教化之道即是从“化治世为治心”出发，以教化人心为本，以书册典籍、钱粮刀兵、记诵著述、教训惩戒为末。为此，王阳明往往在他所能影响到的范围内，要求“父老子弟，互相戒勉，共立社学，延师教子，歌诗习礼”[①]，期望百姓能通过教化和自我教育树立向善之心，构造礼让良善的生活。在本书第二章论述王阳明的政治关怀时，曾论述他的为学、为教、为政的政治意义，而这些活动的指导思想，从某种意义上可以归结为其“化治世为治心”的政治观，如在意识形态上，他主张“心”与“理”合一，注重学术上“心体”的意义，并期望讲明“心体”以昌明学术，从而改变社会风气；在教育和教化上，主张在“心”上用功，反对在书册典籍上牵滞附会，进而将“心”知化为实际行动，知行合一，创造实际的明明德以及亲民的政治效果；在政治活动中，也主张攻“心”为上，发掘人们从事政治事务的内在根源，主张在“正心诚意”上的内向用力以达外王之道。

当然，王阳明的这种内向性的政治观，也有其明显的不足之处。一般来说，对于政治问题的思考大致上可以有三个层次：一是政治事务的具体操作技术层面的思考，如政策、策略等；二是政治制度层面的思考，如治理中的体制、机制等；三是政治生活本原层面的思考，如人性的基础、政治统治的合法性问题乃至良好生活理想等。前两者是政治科学的问题，后者是政治哲学的问题。王阳明“化治世为治心”的政治观，主要倾向于本原意义上的政治，而回避了政治操作、政治制度等问题的思考，从人性、治理合法性、理想生活等层面去讨论政治问题。放弃政治操作、政治制度这些实际政治问题的研讨，把政治问题不断推向内在的心体，容易导致政治问题的空泛化、抽象化，还可能导致政治只能处在一个观念的层面上而落实不到现实中去，这些也是王阳明本心政治观的欠缺之所在。不过，如果我们是从政治哲学层面来思考问题的话，那么上述对王阳明政治思考的批评则可以看作是求全责备。

---

① 杨国荣：《心学之思：王阳明哲学的阐释》，第43页。

五、小结

本章讨论王阳明哲学政治向度的本质特征。王阳明哲学以心体为宗，主张“心即理”，反映到政治思想领域上，就是将治世的问题归结到治心的问题，化治世为治心，将政治社会中的问题收摄为人的道德本心上的问题，表现出王阳明哲学里政治问题与伦理问题、心性修养问题的交错纠葛。

在儒家政治哲学传统里，大致上可以分为两种进路：一种是以孟子为代表的基于仁心的政治，一种是以荀子为代表的基于礼治的政治。二者在本质上都认同孔子开创的儒家政治价值，只是在具体政治操作上各有偏重，王阳明大体上继承了孟子一路的仁心政治，而对拘泥于礼仪的治理有所批评。王阳明强调“万化根源总在心”，认为“大道在人心”，政治事务和社会事务归根结底都基于“心体”，也就是人的道德本心。人的内在德性培养的过程，同时就是政治社会走向良好的过程，在王阳明看来，道德心体的培养和政治社会的治理实际上是二而为一的，政治的问题实际上就是人心的问题，“修己治人，本无二道”（《答徐成之》,《全集》卷四，第145页），人心向善，则社会向善，人心向恶，则社会趋向堕落，也就是说，先有道德的人而后有道德的社会。因此，在王阳明那里，政治问题的本源在于人心，人心是政治中的第一义，而礼仪规范则是政治中的第二义。

王阳明认为：“人者，天地万物之心也；心者，天地万物之主也。”(《答季明德》,《全集》卷六，第214页），从事具体政治事务时，也曾做到“为政不事威刑，惟以开导人心为本”(《年谱一》,《全集》卷三十三，第1230页）。在王阳明看来，治世即治心，那么，如何保证政治的正当性和实现良好的政治社会生活呢？毋庸置疑，在王阳明那里，这些问题是和“在心上用功”紧密联系在一起的。王阳明认为，所谓“心”不仅只是那一团血肉，而且还蕴含了“天理”，即儒家的道德与政治原则，是道德之心、政治之心。“心”在政治生活中具有本原的意义，是讨论政治问题上所必须回溯的根底。如果要实现良好的政治生活，推行儒家的理想政治，无疑要强调社会成员在心上做工夫，只有从心上用功致其良知，在心上锻炼，破心中贼，解决内在的政治信念、政治情感的问题，现实中的政治事务方可以得到合理的安顿。否则，如果仅仅立足从政治的外在形式，通过寻章摘句而进行道德表演，只做看上去恰当的表面文章，便丧失了政治的正当性，是虚假的政治。因此，王阳明哲学中的心学功夫，绝不单是个体的修养兴趣、修养之途，同时也是一个重要的政治问题，在心性修养的同时蕴含了家国天下的关怀。

王阳明基于本心的政治观，在解释当时和历史上的政治问题时显示了其独特之处，而且，“化治世为治心”的政治观对王阳明从事的实际政治事务也有所推动。另外，站在我们今天的历史时刻来看，本心的政治相较于基于权术的政治哲学和基于法律（制度）的政治哲学，由于它触及了政治中的道德本心问题，因而对于现实政治仍然具有一定的启发性，这些都是王阳明本心政治观的意义所在。当然，我们说王阳明哲学的政治向度具有现实意义，并不意味着它能在当下指导政治现实，而是说它能在政治哲学层面对我们思考政治问题提供别样的启示，比如政治中的人心问题，由于其对政治操作有着直接的影响，所以我们绝不能忽略人心而只单向度地强调规范建设。

本章是对于王阳明“化治世为治心”政治观的概述。在王阳明哲学里，治心的问题是和如何对待良知的问题联系在一起的，为了更好地说明这种内向型的本心政治观，下一章将对王阳明良知学说所蕴含的政治问题予以论述。

第四章

良知与政治

良知学说是王阳明哲学的核心思想，也是他最为重要的思想创见，王阳明自认良知学说出自一生“百死千难”的经历，是其学问头脑，故而对此极为珍视。按照钱德洪的记录，王阳明曾对弟子说道：“吾‘良知’二字，自龙场以后，便已不出此意，只是点此二字不出，于学者言，费却多少辞说。今幸见出此意，一语之下，洞见全体，直是痛快，不觉手舞足蹈。学者闻之，亦省却多少寻讨功夫。学问头脑，至此已是说得十分下落。”还说道：“某于‘良知’之说，从百死千难中得来，非是容易见得到此。此本是学者究竟话头，可惜此体沦埋已久。学者苦于闻见障蔽，无人头处。不得已与人一口说尽。但恐学者得之容易，只把作一种光景玩弄，孤负此知耳！”（钱德洪记于《刻文录序说》，《全集》卷四十一，第1575页）王阳明晚年在赶赴广西思恩、田州平叛的征程上，总结自己一生的学术思想时，也说道：“吾平生讲学，只是‘致良知’三字。”（《寄正宪男手墨二卷》，《全集》卷二十六，第990页）还曾作诗感慨道：“乾坤由我在，安用他求为？千圣皆过影，良知乃吾师。”（《年谱三》，《全集》卷三十五，第1308页）从以上王阳明的夫子自道，可见良知学说在阳明哲学思想的核心地位。

杨国荣教授曾指出，良知说在阳明哲学里，既关涉本体论，又关乎德性修养论，是意义世界和修养工夫的合一。[①]对于本书来讲，良知说不仅具有本体之维和工夫之维，同时还内在地包含着政治之维。按照王阳明在《答聂文蔚》信中所说：“仆诚赖天之灵，偶有见于良知之学，以为必由此而后天下可得而治。”（《传习录中》，《全集》卷二，第80页）由是观之，王阳明认为他之所以倡导良知之学，从动机和期望达到的效果角度来看，不仅是一种理论创造，更为重要的是要用此理论来实现“治天下”和“救斯民”的政治理想，这和他的政治关怀是一贯的，同时也表明了王阳明的良知之说从创立的动机上，就天然地具有了政治的向度。[②]

---

① 参见杨国荣：《心学之思：王阳明哲学的阐释》，第163页。

② 需要特别指明的是，本书所谓良知学说的政治向度和“良知坎陷说”所涵盖的政治意味是不同的。近人牟宗三创“良知坎陷说”，认为良知经过曲通转折以后可以开出民主科学，所谓由儒家“内圣”开出“新外王”。牟氏的理论主要是从本体论的层面上为道德理性辟出一条转向理论理性和政治理性的道路，试图将王阳明的良知学说转变成概念的知识论和形上学，进而和近代以来的“新外王”之民主科学联结起来。限于学识，本书无意结合王阳明哲学的政治向度对牟宗三这一理论予以讨论，只是希望指出，本书的讨论是在申述王阳明良知学说的基础上，对其蕴含的政治向度予以揭示，并作政治治理意义上的发挥和引申。

在王阳明哲学里，良知和心体在一定意义上是一致的，在内涵层面上有所重合："心之虚灵明觉，即所谓本然之良知也。"（《传习录中》，《全集》卷二，第47页）上一章所讨论之本心政治观，一定意义上也代表了良知的政治向度。但是，心体与良知在所蕴含的政治向度上也具有不同的侧重，需要做出理论上的分殊。如前所述，王阳明以心为本体，将治世的问题归结到治心上，实际上将政治问题和伦理问题上联系起来，以伦理为政治的基石。这标示出了王阳明哲学在政治问题上的基本思路，即期望在理论上为政治社会构建一个切实的道德形上本体，在此本体明晰的基础上，通过知行合一的修养工夫，使天下人的德性和德行统一起来，天下人心臻于至善，进而实现良好的社会生活和政治秩序。而良知学说就是这一思路中的一个重要环节，良知是从治心到治世必须重点讨论的一个问题，因为在王阳明哲学里，所谓"治心"，主要是指如何对待良知、如何发挥良知；而且，良知作为王阳明哲学的核心观念，其蕴含的政治向度的展示对王阳明哲学体系的政治向度的呈现具有非常重要的意义。正是如此，有必要在对心体的政治向度和良知的政治向度予以分别论述，以此更加完整地呈现王阳明心学的政治向度。

一、良知作为准则

如所周知，"良知"一词出自孟子，孟子认为："人之所不学而能者，其良能也；所不虑而知者，其良知也。"（《孟子·尽心上》）孟子这里的"良知"，主要是指先验和普遍意义上的道德意识，朱熹在《孟子集注》里说："良者，本然之善也。程子曰：'良知良能，皆无所由；乃出于天，不系于人。'"[①]一般而言，孟子的"良知"指的就是先验的道德本能，是人之所能够为善去恶的先验根据。

王阳明将"良知"一词引入自己的哲学体系，在本体层面上赋予了其多重的蕴含，在王阳明哲学体系里，良知的本体论意义表现为存在的根据、德性的本原、先天理性原则等多方面的统一，[②]也就是说良知是"心"与"理"的统一，王阳明所说的"心即理"就具

① 朱熹：《孟子集注》卷十三，《四书章句集注》，第353页。
② 参见杨国荣：《心学之思：王阳明哲学的阐释》，第170页。

体地体现在良知这一观念之中，“吾心之良知，即所谓天理也”（《传习录中》，《全集》卷二，第45页）。如果说，良知作为本体而言具有上述内涵，那么，从王阳明哲学所包含的伦理政治层面来说，良知还有着从本体义衍伸出来的政治维度的意义。这一意义首先体现为良知作为准则，是人日常精神言动的依据。王阳明说：

> 尔那一点良知，是尔自家底准则。尔意念着处，他是便知是，非便知非，更瞒他一些不得。尔只不要欺他，实实落落依着他做去，善便存，恶便去。他这里何等稳当快乐。（《传习录下》，《全集》卷三，第92页）

由于良知的存在，人在意念所到之处是无法自欺的。良知判定着意念所到之处的是非，按照王阳明的话语逻辑，比如说意念在事父，良知决定了人应该如何恰当地事父；意念在事君，良知决定了人应该如何正当地事君；意念在交友治民，良知也决定了人应该如何合理地交友治民。但是，实际生活中，事父、事君、交友、治民总是出现问题。王阳明认为，这不是良知出了问题，而是人们违背良知行事导致的结果，从而人的内心也会因为不遵守良知的指引而产生不安。如果我们不断地端正念头，让良知呈现，切实地按照良知来做，恰当的伦理效果自然水到渠成，这样，人心也因为遵守良知而获得“稳当快乐”。王阳明教人将良知作为自己为人处世的准则，在他看来，良知不仅要被当作判断是非善恶的标准，而且还要作为个人行为的准则，人们应该按照良知的指引来安排自己的精神言动，从而实现个体良好生活，即伦理效果得以实现而且自己内心稳当快乐。由此，良知既能保证内心的安宁，也能实现外在的伦理和政治效果，是“内在的上帝，也是外在的上帝”[①]，为人们内心的纯善与外在活动的道德性提供了担保。在这里，良知的意义不止于内在的道德意志和道德情感，而且进一步充当了行为自律的内在约束，发挥着指导人们具体言行举止的作用。于是，内在的德性对于个人来说，不仅是人之为人的根据，还同时具有了外在的范导意

---

① 倪德卫著，万白安编：《儒家之道：中国哲学之探讨》，周炽成译，第268页。

义——人们必须按照良知的指引从事现实活动。

在王阳明看来，良知的范导性意义，不只是偶然或者在关键考验的时候才显现出来，而就在人们的日用常行之中发挥作用。换言之，良知既具有本体论意义，更具有日常生活的具体规则性意义，“不离日用常行内，直造先天未画前”（《别诸生》，《全集》卷二十，第791页）。关于良知的日常生活行为的范导性意义，王阳明在《答欧阳崇一》里说：

> 盖日用之间，见闻酬酢，虽千头万绪，莫非良知之发用流行，除却见闻酬酢，亦无良知可致矣……君子之学终身只是集义一事。义者宜也，心得其宜之谓义。能致良知，则心得其宜矣，故集义亦只是致良知。君子之酬酢万变，当行则行，当止则止，当生则生，当死则死，斟酌调停，无非是致其良知以求自慊而已。故君子素其位而行，思不出其位，凡谋其力之所不及而强其知之所不能者，皆不得为致良知；而凡劳其筋骨，饿其体肤，空乏其身，行拂乱其所为，动心忍性以增益其所不能者，皆所以致其良知也。（《传习录中》，《全集》卷二，第71—73页）

王阳明的致思方式是把“心”作为一切事务的总枢纽，日常生活的“见闻酬酢”都与这个总枢纽相关。因此他认为，日常生活中的行为不过都是心之良知的发用流行，儒家君子之学不过也是良知的推致，也就是说，人们的行为、思考都是良知的表现。君子之学是为了保证行为的正当性或者说是保证行为的合宜与合义，当行则行、当止则止、当生则生、当死则死、素位而行、思不出位、动心忍性等等，就是行为正当性的具体体现。这种正当性的源头来自内在的良知，人心的正当性是因为有良知的存在，正是良知这一内在的准则在日常生活、政治生活中的发用流行，才使得人们的日常活动、政治活动符合“义”，即具有正当性。可见，在王阳明那里，良知已经超越了其本质上的内在性和玄虚特质，而成为人们在现实活动中的内在准则，切切实实地具有了保证行为正当性的现实指导意义。良知不仅具有本体意义，同时还就有规则意义。

对于王阳明来说，良知的自律、指导意义绝不只限于某一个圣人、贤人，他的理想是整个社会所有的人都能发明良知，约束自己的行为，成就一个以“万物一体”为根本秩序的理想国。社会由个体组成，倘若每个个体均以良知作为行动准则，那么良知便泛化为社会的准则。所以，良知要起到准则的作用，就绝不能仅限于作为个体的伦理准则，而必须扩大为社会共同信仰的准则。每一个个体的行为对政治社会来说都是重要的，正如法国思想家马里旦所说：“整个的人——虽然不是由于他整个的自我以及他全部的存在和他所有的一切——是政治社会的组成部分；因而他的全部共同活动以及他的个人活动对政治整体都是重要的。”①不过，尽管个体活动对于整个政治社会具有十分重要的意义，但要实现政治社会的良好，还要期待所有社会成员的共同努力。单个个体无论在道德上如何自律，如何做出垂范，也不可能实现整个社会的良好生活。整个社会的良好生活依赖于全体社会成员的道德自律。这一点同现代社会的法律准则一样，正是每一个公民以法律为行动准则，社会共同体的法律准则才能得以确立，倘若法律只是部分共同体成员遵守的准则，而另外一部分成员对其置若罔闻，那么这样的准则便失去了其原有的意义。王阳明从理论上确立了社会所有成员都能够实现道德自律的可能性，从良知不能只是某个特殊个体的修养准则的角度出发，他说：

> 良知之在人心，无间于圣愚，天下古今之所同也。(《传习录中》,《全集》卷二，第79页)
>
> 人孰无是良知乎？独有不能致之耳。自圣人以至于愚人，自一人之心以达于四海之远，自千古之前以至于万代之后，无有不同。是良知也者，是所谓“天下之大本”也。(《书朱守乾卷》,《全集》卷八，第279页)

良知具有普遍性，既超越空间也超越时间，不论古今，无分圣愚，良知人人自有，人人皆以普遍良知作为自律的原则，这样人与人之间的公共交往就有了普遍而公共的原则，这就保证了良知作为

① 马里旦：《人和国家》，霍宗彦译，商务印书馆1964年版，第13页。

人人遵守之社会准则的可能性。人人都有良知，人人以良知为准则，那么良知的准则性便从个体修养层面扩大到整个社会共同遵守的准则层面，并成为共同体成员的心理定势，这在一定意义上也就是爱米尔·涂尔干所指的“集体良知”或者“集体意识”，这为个体与社会的联结提供了共同的心理基础和意识纽带。由是，良知从个体原则扩展为共同体成员的集体意识，为良知从个人的道德原则发展成为社会内在的普遍约束机制提供了可能。

然而，良知作为准则，既不像中国古代的礼法以典章和风俗的形式出现，也不像现代社会中的法律准则以成文的形式规定出来，而是以蕴之于内的德性体现出来的。在王阳明看来，儒家所信奉的道德规范是良知的具体表现。因此，良知作为准则，这一准则的具体内容就是儒家道德规范，所谓按照良知行事，在他看来，便是按照内在于人心的儒家道德规范行事。对此，王阳明有详细论述：

> 盖良知只是一个天理，自然明觉发见处，只是一个真诚恻怛，便是他本体。故致此良知之真诚恻怛，以事亲便是孝；致此良知之真诚恻怛，以从兄便是弟；致此良知之真诚恻怛，以事君便是忠：只是一个良知，一个真诚恻怛。若是从兄的良知不能致其真诚恻怛，即是事亲的良知不能致其真诚恻怛矣；事君的良知不能致其真诚恻怛，即是从兄的良知不能致其真诚恻怛矣。故致得事君的良知，便是致却从兄的良知；致得从兄的良知，便是致却事亲的良知。不是事君的良知不能致，却须又从事亲的良知上去扩充将来，如此又是脱却本原，著在支节上求了。(《传习录中》,《全集》卷二，第84—85页)

良知的特点是真诚恳切而富有同情，这种真诚恳切而富有同情的道德意识、道德情感和道德理性将会自然地体现在人伦生活中，虽然人伦生活的形态各异，但其本原上的良知则是一致的。先秦儒家对于日常人伦规则都有所表述，如忠孝悌恭等，在王阳明看来，忠孝悌恭等儒家规范就是真诚恳切和富有同情的良知之自然流露。如所周知，儒家政治秩序得以确立和维护，与事亲、从兄、交友、忠君等社会事务的有序进行是分不开的,《论语》里说：“齐景公问政于孔子。孔子对曰：‘君君，臣臣，父父，子子。’”(《论语・颜渊》）在儒家看来，君臣父子的秩序就是政治社会的秩序，君臣父子的关系直接影响社会秩序的状况，君臣父子关系既是人伦，也是政治。正如《论语》中所说："其为人也孝弟，而好犯上者鲜矣。"（《论语・学而》）人伦生活与政治生活密不可分。王阳明此处提到事亲、从兄、交友、忠君等事务，同样既是人伦，又是政治，而且它们之间是共通的，共同在一个原则下获取自身行为的合理性和正当性，这个原则在他看来，就是"真诚恻怛"的良知。因此，虽然儒家的伦理生活规范在具体的场景下有所侧重，在仪节上也有差异，但归根结底都是良知在不同场景下的表现，遵守不同伦理场景下的规范实际上都是良知之"真诚恻怛"的展现。由此，王阳明认为，事亲、从兄、交友、忠君等事务不是支离分开的，而是都源自良知这个共同本原，只要先立乎其大，扩展良知本体于上述事务上，自然各得其所。正是在这个意义上，儒家的具体伦理规范就归约到内在的良知那里。关于作为儒家伦理规范之良知的普遍有效性，王阳明接着说：

> 良知只是一个，随他发见流行处当下具足，更无去求，不须假借。然其发见流行处却自有轻重厚薄，毫发不容增减者，所谓天然自有之中也。虽则轻重厚薄毫发不容增减，而厚又只是一个；虽则只是一个，而其间轻重厚薄又毫发不容增减，若可得增减，若须假借，即已非其真诚恻怛之本体矣。此良知之妙用，所以无方体，无穷尽，语大天下莫能载，语小天下莫能破者也。孟氏"尧舜之道，孝弟而已"者，是就人之良知发见得最真切笃厚、不容蔽昧处提省人，使人于事君处友仁民爱物，与凡动静语默间，皆只是致他那一念事亲、从兄真诚恻怛的良知，即自然无不是道。盖天下之事虽千变万化，至于不可穷诘，而但惟致此事亲从兄、一念真诚恻怛之良知以应之，则更无有遗缺渗漏者，正谓其只有此一个良知故也。事亲、从兄一念良知之外更无有良知可致得者。故曰："尧舜之道，孝弟而已矣。"此所以为惟精惟一之学，放之四海而皆准，施诸后世而无朝夕者也。（《传习录中》，《全集》卷二，第85页）

天下之事务虽千变万化，但所宗者只有一个良知，良知在展现时是自足完满的，既是自我呈现也是当下即在的。这说明了良知的本原性意义，这一本原良知虽然在具体事务上的显现不一，但都是良知的自然妙用。在王阳明看来，事君、处友、仁民、爱物关涉政治社会的方方面面，处理不当将导致社会的失序，而要保证其正当性，也无须千头万绪在细枝末节上用功，只需在人的念头上端正、发良知一念即可当下妥当。用“真诚恻怛”之良知应对一切伦理事务、政治事务，无有缺漏，这正是良知的妙用所在，也是良知之为准则的根源所在。这个准则，其实也就是尧舜之道，也就是儒家最为珍视的孝悌原则，从日常生活乃至治国平天下，都是作为规则之良知的落实。进而言之，王阳明在这里谈良知的真诚恻怛、不容增减、无须假借，都是在强调儒家尧舜之道、孝悌原则的至上性而纯粹性。因为，尧舜之道、孝悌原则，不是社会强加于人的，而是自我的体认，即所谓“明明德”。从本质上说，它们正是人们内心最为真切的道德良知，将这一良知落到实处，便是事亲从兄忠君处友，便是仁民爱物，也即良好至善生活的实现。违背了尧舜之道，偏离了孝悌原则，便是违背和偏离了自家的良知，是“自昧”。由此，良知与儒家的日常伦理规范进一步联系起来，儒家的政治伦理与生活规范虽然表现不一，但都是良知的“妙用”。王阳明强调，作为儒家准则和规范的良知，是人人自我能感知而不能自欺的，因而具有普遍性。他说：

> 故虽小人之为不善，既已无所不至，然其见君子，则必厌然掩其不善，而著其善者，而著其善者，是亦可以见其良知之有不容于自昧者也。今欲别善恶以诚其意，惟在致其良知之所知焉尔。何则？意念之发，吾心之良知既知其为善矣，使其不能诚有以好之，而复背而去之，则是以善为恶，而自昧其知善之良知矣。意念之所发，吾之良知既知其为不善矣，使其不能诚有以恶之，而复蹈而为之，则是以恶为善，而自昧其知恶之良知矣。（《大学问》，《全集》卷二十六，第971—972页）

王阳明说，虽然日常生活中有小人行不善之事，但即使他们这样做了，在君子面前，他们还会狡辩、抵赖，掩盖他们的不善之行，这说明了其实他们知道什么才是正当的，也就说明他们也具有不能自欺的良知。人不能在意念上进行自我欺骗，一些人作恶，实际上知道自己在为恶，只不过被私欲冲昏了头脑或者心存逃脱惩罚的侥幸心理才去为恶，但实际上他们知道这样做是不对的，这就是王阳明心学意义上的良知不能“自昧”。既然良知是人最不能自欺的，也是无可回避的，那么觉察良知，实际上是能起到约束性作用的。如果人们知善知恶却依然弃善为恶，那么就是“自昧良知”。善恶之间，既是道德选择之所在，也是良知作为准则决定人们道德选择的意义所在。王阳明将儒家道德规范用一念良知表达出来，将关于善恶的规范与自家的真切良知紧密结合起来，也正是要维护这些规范原则的真切性、属己性。换言之，儒家所倡导的伦理规范和道德准则不是政治权力和社会生活要求人们遵守的，而是人们自我的内在要求，人在善恶的选择上是完全自主的。只要人们觉察良知，心存善念，就完全可以自主地做出善行，这与政治和社会对人的外在要求无关，是人顺从自己内心所做出的道德选择。正是在这个意义上，我们认为王阳明把朱熹所强调的外在天理重新拉回人心，使得天理更富有人情味，也更具有现实性。人们尊崇天理，完全出于自己的自由意志，而不是从外界探求所得。

另外，王阳明强调良知蕴含儒家道德准则，是儒家准则的根源，使得良知不仅仅具有道德情感、道德意志和道德理性的抽象意义，而且包含了更为重要的儒家道德和社会规范意义，这也是王阳明作为儒家价值传递者的本旨所在。将儒家所倡导的社会规范准则以人人自有的良知为载体进行传递，将制度约束归结到德性约束，将外在约束变成自我约束，这也恰是王阳明心学在儒学历史上具有重要地位的原因之一。正如钱穆先生所认为的那样：“良知之学是心学，而推广到社会大群与技艺专业上，实可有其甚深甚远之到达。一样的社会，一样的艺业，只不从功利看，而从德性看，便会发出异样的光彩。”[①] 从德性角度看人的道德行为，把人的行为选择归结到人服从自己内心意志的选择，而不是出于现实的功利性考量，在这个意义上，人摆脱了功利的奴役而具有了自由的道德意志，因而具有“异样的光彩”，而社会也会因为人的自由意志选择变得更加具有向善的可能。当然，王

---

① 钱穆：《宋明理学概述》，《钱宾四先生全集》（第9册），第266页。

阳明强调良知对于人的引导，只看到了人的善良意志一面，而对人的欲望自私一面较少关注，不过，这也是孟子以来儒家性善论的一贯传统，是儒家道德理想主义的总体特质。

王阳明将良知与儒家道德原则等同起来，因此，按照良知行事，便是按照儒家道德原则行事。在这个意义上，良知便可作为社会成员的基本准则，成为精神言动的规矩尺度。王阳明说道：

> 夫良知之于节目时变，犹规矩尺度之于方圆长短也。节目时变不可预定，犹方圆长短之不可胜穷也。故规矩诚立，则不可欺以方圆，而天下方圆不可胜用矣；尺度诚陈，则不可欺以长短，而天下之长短不可胜用矣。良知诚致，则不可欺以节目时变，而天下之节目时变不可胜应矣。毫厘千里之谬，不于吾心良知一念之微而察之，亦将何所用其学乎？是不以规矩而欲定天下之方圆，不以尺度而欲尽天下之长短，吾见其乖张谬戾，日劳而无成也已。（《传习录中》，《全集》卷二，第50页）

方圆长短因物而异，但规矩尺度却始终一致，人们以不变的规矩尺度量度天下万物，对人而言，万物才会因有统一的标准而成为有次序的对象物。“节目时变”指的是人伦生活中的仪节、行为选择等，良知就是千差万别“节目时变”的“规矩尺度”。王阳明此说很明确，良知就是要像规矩尺度一样成为“节目时变”的准则，成为一切伦理和政治事务的准则，否则，他所倡导的良知学说就会流于玄虚而没有什么实际意义了。所以，当他与顾东桥论辩舜的不告而娶、周武王的不葬而兴师的政治事务时，认为良知就是“临事而变”的准则：

> 来书云：“……至于舜之不告而娶，武之不葬而兴师，养志养口，小杖大杖，割股庐墓等事，处常处变，过与不及之间，必须讨论是非，以为制事之本，然后心体无蔽，临事无失。”
>
> ……舜之不告而娶，岂舜之前已有不告而娶者为之准则，故舜得以考之何典，问诸何人，而为此邪？抑亦求诸其心一念之良知，权轻重之宜，不得已而为此邪？武之不葬而兴师，岂武之前已有不葬而兴师者为之准则，故武得以考之何典，问诸

何人，而为此邪？抑亦求诸其心一念之良知，权轻重之宜，不得已而为此邪？使舜之心而非诚于为无后，武之心而非诚于为救民，则其不告而娶与不葬而兴师，乃不孝不忠之大者。而后之人不务致其良知，以精察义理于此心感应酬酢之间，顾欲悬空讨论此等变常之事，执之以为制事之本，以求临事之无失，其亦远矣！（《传习录中》，《全集》卷二，第49—50页）

顾东桥认为舜之不告而娶、武之不葬兴师等人伦事务的选择上，必须有个既定的是非标准来予以评判，以为后事之则，让人们在具体行动时有所参照。换言之，顾东桥质疑王阳明以“玄虚”的良知应对“节目时变”，而认为应该有明确的规则来应对之。按照牟宗三的看法，对于顾东桥的这种质疑，王阳明自能辩解，“此种节目时变，固不足以难阳明”[①]。在儒家传统中，舜和周武王均为儒家圣王，具有典范性意义，在儒家看来，其品格、行动值得万世效法，所以尽管他们流传下来的事迹不一定真实，但都会成为后儒议论的话题，而且他们的言行会因其特殊的权威地位而变得具有参照性。一般看来，舜不告而娶，舜没有获得父亲的同意就擅自娶妻；武不葬而兴师，武王没有安葬文王就起兵伐纣，应该被认定为不孝不忠之行为，违背了儒家人伦规则，具有不正当性，如《史记·伯夷列传》记载，伯夷就是这样质疑武王的：“西伯卒，武王载木主，号为文王，东伐纣。伯夷、叔齐叩马而谏曰：‘父死不葬，爰及干戈，可谓孝乎？以臣弑君，可谓仁乎？’”对于这种质疑，王阳明认为，若以良知为准则校验舜和武王的行为，因为他们灵活地运用了“良知之诚”，因而符合儒家孝、忠的规范，具有正当性，不告犹告，不葬犹葬。这也正如孟子所言：“不孝有三，无后为大。舜不告而娶，为无后也，君子以为犹告也。”（《孟子·离娄上》）具体到王阳明的一念之良知思想来看，不告而娶是为无后之急，不葬而兴师是为救民之急，都是出于至诚良知，不假外求，故而是正当的，也不必诉诸其他外在的既定准则，自家良知即是准则。关于舜、武之事，还涉及儒家的经权之辨。在《孟子·离娄上》有这样一个对答：“淳于髡曰：‘男

① 牟宗三：《从陆象山到刘蕺山》，《牟宗三先生全集》（第8册），（台湾）联经出版事业股份有限公司2003年版，第204页。

女授受不亲，礼与？’孟子曰：‘礼也。’曰：‘嫂溺，则援之以手乎？’曰：‘嫂溺不援，是豺狼也。男女授受不亲，礼也；嫂溺，援之以手者，权也。’”《孟子》里的这个讨论被人归纳为经权之辨。“经”指的是常态状况下的刚性礼法规则，“权”则指的是例外状态下的权衡变化。经权之辨强调的是原则性与灵活性的协调，在《孟子》这里则指向要学会“通权达变”的智慧。舜、武之事，在一定意义上也是经权之辨的体现，反映了人们如何对待例外状态下权变行事的态度。王阳明对待舜、武之事，显然是站在肯定通权达变的立场上的。以解释古代的政治事务为例，王阳明说明了良知之为准则的意义。不过，值得注意的是，王阳明此处的说法，往往也可能为人们行越矩之事的“方便法门”，人们都可以在应急之事后，运用动机上的良善来为自己超越规矩的行为辩护。如果人们都纯粹使用验之于良知的借口来抵消现实礼仪规范的约束力，仅仅凭借个体的自我意识来指导行为，极端的情况，便会造成在政治事务中无视权威、无视规范的个人主义以及忽视外界客观因素的主观主义，为人们游离于规则之外独断专行提供托词。

王阳明所处的政治社会，本质上是一个人治的社会，政治治理主要是依靠人治的过程，人治社会的治理有效性、合法性很大程度上依赖于为政者的道德品质。“政者，正也。子帅以正，孰敢不正？”（《论语·颜渊》）儒家的道德政治传统强调，政治活动主体的道德素养往往对政治事务造成决定性的影响，这也是古代中国人习惯于把对良好政治的期待寄托在明君贤相的原因之一。从这个角度上讲，王阳明将社会准则内化为个体的良知，赋予良知以准则的意义，使人在无欺良知的基础上来遵守社会所认同的道德规范和行为准则，把对良好政治的期待从寄托于少数人转变为寄托到全体成员身上。因为人人具有良知，因而人人都是道德政治的承担者，这样，确立和维护社会秩序应该是所有人的职责，由此，平治天下的责任落在每一个具有良知的社会成员身上。这一思想，在当时的人治社会里，把政治治理的责任主体从少数人扩大到所有人，因而具有非常重要的政治意义。另外，王阳明将维护政治秩序所需要的社会准则，内化为共同体成员内在道德规范（良知），比如将社会准则诉诸法典文书来约束社会成员的行为，在人治的社会里，更富有有效性，更能担保政治原则的落实。这是因为，良知作为道德意识与道德观念，如果通过教育、评价、舆论等社会行为的提倡、引导，可以逐渐成为一定时期社会成员的心理定势，这从社会心理等层面，为社会的整合提供了支持。① 出于趋利避害的本性，每个人都可能倾向于逃避规则和约束，但良知内在于心却是不可回避的，是真实切己而不可自欺的，即使是你已经做了恶事，也依然还是明确良知的存在，正如王阳明所说："良知在人，随你如何不能泯灭，虽盗贼亦自知不当为盗，唤他做贼，他还忸怩。"（《传习录下》，《全集》卷三，第93页）在王阳明看来，良知的普遍存在，从理论上可以为全体社会成员的向善提供心理前提。

王阳明将良知作为人们参与社会的准则，表现了期望政治原则落实的实质合理化之理想。所谓实质上的合理化，其实也就是说，由于良知的存在，人们从本质上认同儒家原则和规范，不仅自觉而且自愿地去接受原则和规范的约束，从而在实质上接受政治原则和政治规范的合理性。这一理想，较之于现代社会的程序合理化，从理论层面上更为彻底。现代社会，以严密的法律程序和约束机制，保证政治原则和社会规范被人们所践履，不管社会成员是否从内心自愿接受这些原则和规范，只要处在一个政治共同体内，就要按照共同体认可的原则和规范行事，否则，就要受到规则的惩罚，这种惩罚对于每一个共同体成员来说都是公平合理的，所以从程序上来看，现代社会政治原则和社会规范的推行是合理的。不过，这种合理性仅仅是在程序上，而对于共同体成员的内心来说，是否真切地自愿接受这一套原则规范，则是另外一回事了。如果人们自愿将这套原则规范内化为心理认同，那么其接受的程度则更为深入。在这个意义上，将良知作为准则较具有实质的合理性。然而，由于良知的玄虚，往往也会导致准则的无法落实，也很难由于违背准则而实行实质性的惩罚。

良知说是王阳明将儒家的规范内化为人们先验道德情感、道德意志和道德理性的一种思想表达。王阳明认为，良知作为一种准则，在人们的日用常行中广泛起着约束性的作用，人们的行为要接受良知的评判，因为人人皆有良知，故而这种评判是普遍有效的。同时，良知

---

① 参见杨国荣：《存在之维——后形而上学时代的形上学》，人民出版社2005年版，第246页。

还为人们日常行为选择的通权达变提供依据，保证了通权达变的合理性。另外，良知将遵守规范从被动接受和理性自觉的层面变成意志和情感上的自愿，使得社会规则能够从实质上被人们所接受和遵守。如上层面，都是王阳明将良知视为准则的基本考量，由是观之，在王阳明的哲学思想体系里，良知具有准则的意义。

二、良知的政治效用

良知学说是王阳明哲学的主脑，王阳明一再以“良知”和“致良知”的知行合一来统率其思想体系。基于此，王阳明认为良知具有巨大的理论和现实效用，在一定意义上，他甚至认为良知的效用是无穷的，所谓“生天生地，成鬼成帝，皆从此出”（《传习录下》，《全集》卷三，第104页）。前文已述，在王阳明看来，良知不仅是本体意义和伦理意义上的，同时也具有政治的内涵，在社会生活中具有准则的意义。换言之，良知不仅具有本体效用和伦理效用，作为准则，同时也发挥政治上的效用。

良知在政治上的效用，是与政治治理上的“天下得治”联系在一起的。历史地看，良知说在当时或者后来的现实政治中未必发生过真实的效用，但从王阳明的思想文本中来看，他对良知的政治效用是十分自信和充满期待的。关于良知说的政治治理效用，他说：

> 世之君子惟务致其良知，则自能公是非，同好恶，视人犹己，视国犹家，而以天地万物为一体，求天下无治，不可得矣。（《传习录中》，《全集》卷二，第79页）

“万物一体”的人间秩序是王阳明终极的政治理想，以上引文，王阳明认为，要想实现“万物一体”的秩序，其重要前提就是“世之君子惟务致其良知”，把人们是否致良知作为“万物一体”“天下得治”能否实现的条件。如其所言，天下之人皆以致良知为务，发扬道德自觉性，落实儒家所倡导的伦理规范，就能够实现人间社会的正义（“公是非”）和公平（“同好恶”），视人犹己，视国犹家，将公共利益置于个人利益之上，这样的话，天下大同、万物一体的理想秩序便可实现。王阳明之所以认为致良知能够促进“天下得治”，实际上也是源于对道德政治的高度自信，将良好的社会建基于普遍的良好个人。世之君子人人致其良知，也就是社会上人人发扬自身内在的道德意志，进而依照良知在现实活动中高度自律，成为拥有可靠道德品质的个体，在这样一个道德高尚的共同体里，必然会形成良好的政治生活。那么，这样良好的生活在历史和现实中可能吗？王阳明的回答是肯定的，在他看来，尧、舜以及三代的政治生活情况就是如此，他说：

> 尧、舜、三王之圣，言而民莫不信者，致其良知而言之也；行而民莫不说者，致其良知而行之也。是以其民熙熙皞皞，杀之不怨，利之不庸，施及蛮貊，而凡有血气者莫不尊亲，为其良知之同也。呜呼！圣人之治天下，何其简且易哉！（《传习录中》，《全集》卷二，第79—80页）

王阳明认为，只要为政者能够致良知，天下就能够实现良好的治理。《中庸》里曾描述，圣人治理天下的过程中，因为其高尚的品德，使得他们的言行为人民所悦服接纳，声名远播，因而成为天下共主：“见而民莫不敬，言而民莫不信，行而民莫不说。是以声名洋溢乎中国，施及蛮貊。”王阳明认为，圣人之治之所以能够取得这样良好的效果，是因为圣人能够“致良知”。而为什么包括蛮貊在内的普天下之人（凡有血气者）都能够接受圣人的治理呢？这是因为有血气者皆有良知，故而能够理解并认同圣人致良知前提下的治理方式。质言之，尧舜先王之所以能治理天下并保证了其政治活动的正当性，其实道理非常简易，那就是本着良知而言行。既然为政者和一般民众在良知上是相通的，那么，为政者作为掌握政治资源进行政治统治和社会治理的一方，如果按照良知处理政治事务，必然符合民众的愿望，因为不管是政治人物还是一般民众，在所具有的良知上并没有什么不同，这一点是公共并可以相互沟通的。上下一致，圣凡同心，天下便可得而治也，“万物一体”的人间秩序也就实现了。

王阳明认为，圣人以致良知来治天下，人们以致良知来参与治理，其中的道理相当简易。所以，为了让天下之人都明白这样简易的道理，进而实现“万物一体”的大同理想，必须首先让天下人都知晓良知之学。为了让人们知晓良知之学，王阳明自己具有强烈的使命感和担当感，他说道：

> 今诚得豪杰同志之士扶持匡翼，共明良知之学于天下，使天下之人皆知自致其良知，以相安相养，去其自私自利之蔽，一洗谗妒胜忿之习，以济于大同。（《传习录中》，《全集》卷二，第81页）

正因为有着对良知之于大同社会的意义的坚定自信和无比向往，王阳明才孜孜不倦地向弟子和世人宣扬他的良知之说。他认为，如果天下都能够知晓良知的效用，而且能够“自致其良知”，那么就会克服自己的私欲之蔽，改变互相竞争的恶习，而以他人为重，实现人与人之间的“相安相养”，从而实现天下大同。这是王阳明心学政治的基本信念，也是王阳明政治哲学的核心思想。为此，他呼吁人们和他一起担负起“共明良知之学于天下”的思想责任，期望能够通过思想的发明与传播，实现良好的政治效用。由此，我们也可以理解，王阳明发明良知之学绝非像有些哲学家那样仅仅为了满足自己的理论兴趣或者个人人生的终极安顿，不是“自了汉”式的心性满足，而是充满了政治上的关怀，是在发挥自己的哲学智慧进行“为万世开太平”的理论努力。由此可见，良知说具有公共性的政治维度，绝非流俗之见中的个人“成功学”。

王阳明通过说明良知说在政治治理上的效用，表达了他对“良知”和“致良知”的政治期待。实际上，王阳明是力图通过说明人与人之间有着共通的、一致的道德本心，来告诉人们：只有依照这个共通的道德本心在社会上共处，破除人与人之间的差异性，人同此心，人我无间，人和人在心体上由于有着共同的良知而相互勾连起来，社会的良好秩序才能得以确立，同一性的“万物一体”秩序才能重新建立起来。当然，在实际的社会生活中，消除差异性回归同一性，仅仅点明人具有共通的道德本心是不够的，要紧处还是要将良知落到实处，这也即王阳明强调的“致良知”和“知行合一”，要通过行动将良知的效用真正地发挥起来。良知说仅仅靠言说来体悟是不够的，要真正实现良知的妙用，还须依靠致良知的行动。

在王阳明哲学思想里，从“知行合一”的角度来看，“良知”和

"致良知"二者是不可分离的。上述在阐述良知说的效用时，已经多次提到"致良知"了，实际上，二者也只是一个工夫：如果说某人觉察良知而不能按良知行动，实际上就是没有真正觉察良知；反之，当某人在按良知行事的时候，也就意味着他觉察了良知，这就是"知行合一"，也是"良知"与"致良知"的合一。为了说明二者的一体化，王阳明特别强调道："然知得善，却不依这个良知便做去，知得不善，却不依这个良知便不去做，则这个良知便遮蔽了。"（《传习录下》，《全集》卷三，第119页）良知是判断善恶的准则，也是人们在行动上为善去恶的准则。如果停留于认知意义上的善恶判断，而不付诸行善去恶的道德实践，良知就被遮蔽了，实际上和没有觉察良知并无二致。如上所述，良知是保证政治正当性的前提，但这是和良知的敞开也即"致良知"联系在一起的，如果没有从事"致良知"的践履，这种正当性就丧失了，政治活动就变成了"道德的表演"。基于此，王阳明说："是良知也者，是所谓'天下之大本'也。致是良知而行，是所谓'天下之达道'也。"（《书朱守乾卷》，《全集》卷八，第279页）良知是大本，致良知是达道。《中庸》里说："喜怒哀乐之未发，谓之中；发而皆中节，谓之和；中也者，天下之大本也；和也者，天下之达道也。致中和，天地位焉，万物育焉。"《中庸》里的意思是将内在的道德情性合乎中道的践履出来，才可能会实现"天地位焉，万物育焉"的理想秩序。在这里，"致"字有力行、推致之意，王阳明将良知与致良知的关系，与《中庸》里的"中""和"的关系类比起来，也就是主张人们要在切实的行动中将良知敞开，落到实处，将内在的德性具体化为实际的德行，化应然之理为实然之功。这样，良知的效用才能凸显，良知对于人们实际生活的意义才能渐次展开，否则良知就是被遮蔽的，与人类生活毫无相干，更无法保证人们实现良好生活。所以说，"致良知"是良知产生政治效用的根本环节。

在王阳明哲学体系里，同"致良知"学说相关的是"知行合一"学说。"知行合一"是王阳明将认识论与价值论合二为一的思想创造，对于传统儒家的知行学说有着重大的推进性意义。如所周知，认知和行动是人们在生活世界中展现人性能力的主要方式，是追求智慧的哲学思考里的题中必有之义。在儒家哲学里，一般来说，"知"代表着道德认知、道德意识、道德信念、道德情感，属于精神性领域；而“行”则意味着道德修养、道德践履、道德行动，属于实践性领域。关于道德认知和道德践履的讨论往往被称为“知行之辩”，讨论集中的焦点在于知行的轻重先后问题。《尚书·说命中》上提出“非知之艰，行之惟艰”，把知、行问题从概念逻辑上做了分离，指出人的活动可以分作认知活动与实行活动。《左传》里也有类似的话语：“非知之实难，将在行之。”（《左传·昭公十年》）《中庸》里曾提出从道德认知到道德行动的序列，这就是所谓“博学之，审问之，慎思之，明辨之，笃行之”。只有通过学、问、思、辨的认知过程，才可以真切地体认到道德知识进而树立道德信念，从而才可以认真切实地履行。关于知行之辩，在儒家伦理思想发展的各个阶段上，以宋明时期的理学讨论最为丰富。程颐主张知先行后，他明确提出：“须是识在所行之先。譬如行路，须得光照。”[①]“故人力行，先须要知。非特行难，知亦难也。”[②]在程颐看来，道德认知之于道德行动，犹如指路明灯与行路，有了这盏明灯，行路才有正确的方向，“譬如人欲往京师，必知是出那门，行那路，然后可往。如不知，虽有欲往之心，其将何之？”[③]程颐对知先行后的强调，也表现了对知的重视。也就是说，程颐以知为本、知为先、知为贵、知为重。就道德领域而言，只有通透地体认了伦理纲常，才有可能力行，道德行动是随着道德认知自然而然形成的。继程颐之后，朱熹也认同知先行后的知行学说。朱熹认为所谓“学问”，不过是知行二事，“大抵学问只有两途，致知、力行而已”[④]。当然，知、行二事在朱熹看来，是有次序的，这个次序就是知先行后，他说：“知行常相须，如目无足不行，足无目不见。论先后，知为先；论轻重，行为重。”[⑤]又说：“知与行，工夫须著并到。知之愈明，则行之愈笃；行之愈笃，则知之益明。二者皆不可偏废。如人两足相先后行，便会渐渐行得到。若一边软了，便一步也进不得。然又须先知得，方行得。所以《大学》先说致知，《中庸》说知先于仁、勇，而孔子先说‘知及之’。

① 程颢、程颐：《河南程氏遗书》卷三，《二程集》，王孝鱼点校，第67页。
② 程颢、程颐：《河南程氏遗书》卷十八，《二程集》，王孝鱼点校，第187页。
③ 程颢、程颐：《河南程氏遗书》卷十八，《二程集》，王孝鱼点校，第187页。
④ 朱熹：《答吕子约》，《晦庵先生朱文公文集》卷四十八，朱杰人、严佐之、刘永翔主编：《朱子全书》（第22册），第2237页。
⑤ 黎靖德编：《朱子语类》卷九，王星贤点校，第148页。

然学问、慎思、明辨、力行，皆不可阙一。”[①]可见，朱熹认可知行工夫是并列的，但从逻辑上来看，“须知得方行得”。也就是说，道德伦理的教条只有先理解了才能去执行，不被理解的教条将使人误入歧途，由此朱熹提出“格物致知”“知先行后”的主张。[②]

在对朱熹的格物致知说进行深刻反思的基础上，为了反对“先知了再去行”的倾向，王阳明提出了“知行合一”说，认为“良知”之“知”和道德行动本是一体，古人不过是为了提醒那些在“知”上懵懂的人，才将“知”与“行”分开来说。他认为，道德认知和道德行动在逻辑上可以分开来说，但在事实上是一体的。关于这一点，《传习录》上有着大段记述：

> 爱曰：“如今人尽有知得父当孝、兄当弟者，却不能孝、不能弟，便是知与行分明是两件。”先生曰：“此已被私欲隔断，不是知行的本体了。未有知而不行者。知而不行，只是未知。圣贤教人知行，正是要复那本体。不是着你只恁的便罢。故《大学》指个真知行与人看，说‘如好好色，如恶恶臭’。见好色属知，好好色属行。只见那好色时，已自好了，不是见了后，又立个心去好。闻恶臭属知，恶恶臭属行。只闻那恶臭时，已自恶了。不是闻了后，别立个心去恶。如鼻塞人虽见恶臭在前，鼻中不曾闻得，便亦不甚恶，亦只是不曾知臭。就如称某人知孝、某人知弟，必是其人已曾行孝行弟，方可称他知孝知弟。不成只是晓得说些孝弟的话，便可称为知孝弟。又如知痛，必已自痛了方知痛；知寒，必已自寒了；知饥，必已自饥了：知行如何分得开？此便是知行的本体，不曾有私意隔断的。圣人教人，必要是如此，方可谓之知。不然，只是不曾知。此却是何等紧切着实的工夫！如今苦苦定要说知行做两个，是甚么意？某要说做一个，是甚么意？若不知立言宗旨，只管说一个两个，亦有甚用？”爱曰：“古人说知行做两个，亦是要人见个分晓，一行做知的功夫，一行做行的功夫，即功夫始有下落。”先生曰：“此却失了古人宗旨也。某尝说知是行的主意，行是知的功夫；知是行之始，行

① 黎靖德编：《朱子语类》卷十四，王星贤点校，第281页。
② 参见朱承：《儒家的如何是好》，广西师范大学出版社2016年，第98—114页。

是知之成。若会得时，只说一个知已自有行在。只说一个行已自有知在。古人所以既说一个知，又说一个行者，只为世间有一种人，懵懵懂懂的任意去做，全不解思惟省察，也只是个冥行妄作，所以必说个知，方才行得是。又有一种人，茫茫荡荡悬空去思索，全不肯着实躬行。也只是个揣摸影响，所以必说一个行，方才知得真。此是古人不得已补偏救弊的说话。若见得这个意时，即一言而足。今人却就将知行分作两件去做，以为必先知了然后能行。我如今且去讲习讨论做知的工夫，待知得真了方去做行的工夫。故遂终身不行，亦遂终身不知。此不是小病痛，其来已非一日矣。某今说个知行合一，正是对病的药。又不是某凿空杜撰，知行本体原是如此。今若知得宗旨时，即说两个亦不妨，亦只是一个；若不会宗旨，便说一个，亦济得甚事？只是闲说话。”（《传习录上》，《全集》卷一，第3—5页）

徐爱说有人貌似“知孝知弟”，但却不能“行孝行弟”，所以说知、行是两回事。王阳明则认为，在日用伦常上，说“某人知孝知弟”，是因为他已经在行动中先做到孝悌的事情了，如果不能在行动中做孝悌之事，说明他并不能够“知孝知弟”。王阳明认为，道德认知、道德行动从根本上来说都是为了造就事实上的良好生活，如果不能带来事实上的效用，知行之分、知行之合都是没有意义的，这是他的立言宗旨。为了实现这个宗旨，他主张将知行统一起来看，去纠正现实中广泛存在的只知不行的虚伪士风，正如张学智先生所言：“王阳明标揭知行合一，改正程朱的格物说，皆为了纠正士风，恢复即知即行，朴实诚格的本体。”[①] 王阳明以“即知即行”来破除朱子学把人们的道德认知、道德信念和道德行为脱节的弊病。在王阳明看来，如果真的领会了儒家道德精神的实质，具备了完整真实的道德意识，那么实践中道德行为是非常自然的事情，如此，内在良知的现实效用就会体现出来，而虚妄的“士风”也将会为之改变，“天下之治”就会有望实现。可见，王阳明“知行合一”的主张，主要是针对空虚的士人风气，他认为在朱熹“格物致知”的引导下，人们都把精力放到

① 张学智：《明代哲学史》，北京大学出版社2000年版，第97页。

名物、典籍、文献等外在对象上去了，少有人真正地在依照良知进行道德践履，人们学习道德知识为了进行道德表演，士风的衰颓导致了“天下的不治”。因此，王阳明反复倡导“知行合一”，认为所谓“知”只有体现到行动上，才能说是真知，良知只有推致出来而变成生动的生活实践，才能真正发挥其社会政治效用。因此，发挥良知的效用，必须在具体事务上去锻炼，王阳明说：“君子之学，何尝离去事为而废论说？但其从事于事为论说者，要皆知行合一之功，正所以致其本心之良知。”（《传习录中》，《全集》卷二，第52页）落实本心的良知活动，就是体现“知行合一”的工夫。如果说，知得良知及其妙用是“知”的话，那么实践良知的要求（致良知）就是“行”了。王阳明的期待是既体悟良知又实践良知，既发掘良知又落实良知，这样，良知才不会落到虚寂，而真正能够起到促使人为善去恶的作用，最终在日常生活中实现良好的社会关系，所以他说道：“人有习心，不教他在良知上实用为善去恶功夫，只去悬空想个本体，一切事为俱不着实，不过养成一个虚寂。”（《传习录下》，《全集》卷三，第118页）人都有趋利避害的自然本能，所以不是一念到良知即会按照良知行事。要想实现良知的切实效用，还要不断地进行道德训练和行动践履，也即是“实用为善去恶功夫”，只有这样良知才能真切地发挥效用。正是如此，在王阳明的思想体系里，强调“知行合一”对于发挥良知的现实效用至关重要。

王阳明认可良知的政治效用，并认为若众人都知晓良知，并能切实地致良知，践履“知行合一”的工夫，那么，在政治上便会产生理想的效果（天下治）。毫无疑问，王阳明此说含有相当的理想成分。但对于王阳明来说，他的这个政治理想在逻辑上是自洽的：人人有道德良知并按良知行事，人人行善去恶，社会自然求无治而不可得。当然，“乌托邦”毕竟没有现实存在的空间和时间，所以王阳明良知说的政治效用也只是停留在王阳明及其后学的良好愿望里。即使良知意义上的“乌托邦”无法实现，但不可否认的是，王阳明的良知学说里具有鲜明的政治向度，而不能仅以本体论、认识论和修养论来概括之。而且，即便王阳明构建的是良知“乌托邦”，也同样无法抹杀其实际的意义。

“乌托邦”是关于想象中的理想社会的通用名词。王阳明以良知为逻辑起点，其希望也是能出现一个人人明良知、人人致良知的一个道德世界，这个世界在王阳明那里是“天下一家，中国一人”，也即所谓“万物一体”，而这个万物一体的道德世界，如果我们套用西方思想话语来描述的话，就是一个“道德乌托邦”。虽然，王阳明没有像许多“乌托邦”思想家那样，对于“乌托邦”有个制度上的具体设计，但如上所述，王阳明围绕良知而展开的“乌托邦”想象还是清晰可见的。“乌托邦”思想，按照乔·奥·赫茨勒的看法，就是一种“依靠某种思想或者理想本身或使之体现在一定的社会改革机构中以进行社会改革的思想”①。这种“乌托邦”式的思想，其意义就在于对社会的改进充满信心，认为依靠政治理想可以改变或者改造社会，从而产生理想的社会组织形式或者治理模式。王阳明的思想正是这样，他发明良知之学，反复强调良知的现实效用，正是为了去改造社会。所以，虽然他本人亦自知力不能及，但其在“乌托邦”精神的鼓动下，他仍然以救世之心慨然任之，他说：

> 是以每念斯民之陷溺，则为之戚然痛心，忘其身之不肖，而思以此（即良知）救之，亦不自知其量者。天下之人见其若是，遂相与非笑而诋斥之，以为是病狂丧心之人耳。呜呼！是奚足恤哉？吾方疾痛之切体，而暇计人之非笑乎？人固有见其父子兄弟之坠溺于深渊者，呼号匍匐，裸跣颠顿，扳悬崖壁而下拯之。士之见者方相与揖让谈笑于其傍，以为是弃其礼貌衣冠而呼号颠顿若此，是病狂丧心者也。故夫揖让谈笑于溺人之傍而不知救，此惟行路之人，无亲戚骨肉之情者能之，然已谓之无恻隐之心，非人矣。若夫在父子兄弟之爱者，则固未有不痛心疾首，狂奔尽气，匍匐而拯之。彼将陷溺之祸有不顾，而况于病狂丧心之讥乎？而又况于蕲人之信与不信乎？（《传习录中》，《全集》卷三，第80页）

这段文字为我们刻画了一个极具“救世”精神的哲学家形象。王阳明虽然也知道以良知救世的“不自知其量”，但其在不容已的理想激荡下，虽或可遭“病狂丧心”之人的讥讽，仍然知其不可而为之，为儒学信仰、为讲明良知、为推致良知而呼号匍匐，至死无悔。在这

---

① 乔·奥·赫茨勒：《乌托邦思想史》，张兆麟等译，商务印书馆1990年版，第4页。

段慷慨激昂的自我陈述里，确实可以看到在王阳明的良知学说里充斥的一种“乌托邦”精神，这种精神也是真正哲学的根本精神。[①]良知学说所具有理想上的政治效用，以及其在实质上蕴含的“乌托邦”精神，也进一步说明了王阳明的良知学说和政治的密不可分。

从政治哲学的角度来看，王阳明的良知说破除了人与人之间在本质上的差异，认为共同的良知将人们联结起来，形成具有同一性的共同体。在这个同一性的基础上，为政者发挥其良知进行治理，普通民众发挥其良知参与到共同体中，能够实现良好的政治效用，天下从而得而治之，“夫良知一也，以其妙用而言谓之神”（《传习录中》，《全集》卷二，第62页）。当然，王阳明认为，良知的政治效用之发挥，离不开致良知的践履。为了救治当时士人空虚学风给社会生活带来的弊病，王阳明特别强调“知行合一”，以豪杰之资和实现“乌托邦”理想的气概，号召人们真切地“致良知”，为拯救“斯民之陷溺”和实现良好生活而努力地行动起来。

三、良知说与平等、自由精神

在王阳明哲学里，由于良知是每个个体都具有的，而且要求人们在精神上自作主宰、自致良知，因此不仅可以视作在日常生活和政治生活中发挥效用的基本准则，而且还有着平等、自由等政治理念的思想内涵。当然，由于面对时代问题的不同以及思想背景的悬殊，良知的“平等”与“自由”精神与近代以来的政治解放意义上的平等、自由精神不可同日而语，但从内在精神理路的角度分析良知说的平等、自由之维，或可增进我们对于良知说政治哲学意义的认知。[②]

前文在论述王阳明之圣人观时，已经说明了王阳明的圣人和普通人在本性上的平等之意，王阳明心学所主张的“满大街都是圣

---

① 参见贺来：《现实生活世界——乌托邦精神的真实根基》，吉林教育出版社1998年版，第14页。

② 近人刘师培曾这样论说阳明良知学说与平等、自由的关系：“良知者，无所由而得于天者也。人之良知同，则人之得于天者亦同；人之得于天者既同，所谓尧舜与人同也，岂可制以等级之分乎？……盖自由权秉于天，良知亦秉于天；自由无所凭借，良知亦无所凭借，则谓良知即自由权可也。阳明著书，虽未发明民权之理，然即良知之说推之，可得平等自由之精理。今欲振中国之学风，其惟发明良知之说乎？”（刘师培：《〈中国民约精义〉案语》，李妙根编选：《国粹与西化：刘师培文选》，上海远东出版社1996年版，第48页）刘师培的这段话，是近代以来较早讨论阳明学与近代政治精神之间关系的论述，论旨虽较简单，但影响颇广。

人”“人胸中各有个圣人”等观念，反映了在其所构想的理想社会中社会成员在精神意志上应该平等的思想，即圣人和愚夫愚妇在人之为人的本质上本无分别，如同“精金之喻”所示，每个人都有着同样的精神性本质，差别只在分量上有所不同。王阳明的良知说同其圣人观密切相关，在良知说的人人见在的思想里，也同样深刻地隐寓着平等之意 。[①]

“平等”一词是当代人文社会科学里使用最为广泛、出现频率最高的概念之一，也是近现代以来政治哲学、道德哲学领域最为关注的核心观念之一。自法国启蒙运动以来，平等与自由、博爱一起成为思想口号，在近代世界范围内的社会变革中起到了至关重要的作用。在现代社会，平等既是从人性论意义上来说，更是从政治社会意义上来使用的。按照美国哲学家罗纳德·德沃金的看法：“平等的关切是政治社会至上的美德。”[②] 如同其他诸多使用较多的社会政治概念一样，“平等”有着种类繁多的解释，基于不同的思想立场，思想家们往往会做出迥异的阐释。有古代的平等观念，有近代、现代的平等观念，还有不同宗教教义下和不同阶级视野里的平等观念，总之，自从平等观念出现以来，在概念的解释上，思想家们的意见从来也没有完全统一过。[③] 但即使这样，在当代语境下，对于平等的理解，其一般的理想性意义还是可以被大多数人接受的，那就是，平等意味着人们在权利义务、公共利益、精神人格、机会获取等方面的无差别性。《布莱克维尔政治学百科全书》将政治思想中的平等概念的用法作了区分：其一是指本质上的平等，即人在本质上是平等的动物；其二是指分配上的平等，即人与人之间应在财产分配、社会机会和（或）政治权力的分配上较为平等。[④] 如果仔细区分的话，平等概念还可以分为基础平等（foundational equality）、

---

① 有鉴于此，萧公权先生曾说：“细绎阳明良知学说，实隐寓平等之义。人人可以明德，满街尽是圣人，则人类于精神生活上完全平等，不容有高下尊卑之别。或谓人品高下易见，高者显如泰山。阳明斥之曰：‘泰山不如平地大，平地有何可见。’其含意如何，可无俟解释矣。”参见萧公权：《中国政治思想史》，第523页。

② 罗纳德·德沃金：《导论：平等重要吗？》，《至上的美德：平等的理论与实践》，冯克利译，江苏人民出版社2003年版，第1页。

③ 参见周仲秋《平等观念的历程》（海南出版社2002年版），该书对“平等”概念的理解分歧多有阐述。

④ 参见戴维·米勒、韦农·波格丹诺编：《布莱克维尔政治学百科全书》，邓正来等译，第230页。

形式平等（formal equality）、机会平等（equality of opportunity）以及结果平等（equality of outcome）等等。[①]我们这里所讨论的良知所蕴含的平等义，大致上指的是上述本质平等、基础平等的意思，也即人与人在本质上、精神、人格上的平等，强调人类的生命在价值上是等值的。人与人之间在精神人格上的无差别、无高低、无贵贱，多能为现代人所认可（甚至对于破坏人类生活秩序的罪犯，我们同样要认识和维护其作为人的基本尊严），现代社会对于平等的吁求往往体现在权利义务、公共利益的无差别性。而在王阳明的时代，精神、人格、尊严的无差别性却是需要思想家从理论上来进行论证和呼吁的。对于人与人之间的精神平等，王阳明通过自己的哲学思想表达了他的认同。

在儒家的话语体系里，圣王由于其具有崇高的品格和超凡的能力，往往被视为异于普通人，“不勉而中，不思而得，从容中道，圣人也”（《中庸》）。圣贤能够得到尊贵的地位，“故大德必得其位，必得其禄，必得其名，必得其寿，故天之生物，必因其材而笃焉”（《中庸》）。因为“大德受命”而有尊位，“动而世为天下道，行而世为天下法，言而世为天下则”（《中庸》）。圣王因为天纵大德大能，故而人们接受他的统治、服从他的意志、效仿他的言行。在儒家的经典文献里，虽偶有例外，但大多数时候圣贤都被描述成具有非凡的经历、能力和高尚的品德，是常人难以企及的，这种对于圣贤与常人的差异性认知，往往会使得常人认为改变天下、建构良好生活的职责在于圣贤，而与自己无关。针对上述传统观念，王阳明的良知说提出了不同的意见。王阳明反复强调，就普遍存在的心体和良知而言，一般民众和圣贤、王者一样，在良知本体上没有二致，也就是说在精神人格上众人是平等的，没有高下贵贱之别，这决定了人们能够担负社会秩序建构的同等职责。为此，他反复申述：

> 良知良能，愚夫愚妇与圣人同。（《传习录中》，《全集》卷二，第49页）

---

① 这里的基础平等指的是人类生而平等，人类在价值上是等值的；形式平等指社会成员在权利、资格方面的身份平等，主要包括法律平等和政治平等；机会平等指每个人起点相同，生活机会相同；而结果平等指收益上的平等分配，也即收入、财富和其他社会利益的平等分配。参见Andrew Heywood, *Key Concepts in Politics* (New York: St. Martin's Press, 2000), 128.

自己良知原与圣人一般，若体认得自己良知明白，即圣人气象不在圣人而在我矣。(《传习录中》,《全集》卷二，第59页)

夫良知即是道，良知之在人心，不但圣贤，虽常人亦无不如此。(《传习录中》,《全集》卷二，第69页)

惟天下之至圣，为能聪明睿智，旧看何等玄妙，今看来原是人人自有的。(《传习录下》,《全集》卷三，第109页)

人人自有定盘针，万化根源总在心。(《咏良知四首示诸生》,《全集》卷二十，第790页)

王阳明认为，在被视为接受圣人引导的愚夫愚妇那里，同样有着“良知良能”，在本性上与圣人没有差别，圣人与常人在人性能力上是平等的，这就为人与人之间的平等构造了统一的前提。如果人们认识到自己在良知本性上与圣人是一致的，那么就会将自觉同圣人一样去担负天下的责任。每个人自有其安身立命的良知，有自己的“定盘针”，也各有自我的“聪明睿智”，圣贤如此，常人也如此。关于人人自有良知、本性平等的思想，在王阳明哲学里是一以贯之的。同样的，常人乃至孩童与圣贤、为政者在致良知上也是平等的。《传习录》上记载：

门人有言邵端峰论童子不能格物，只教以洒扫应对之说。先生曰：“洒扫应对，就是一件物，童子良知只到此，便教去洒扫应对，就是致他这一点良知了。又如童子知畏先生长者，此亦是他良知处。故虽嬉戏中见了先生长者，便去作揖恭敬，是他能格物以致敬师长之良知了。童子自有童子的格物致知。”又曰：“我这里言格物，自童子以至圣人，皆是此等工夫。但圣人格物，便更熟得些子，不消费力。如此格物，虽卖柴人亦是做得，虽公卿大夫以至天子，皆是如此做。”(《传习录下》,《全集》卷三，第120页)

王阳明认为，良知和致良知的平等在孩童身上也能体现。孩童囿于心智和生活能力，可能在应对社会事务上不如成人周全，但在孩童力所能及的范围内，他们一样可以通过其日常行为来致良知。王阳明认为，在发挥自己所具有的潜力去致良知的意义上，孩童与圣人都是平等的，卖柴人与公卿大夫、天子也是平等的。良知人人自有，良知人人可致，而且良知又是决定人之为人的主要依据，这昭示着众人平等的可能性。当然，人和人在理论上的人格平等与现实上的事实差异，对比还是非常鲜明的，如同在“精金之喻”里用“分量”来解释圣人与常人之间的差异一样，王阳明也认为，由于致良知的程度不同，导致了现实生活中的圣贤与常人的差别，“惟圣人能致其良知，而愚夫愚妇不能致，此圣愚之所由分也”(《传习录中》,《全集》卷二，第49页）。

王阳明通过良知和致良知来阐述人的同一性，勾画了人与人在人性本质和人性能力的平等性，这种良知平等，同现代政治哲学语境下的平等观，存在着较大的差别。王阳明之良知平等，着眼的是人们在精神人格意义上的平等和无差别性；而现代意义上的平等，强调的是权利义务以及公共利益、发展机会等方面上的平等。当然，需要注意的是，精神人格上的平等是权利义务、公共利益、发展机会平等的理论前提，倘若我们认定人们在人性、精神上有高低贵贱之分的话，那么强调权利义务平等以及公共利益、发展机会的平等也只能做欺人之谈。如果依据人性和精神上的差异，将人划分为不同等级，那么按照等级划分进行权利义务、公共利益、发展机会的分配则是必然的结果。所以，从这个意义上来讲，王阳明良知说中的平等之义具有基础性平等的意味，而权利义务、公共利益、发展机会的平等是一种形式上、程序上的平等。基础性平等是程序上、形式上平等的前提，是对人之为人的前提性认识，而程序、形式上的平等是在对人的本性认识的基础上，通过社会制度的设计和推行来实现的。当然，形式、程序平等对于实质平等的保障来说具有不言而喻的重要意义，甚至可以说具有决定性的意义，否则基础性平等只能流于空谈。基础性平等是前提，形式和程序平等是落实和保障。当然，这里无意于讨论实质平等和程序平等在重要性上的差别，只是想说明，在中国思想史上，王阳明平等之义在理路上有开近代以来政治平等之先河的意义，虽然在思想史的事实上情况不是如此。对于现代中国来说，政治平等思想实质上更多的是受西方的影响，但王阳明哲学中所隐寓的平等思想的萌芽也确乎不可否认。虽然心学所主张的人人皆有良知，可能会带来很多流弊，如阳明后学诸子中“赤手搏龙蛇”的狂妄、“就地打滚”的荒唐、“袖手谈心性”的玄虚等，使得人人皆有良知从一种本体论上的认知，变成少数人自大、狂悖以及逃避现实的理论依据，这些流弊导致了人们对于良知说之平等义的误解。但是，良知说所蕴含的平等之义，与其在“万物一体”学说里所倡导的人间秩序，在精神主旨上是相贯通的，都强调自我与他人的一致性和共通性，主张人们以相互理解而非相互倾轧的方式来共处于世，这对于人们认知自我与他人在人性本质和人性能力上的同一性，克服人们过分强调人我之别，特别是克服传统中国社会流行的圣凡之别、贵贱之别、身份之别，从而重视普通人的能力和价值，重视自我在社会生活中的责任与担当，具有启发性的积极意义。

除了蕴含平等之义外，王阳明的良知说还具有倡导精神自由或者意志自由的意涵。既然众人皆有良知，在精神上是平等的，无所谓精神层面的圣贤和常人之分，那么每个个体的精神、意志必有可贵之处。虽有遮蔽与澄明之别，但每个个体在良知本体上都是内在完善的，所以行动的根据不是权威的言论，不是先知的引导，而是自己的良知灵明，也就是个体的自我道德意识。王阳明认为是自我的意志赋予世界以意义，他说：“我的灵明，便是天地鬼神的主宰。天没有我的灵明，谁去仰他高？地没有我的灵明，谁去俯他深？鬼神没有我的灵明，谁去辩他吉凶灾祥？”（《传习录下》，《全集》卷三，第124页）就此而言，人不是服从一种异己的外部力量，而是服从自己的内在良知，所以王阳明劝人不能够“抛却自家无尽藏，沿门持钵效贫儿”（《咏良知四首示诸生》，《全集》卷二十，第790页）。王阳明反复强调“吾心之良知即是天理”，因而服从自己的良知，就是服从天理，具有正当性。人们按照良知正当地从事行动，这显示了人的意志自由，能够自主合理地选择自己的行为。王阳明说道：

> 良知是天理之昭明灵觉处，故良知即是天理。思是良知之发用。若是良知发用之思，则所思莫非天理矣。良知发用之思自然明白简易，良知亦自能知得。若是私意安排之思，自是纷纭劳扰，良知亦自会分别得。盖思之是非邪正，良知无有不自知者。（《传习录中》，《全集》卷二，第72页）
>
> 良知原是完完全全，是的还他是，非的还他非，是非只依着他，更无有不是处。这良知还是你的明师。（《传习录下》，《全

集》卷三，第105页）

人的内在良知是人们思考、选择、判断的根据，人们依照良知来实现自己的道德理想和社会理想，通过自己的意志而获得自由。这种自由，就是实现自己内在的意志和理想，按照冯契先生所言："什么是人的自由呢？简单地说，自由就是人的理想得到实现。人们在现实中汲取理想，又把理想化为现实，这就是自由的活动。在这样的活动中，人感受到自由，或者说，获得了自由。"[①] 从哲学角度来看，自由精神不是别的，正是个体可以不假外求，而依照自己的本心良知去思考、去行动，按照自己自觉自愿的原则进行行为选择，事事"反求诸己"，化自在之物为为我之物，把理想变成现实，这也就是自由的真正内涵。自由既意味着实现自在之物向为我之物的转换，使得人们按照自己的理想去从事变革世界的活动，同时也使得人们从精神上走向自由王国，在精神层面得到摆脱束缚获得解放。[②] 良知自作主宰，就是一种精神自由和意志自由，使人摆脱外在权威的束缚，转而服从自己的内心意志，这种意志上的自我实现带来精神上的极大快乐，王阳明说道：

> 只要良知真切，虽做举业，不为心累。总有累，亦易觉克之而已。且如读书时，良知知得强记之心不是，即克去之；有欲速之心不是，即克去之；有夸多斗靡之心不是，即克去之。如此亦只是终日与圣贤印对，是个纯乎天理之心。任他读书，亦只是调摄此心而已。何累之有？（《传习录下》，《全集》卷三，第100页）
>
> 良知是造化的精灵。这些精灵，生天生地，成鬼成帝，皆从此出，真是与物无对。人若复得他完完全全，无少亏欠，自不觉手舞足蹈，不知天地间更有何乐可代。（《传习录下》，《全集》卷三，第104页）

① 冯契：《人的自由和真善美》，《冯契文集》（第3卷），华东师范大学出版社2016年版，第1页。
② 参见杨国荣：《存在之维——后形而上学时代的形上学》，第286页。

王阳明认为，良知真切，就是纯乎天理，调摄此心以不变应万变，人便会在日常应对中去除精神上的负累，按照自己的意志从事现实活动，如此便可达到自我实现、自我满足。可见，王阳明对良知说的意志自由十分推崇，认为能够使人“稳当快乐”且摆脱精神上的负累。

就王阳明个人经历而言，他也正是凭借良知自由的精神立身处世的。在平定宁王朱宸濠的叛乱之后，王阳明的个人声望达到了一个高峰，但同时他的思想学说也遭遇遍布朝野的谤议，承受着巨大的政治压力。面对这种情况，王阳明丝毫不为其动，展现了哲学家的自信。《年谱》上记载王阳明居越期间面对谤议而不为所动的状况：

> 时御史程启充、给事毛玉倡议论劾，以遏正学，承宰辅意也。陆澄时为刑部主事，上疏为六辩以折之。先生闻而止之曰：“无辩止谤，尝闻昔人之教矣。况今何止于是。四方英杰，以讲学异同，议论纷纷，吾侪可胜辩乎？惟当反求诸己，苟其言而是欤，吾斯尚有所未信欤，则当务求其非，不得辄是己而非人也。使其言而非欤，吾斯既以自信欤，则当益求于自慊，所谓默而成之，不言而信者也。然则今日之多口，孰非吾侪动心忍性，砥砺切磋之地乎！”
>
> ……邹守益、薛侃、黄宗明、马明衡、王艮等侍，因言谤议日炽。先生曰：“诸君且言其故。”有言先生势位隆盛，是以忌嫉谤；有言先生学日明，为宋儒争异同，则以学术谤；有言天下从游者众，与其进不保其往，又以身谤。先生曰：“三言者诚皆有之，特吾自知诸君论未及耳。”请问。曰：“吾自南京已前，尚有乡愿意思。在今只信良知真是真非处，更无掩藏回护，才做得狂者。使天下尽说我行不掩言，吾亦只依良知行。”（《年谱三》，《全集》卷三十五，第1286—1287页）

在当时，朝野人士以学术、势位、讲学等事谤议王阳明，王阳明以动心忍性、砥砺切磋来应对学术思想之辩，并以良知自信来应对各方面的压力。怀着对于良知的自信，王阳明以“狂者”自任，展现了精神的自由与自在，他说：“狂者志存古人，一切纷嚣俗染，举不足以累其心，真有凤凰翔于千仞之意，一克念即圣人矣。”（《年谱三》，《全集》卷三十五，第1287—1288页）因为对于良知的自信，所以他不再计较于是非的束缚，而是超越声名之累，不再掩藏自己的言论，达到了精神自由的境界，他说："我今信得这良知真是真非，信手行去，更不着些覆藏。我今才做得个狂者的胸次，使天下之人都说我行不掩言也罢。"（《传习录下》，《全集》卷三，第116页）从王阳明自述的"狂者胸次""信手行去"等字眼看去，在良知自信的理论感染下，一位精神自由的哲学家面目清晰地浮现在人们面前。王阳明作为有明一代最为著名的思想家，其思想中体现的革新意图、自我意识、自信态度和自由精神感染了中晚明时期的众多士子，并经其后学发扬光大，遂在晚明思想界掀起一股崇尚自我、自由解放的风尚，对当时的社会风俗和士林风气多有影响。

在哲学论域中，自由的问题往往总是与意志联系在一起的，人的自由往往也就是"意志自由"，① 即自由意味着主体有能力按照自己内心的决定或思想，自觉自愿地实现或停止某种这样或那样的动作，拥有自由是指人们拥有可以按照自己的意志来决定来行为或不行为的一种能力。简言之，所谓"意志自由"，也就是自我驾驭自己的意志，根据自己意志来判断事务，并最终实现自我的意志。就此来看，王阳明的良知自由和意志自由是紧密相连的。良知的完善所决定的人可以完全依照自己的意志行事，在这一点上，如同康德的关于意志自由的道德公设。康德认为，人们唯有相信自己在任何条件下都能够正确地运用自己的意志，做出自由的选择，人们才可以相信自己依靠自己的力量实现至善（幸福）的生活。康德认为："幸福是世界上理性存在者在其整个实存期间凡事皆照愿望和意志而行的状态，因而依赖于自然与他的整个目的，并与他的意志的本质的决定根据的契合一致。"② 康德将按照自己的愿望和意志行事，称为"意志自由"，并且将其作为道德公设之一。这一点，与王阳明的良知说也有相类似之处，认为按照自己的良知，就能实现至善的生活并实现自己的完满。王阳明说："学者信得良知过，不为气所乱，便

① 参见杨国荣：《存在之维——后形而上学时代的形上学》，第298页。当然，该书在讨论自由问题时，所持的观点是，从形上的层面来看，自由不仅仅具有意志的品质，而且还以作为整体的"我"为其动因。

② 康德：《实践理性批判》，韩水法译，商务印书馆1999年版，第136页。

常做个羲皇已上人。”（《传习录下》,《全集》卷三，第116页）相信自己的良知，也就是相信自己的意志能够作为精神主宰，而不为杂乱（气）所干扰，便可依照自己而进入道德之境，这种自由是个人自身内在的精神自由、道德自由，和自身所处的外在境遇无关，即使肉体上可能身陷囹圄，在意志上仍然可以心通九境，正如冯契先生所言：“不论处境如何，始终保持心灵自由思考。”[①] 王阳明认为，人完全可以不受外界的影响而自主地做出决定，他说：“良知之外，别无知矣。故‘致良知’是学问大头脑，是圣人教人第一义。今云专求之见闻之末，则是失却头脑，而已落在第二义矣。”（《传习录中》,《全集》卷二，第71页）不用依赖外在的权威思想，而专按个体的道德意志和愿望行事，在王阳明看来，就是“致良知”。这样的良知，将促进人体验精神自由。“人若知这良知诀窍，随他多少邪思枉念，这里一觉，都自消融。真个是灵丹一粒，点铁成金。”（《传习录下》,《全集》卷三，第93页）知得良知诀窍，也就是体会到良知的真精神，便不再受其他邪思妄念的干扰，在意志上自作主宰，依据自己良知坚持自己在道德判断和行动抉择上的自主性，这种自主性使人的意志实现了自由。

意志自由是政治自由的前提。对精神或者意志自由的强调和维护，正是人们争取法律政治自由的精神基础。现代自由主义思想家殷海光在总结自由主义在近代历史上的发展时，认为自由主义至少有四个层面：政治的层面、经济的层面、思想的层面和伦理的层面，而在自由主义的所有层面中，思想的自由主义最崇高。[②] 思想上的自由主义就是精神上、意志上的自由主义。意志自由本身不涉及政治生活世界应当如何，但它为政治生活世界应当如何提供了多样选择的可能，只有意志本身是自由的，才能在生活中出现选择的可能。由此而言，王阳明的良知说，为人们实现自己道德理想、社会理想提供了意志自由的理论前提。

以上对良知学说与平等、自由等近代政治精神的关联作了大致分析。可以看到，虽然良知学说中所蕴含的本质平等、意志自由和

---

① 参见冯契：《认识世界和认识自己》,《冯契文集》（第1卷），第363页。
② 参见殷海光：《自由主义底蕴涵》，张斌峰编：《殷海光文集》（第1卷），湖北人民出版社2001年版，第14—20页。

近代政治思想史上的平等、自由还相距甚远，但良知学说所昭示的人与人在本质上的平等以及在意志上的自由，作为一种精神而言，是和近代政治学说中的平等、自由是遥相呼应的。

四、小结

本章探讨王阳明哲学中良知说的政治向度。良知是王阳明哲学的核心观念，良知说在王阳明哲学里，既关涉本体论，又关乎德性修养论，是意义世界和修养工夫的合一。对于本书来讲，良知学说不仅具有本体之维和工夫之维，同时还内在地包含着政治之维。良知学说政治之维，既表现为准则，也表现为其政治效用，还与平等、自由等政治观念相呼应，这是王阳明哲学政治向度展开的重要一环。

良知的政治向度首先表现在其作为生活的准则。王阳明教人将良知作为自己为人处世的准则，在王阳明看来，良知不仅要作判断是非善恶的标准，而且还要作为个人日用常行的准则，也即作为实现和维持个体良好生活的行动准则。另外，王阳明还一再强调，人人都有良知。既然人人有良知，人人便都可以以良知作为行动的准则，如此，良知作为准则便从个体修养层面扩大到整个社会共同遵守的准则层面，并成为共同体成员的某种心理定势，良知从个体原则扩展为共同体成员的集体意识。在此基础上，为良知从个人的道德原则发展成为社会内在的普遍约束机制提供了可能。这样，良知从个人的道德信念演变成个人的行动准则，并可能进一步演化为整个社会共同遵守的伦理准则和道德规范。在这个基础上，即便良知是不成文的准则，较之法律和制度，这一准则在约束人们的行为上可能在某些时候会显得无力，但在理论上，良知仍可以算作人们为过上良好生活所必要遵守的准则，一种源自道德本心的指导原则，一种比法律和制度更具有普遍性的原则。

良知说的政治向度还表现在其政治效用上。在王阳明看来，如果人人都能信奉良知，天下之人皆以致良知为自己的伦理责任，发扬道德自觉性，那么就能够实现人间社会的正义和公平，这样，天下大同、“万物一体”的理想人间秩序便有望实现。王阳明的这一理想，实际上也是一种对儒家伦理政治的自信。对伦理化为政治并起到真实作用的希望，也是对良知学说政治效用的期待。世之君子人人致其良知，也就是社会上人人发扬自身内在的道德意志，进而依照良知在现实活动中高度自律，在这样一个具备良好道德风尚的共同体里，必然会有一个良好的政治生活，这就是良知的理想政治效用的具体表现。王阳明十分信赖良知学说的政治效用，他认为若人人都知晓良知，并能切实地致良知，践履知行合一的工夫，积极将思想上的体认转化为行动上的参与，那么在政治上便会产生理想的效果，这个效果就是国治天下平。王阳明的"致良知"之教反映在政治上，用余英时先生的话来说，是一种"觉民行道"的思路，通过启发民众的良知，让广大民众自己觉悟儒家之道，最终实现良好的政治与社会，这较之于宋儒的"得君行道"，已经将良好政治的期望从人君那里转移到普通的天下万民，从而具有了划时代的重大意义。[①]从政治哲学的角度看，王阳明将良善政治社会的创造主体从"天纵英主"转移到普通民众，在前近代的中国社会中，确实具有非凡的意义。

毫无疑问，王阳明将伦理原则转换成政治准则，对于良知政治效用的期望包含了相当大的理想成分。但对于王阳明来说，他的这个"乌托邦"理想在逻辑上是自洽的：人人有道德良知并按良知行事，人人行善去恶，美德成了政治社会中最为崇尚的价值，人人以具有美德、实践美德为第一要务，社会自然求无治而不可得。当然，"乌托邦"毕竟只是口头笔端的社会理想，很难有现实存在的空间和时间，所以王阳明良知学说的政治效用也只是停留在阳明学派的良好愿望里。

良知作为王阳明哲学的核心概念，不仅可以视作日常生活和政治生活中的一种基本准则，而且还与政治哲学中的关键词语"平等""自由"等存在着一定的联系。当然，需要特别指出的是，王阳明之良知的平等自由精神和近代以来政治哲学所倡导的平等主义政治、自由主义政治的所指不在同一个层面上，更不可以混为一谈，良知学说所蕴含的平等、自由主要局限于精神层面。王阳明反复强调，一般民众和圣贤一样，在良知本体上没有二致，也就是说在精

① 参见余英时：《从政治生态看朱熹学与王阳明学之间的异同》，《宋明理学与政治文化》，《余英时文集》（第10卷），广西师范大学出版社2006年版，第361页。

神人格上众人是平等的，没有高下贵贱之别，这种人与人在本质上的平等，为人们追求政治上的平等提供了哲学依据。王阳明的良知学说还具有倡导精神自由或者意志自由的意涵。既然众人在精神上是平等的，那么个体之精神必有可贵之处。良知即是天理，每个个体在良知本体上都是完善的，所以行动的根据不是权威的言论，不是圣贤的引导，而是自己的内在良知。良知学说所倡导的自作主宰、自我实现，其实质是提倡人们的意志自由，不是政治自由，然而意志自由是政治自由的前提，对精神或者意志自由的强调和维护，正是人们争取法律政治意义上自由的精神基础。

本章对良知学说的政治哲学分析，也是对王阳明哲学之核心概念的政治解读，进一步表明了王阳明哲学蕴含的政治向度，这一向度为讨论王阳明的良知学说提供了一个有意义的视角。当然，将良知从道德伦理概念转化为具有政治意义的概念，还存在着一定的理论张力，不过，这也正好说明了王阳明良知说的多维性意义。

第五章

心学政治向度的历史回应

具有原创意义的哲学思想往往会被后学进行多重向度的发挥，这种多重解释的张力也是哲学思想在后世产生重大影响的原因所在。而后学的不同理解和多重发挥，同时能从历史的角度来说明哲学家思想本身所蕴含的多维向度。

王阳明身后，心学得到广泛的传播，阳明后学人物遍及朝野，思想风行天下，对于中晚明的思想和政治影响深远。阳明心学的影响之大，以至于明末清初思想家在反思明朝灭亡的原因时，往往倾向于将明亡的思想根源归结到阳明心学的崛兴上去。[①]且不论明末清初学者对于王阳明学说的批评持论是否公允，单从他们把批评矛头直指王阳明这件事情本身来看，也足见王阳明及其后学对于中晚明社会思想和政治的影响力。钱穆先生曾说："阳明以不世出之天资，演畅此愚夫愚妇与知与能之真理，其自身之道德、功业、文章均已冠绝当代，卓立千古，而所至又汲汲以聚徒讲学为性命，若饥渴之不能一刻耐。故其学风淹被之广，渐渍之深，在宋明学者中，乃莫与伦比。"[②]王阳明本人的为学、为政、为教事业，取得了巨大成就，吸引了大批弟子门人，而这些门人又往往以"使徒"般的精神传播心学，故而使得王阳明及其思想在中晚明有着非同凡响的影响力。

王阳明之后，其学由门人弟子各自发挥，又各自成说，所以在阳明学发展史有所谓良知异见（王畿之区分），又有浙中王门、江右王门、南中王门、楚中王门、北方王门、粤闽王门、泰州王门等流派（黄宗羲之区分），还有诸如左派王学、右派王学（嵇文甫之区分）等等许多区分。就大体发展路径而言，阳明后学的诸多流派中，有对王阳明哲学心性向度着力的，也有朝着其学的实践向度用功的，还有将王阳明的讲学事业向前推进的，也有着从政治向度予以发挥的思想学说。

---

① 梁启超在《中国近三百年学术史》的首章曾列举了明末清初思想家将明亡思想责任加于王学的一些代表性言论。如朱舜水说："讲正心诚意，大资非笑，于是分门标榜，遂成水火，而国家被其祸。"顾炎武说："以一人而易天下，其流风至于有百余年之久者，古有之矣，王夷甫（衍）之清谈、王介甫（安石）之新说；其在于今，则王伯安（守仁）之良知是也。"费燕峰也质问王学，"何补于国？何益于家？何关于政事？何救于民生？"（参见梁启超：《中国近三百年学术史》，山西古籍出版社2001年版，第4—6页）上述梁启超所列之明末清初思想家的言论，无疑都在将明朝衰亡的思想责任溯源到阳明那里，认为是王学导致了晚明士风的颓败和低靡，而士人的衰落又进而导致了国家的颓败，这种论调，在明清之际的思想界里比较流行。

② 钱穆：《略论王学流变》，《中国学术思想史论丛四》，《钱宾四先生全集》（第21册），第199页。

除了对于中晚明的影响之外，王阳明的思想学说在近代中国的思想界也颇有回响。晚清以来的近代中国，国运衰颓，处在积贫积弱、内外交困的境地，一些思想家认为王阳明的思想革新、意志自由的心学精神，有助于振奋国民的民族精神，从而带来民族命运的转变。在这样的背景下，近代思想界的翘楚人物，龚自珍、康有为、梁启超、谭嗣同、孙中山、章太炎等，都曾不同程度地推崇王阳明心学，发掘心学里的思想因子并使其融汇到近代中国的社会革命中去，这些思想家的推动也造成了阳明学的近代复兴之势。

在中晚明和近代阳明学的传播和复兴中，王阳明的哲学思想都曾被进行了多重向度的发挥，并有着不同层面的思想运用。其中，对于王阳明哲学政治向度的拓展和回应，也十分值得关注，这种拓展和利用又从历史的角度说明了王阳明哲学所蕴含的政治之维。

一、“万物一体”说的传承

如前所述，在理想政治的层面，王阳明倡导和推崇“万物一体”的人间秩序以及“三代之世”的政治治理，这些学说对阳明后学影响甚大，也为其后学所继承和发挥。通过阳明后学人物的传播，这些学说在中晚明的思想界和当时现实社会中产生了一定的影响。

王阳明的弟子王畿在理论上认同“万物一体”的理想，并对这一思想广为传播。王畿，字汝中，别号龙溪，是王阳明门下得力弟子，在传播阳明心学上不遗余力。王畿一生绝大精力都在传播阳明心学，年至八旬犹在奔走讲学，在王阳明逝后，王畿延续和传播了阳明学精神。王畿将阳明心学作为其人生信念，其门人王宗沐称：“自阳明公特阐致良知，以为学者宗，一时人心初闻，有所感发，因从而及门者百数十人，然惟先生相从最久，一悟而彻且信。故阳明先生之没，所寄以续斯道者，惟先生是赖。”① 王畿对于王阳明思想的继承和发展，不仅在心体、良知等观念上，在“万物一体”的理想秩序上也多有发挥。在王畿看来，“以天地万物一体”不仅仅是理想层面，同时还是他的现实责任，王畿曾自述他的平生为学之志：

① 王宗沐：《龙溪王先生集序》，王畿：《王畿集》，吴震编校整理，凤凰出版社2007年版，第1页。

"以政为学，以无欲为基，以天地万物一体为己任。"[①]可见，王畿将"万物一体"理想付诸实现当作一种社会责任，前文已提及，王阳明曾鼓励门人道："诸君……须是克去己私，真能以天地万物为一体，实康济得天下，挽回三代之治……不枉了因此一大事来出世一遭也。"（《与黄宗贤》，《全集》卷六，第220页）从王阳明的教言和王畿的回应，我们不难看出，王畿正是在切实履行乃师的教诲，将实现"万物一体"的人间秩序当作"一大事"来做，以此来实现自己的社会责任。

王畿对于"万物一体"理想秩序的期望，和王阳明一样，来自对明代现实政治中各种分裂所带来流弊的焦虑，他认为天地人我的分别、利害毁誉的遮蔽，导致了社会的分裂，也带来了天下的不治，要想改变这一局面，只有将天地、万物、他人当作与自己一体相关的存在。他说：

> 道丧千载，绝学悠悠，天地自天地，生民自生民，吾人自吾人，睽分涣裂，漠然不相联属。噫，敝也久矣！自阳明夫子倡道东南，首揭良知之旨以觉天下，天下之人，皆知此心之灵贯彻天地，而生民之疴养疾痛，始与吾人休戚一体相关，为之维持抚摩，以求尽其心而致其命者，始炯然不容于自已，所谓生生之仁也。夫良知在人，圣愚未尝不同，然而有能有不能者，利害毁誉，有以蔽之也。吾人诚有意于经世，岂忍一日悠悠，甘于退托，漠然视之而已也？天地万物，一体相通，生生之机，自不容已。一切毁誉利害之来，莫非动忍增益，以求尽吾一体之实事，随其力之所及，在家仁家，在国仁国，在天下仁天下，所谓格物致知，儒者有用之实学也。[②]

从王阳明的人与人的良知相通相感之论断出发，王畿也强调个体与外在世界、他人的同一性，就同一性而言，生民之痛与个体自我休戚相关，他认为，如果人们觉悟到此点，就是"生生之仁"，对他者之痛不会再"漠然视之"。故而，对于有意经世的儒者来说，绝

---

① 王畿：《贺中丞新源江公武功告成序》，《王畿集》卷十三，吴震编校整理，第368页。

② 王畿：《王瑶湖文集序》，《王畿集》卷十三，吴震编校整理，第350—351页。

不可对生民之痛漠然视之，而要怀着天地万物一体的仁心，在个体力之所及的范围内，或“仁家”，或“仁国”，或“仁天下”，真正地让仁爱之心充斥天地，以促成“万物一体”之秩序的确立。王畿在上述所引的同一篇文章里还阐述了儒者“以天地之心为心”“以生民之命为命”的担当思想，将个体对于世界的责任作为儒者的使命，他认为：

> 儒者之学，务为经世，学不足以经世，非儒也。吾人置此身于天地间之间，本不容以退托，其曰“为天地立心，为生民立命”，固儒者经世事也，然此非可以虚气承当、空言领略，要必实有其事矣。欲为天地立心，必其能以天地之心为心；欲为生民立命，必其能以生民之命为命。①

这段话主要在于说明儒家学者的经世理论，将能否“学以经世”作为判定是否是儒家的标准。同时，王畿还从张载提出的“为天地立心、为生命立命”出发，指出“以天地之心为心”是“为天地立心”的前提，“以生民之命为命”是“为生民立命”的前提。也就是说，只有将天地、生民当成一体，才可能实现儒者的使命。这也体现了王畿“万物一体”的气魄与担当。这种气魄，在王畿那里还直接体现为对理想政治的期待：

> 君子之行其政也，其必由学乎？学也者，以万物为体者也。是故君子之治也，视天下犹一家也，视天下之人犹一人之身也，视天下之心犹一心也。②

王畿的这种政治期待和前述王阳明在《大学问》和“拔本塞源”论里的论调几乎如出一辙。实际上，王畿也是追随王阳明时间最久的王门弟子之一，他本人也自认独得阳明学的精要。他认为，王阳明的“万物一体”说“以天下为己任”的根据，儒家将宇宙内事当作自己的分内事，其根源就在“万物一体”：

---

① 王畿：《王瑶湖文集序》，《王畿集》卷十三，吴震编校整理，第350页。
② 王畿：《起俗肤言后序》，《王畿集》卷十三，吴震编校整理，第358页。

> 窃念吾之一身，不论出处潜见，当以天下为己任……先师万物一体之论，此其胚胎也。吾人欲为天地立心，必其能以天地之心为心；欲为生民立命，必其能以生民之命为命。今吾所谓心与命者，果安在乎？识得此体，方是上下与天地同流，宇宙内事皆己分内事，方是一体之实学，所谓大丈夫事，小根器者不足以当之。[①]

王畿从王阳明的“万物一体”说出发，以天下为己任，也展现了孟子所说的“大丈夫”的浩然之气。王畿以讲学行动积极入世，以讲学行动教化风俗，践行阳明学的政治和学术理想，《明儒学案》上记载：“先生林下四十余年，无日不讲学，自两都及吴、楚、闽、越、江、浙，皆有讲舍，莫不以先生为宗盟。”[②]除讲学之外，王畿还以良知学说为指导，积极对当时的经济、军事事务发表意见，在田赋、平倭、平寇等方面都有重要见解。[③]王畿的上述活动，说明了他不仅在理论上坚持了阳明的政治理想，而且他也和王阳明一样，有着深切的现实政治关怀。这种政治关怀，加上他在现实社会上的切实作为，使得其“万物一体”的政治理想更加真诚。

如果说王畿还只是在继承王阳明“万物一体”之政治理想的话，那么阳明后学的另一支重要流派——泰州学派——则是在着力发挥甚至是改造王阳明的“万物一体”说了。泰州学派创始人王艮也是王阳明的重要弟子，同王畿一样对于阳明学的传播有着重要的推进作用。黄宗羲在《明儒学案》里说：“阳明先生之学，有泰州、龙溪而风行天下。”[④]由王艮创立的泰州学派，在阳明心学从学术界、思想界转向政治社会中普通大众的传播中，起到了很大的作用，是阳明学民间化的重要一环。

王艮，字汝止，号心斋，是盐丁出身，怀着任道成圣的理想和整顿日月星辰、拯救万民的救世意识，追随王阳明学习有年，从一定意义上讲，深得王阳明思想的精髓。因为年少时经商，为学晚成，

---

① 王畿：《书同心册卷》，《王畿集》卷五，吴震编校整理，第122页。

② 黄宗羲：《浙中王门学案二》，《明儒学案》卷十二，沈芝盈点校，第238页。

③ 周昌龙：《良知与经世——从王龙溪良知经世思想看晚明王学的真貌》，贺照田主编：《在历史的缠绕中解读知识与思想》，吉林人民出版社2003年版，第145页。

④ 黄宗羲：《泰州学案一》，《明儒学案》卷三十二，沈芝盈点校，第703页。

黄宗羲说他“虽不得专攻于学，然默默参究，以经证悟，以悟释经，历有年所，人莫能窥其际也”[①]。在王阳明门下众人中，王艮是其中行事较为出格的一位，具有强烈的政治意识，以教化万民的圣人自任，本书第四章也曾简单讨论过他的离奇行为和王阳明对他的裁抑。对于他的行为和政治情结，陈来先生认为他“表现出一种认真、荒诞的自大狂妄”[②]。作为儒家学者，王艮的言论和行动确实出自认真和真诚，但是这些言论和行动的表现形式即便是在当时，也会被视为一种狂妄和荒诞[③]。虽然王艮在思想和行动上有狂妄之处，但他在传播王阳明学说方面还是有着重要的功劳。而且王艮不仅传播了王阳明的学说，还发挥和发展了阳明心学，以他为中心形成以民间学者为主的“泰州学派”。钱穆甚至认为，如果从王阳明心学的大众性角度来看，泰州学派是王学唯一的真传。[④]

在王艮的思想学说里，对王阳明“万物一体”说的继承是一个重要内容。“万物一体”之说是与王艮个人的成圣理想联系在一起的，王艮的《年谱》上载，王艮二十九岁，曾做过这样一个奇异之梦：

> 先生一夕梦天坠压身，万人奔号求救。先生独奋臂托天而起，见日月列宿失序，又手自整布如故。万人欢舞拜谢。醒则汗溢如雨，顿觉心体洞彻，万物一体、宇宙在我之念益真切不容已。[⑤]

王艮早年的这一梦境是否真实，我们可以不去纠缠。但王氏弟子为其作的年谱上记载的“万物一体宇宙在我”之念，总是乃师之念兹在兹的话头，确可以认作是王艮的真实思想，这也和王艮一生张皇的救世气概是相贯通的。记载王艮话语的《语录》上说他“隐

---

① 黄宗羲：《泰州学案一》，《明儒学案》卷三十二，沈芝盈点校，第709页。

② 陈来：《宋明理学》，辽宁教育出版社1991年版，第367页。

③ 也有学者从王艮的言论行为出发，将王艮看作是民间宗教家。参见邓志峰：《王学与晚明的师道复兴运动》，第180—185页。

④ “和在士大夫阶层中不同。单从这一点讲，我们却该认泰州一派为王学的唯一的真传。”[钱穆：《宋明理学概述》，《钱宾四先生全集》（第9册），第303页]

⑤ 王艮：《年谱》，《明儒王心斋先生遗集》卷三，陈祝生主编：《王心斋全集》，江苏教育出版社2001年版，第68页。

居以求其志，求‘万物一体’之志也”[①]。另外，如前所论，王艮还曾自制一小蒲车，上书“天下一个，万物一体”，周游天下、招摇讲学，这种近乎张扬的行动相当于向世人宣告他的政治理想和学术立场，也招致了王阳明的严厉批评。

从上可以看出，王艮同王阳明一样，喜用“万物一体”来表达自己济世利民、心怀天下的情怀和志向。但是，在“万物一体”的具体理解上，王艮又比王阳明更进了一步。王阳明将“万物一体”作为一种理想的秩序以及为实现这一秩序的一种拯救精神，而王艮则直接将“万物一体”和其自身的行动联系在一起，将“万物一体”具体化为自己个人的直接抱负，甚至付诸“出位”的行动，比王阳明更多了一份狂者气息。他说：

> 夫仁者以天地万物为一体，一物不获其所，即己之不获其所也，务使获所而后已。是故“人人君子，比屋可封”，“天地位而万物育”。此予之志也。[②]

从“万物一体”的认知出发，王艮认真地认为，只要还有一个人没有得到安全教养，就是其自己没有得到安全教养，他者之痛就是自己之痛。就像佛教高僧大德所说“地狱不空，誓不成佛”一样，王艮把自己当志向明确地定位为通过自己之力去救济天下。他所描绘的“人人君子，比屋可封，天地位而万物育”，也就是社会成员在德性上都是完美的，都是道德君子，社会生活富足、秩序安定，这是儒家典型的理想政治社会。王艮将建设理想社会作为自己的使命，并期望自己能够发挥独特作用。他写了一篇政治寓言《鳅鳝赋》，将自己比喻成“搅动”沉闷之缸的“鳅”，为社会带来一丝生气：

> 道人闲行于市，偶见肆前育鳝一缸，覆压缠绕，奄奄然若死之状。忽见一鳅，从中而出，或上或下，或左或右，或前或后，周流不息，变动不居，若神龙然。其鳝因鳅得以转身通气

① 王艮：《语录》，《明儒王心斋先生遗集》卷一，陈祝生主编：《王心斋全集》，第15页。

② 王艮：《勉仁方书壁示诸生》，《明儒王心斋先生遗集》卷一，陈祝生主编：《王心斋全集》，第30页。

而有生意……于是道人有感，喟然叹曰："吾与同类并育于天地之间，得非若鳅鳝之同育于此缸乎？吾闻大丈夫以天地万物为一体，为天地立心，为生民立命，几不在兹乎？"遂思整车束装，慨然有周流四方之志。①

王艮用寓言的方式表达了他围绕"万物一体"所形成的政治理想和人生志向。一方面，他批评社会充满了沉闷之气，另一方面，他自任为搅动生气、拯救社会的异类。在王艮看来，这一搅动生气者的异类，正是儒家的天地万物为一体精神的担当者，他们在拯救自身的同时也在拯救命运共同体的成员。可见，王艮对于"万物一体"的理解，明显要比王阳明更加世俗化，也更加具有他个人的"带入感"。

作为一个平民儒者，虽然王艮没有机会参加具体的政治治理活动，但是他的政治关怀和政治理想却无时不在念中。王艮在"万物一体之仁"的基础上，又明确提出"万物一体之政"，他说："古之先觉者以万物一体之仁而竭心思焉，斯有万物一体之政。是故出则必使是君为尧、舜之君，使是民为尧、舜之民。"②何为"万物一体之政"？按照王艮的理解，就是无论政治主导者（君）还是政治参与者（民），都要具有"三代之世"的气象，君要为成为尧、舜那样的"圣王"，而普通民众也要具有尧、舜时代之人那样的"仁心"，为政者和民众都具有可靠的道德心。这实际上也是王阳明"三代之治"理想政治的一个翻版，但王艮直接提出了"万物一体之政"来作为"三代之治"的替代词，从而将"万物一体"的理想观念和具体政治明确地联系在一起。从上可以看出，"万物一体"观念代表了王艮的政治理想，这是和王阳明的政治理想相贯通的。王艮与王阳明一样，认为"万物一体"的理想秩序才是政治社会的合理秩序，而"三代之治"正是体现了这一理想秩序。这种理想虽有迂阔之处，但其中对于良好政治的期盼之情，也体现了一个平民儒者对于政治理想的真诚追求。

除了王艮在理论上发挥"万物一体"的学说外，在泰州学派里，

---

① 王艮：《鳅鳝赋》，《明儒王心斋先生遗集》卷二，陈祝生主编：《王心斋全集》，第55页。

② 王艮：《答朱思斋明府》，《明儒王心斋先生遗集》卷二，陈祝生主编：《王心斋全集》，第47—48页。

还曾有人将万物一体的理想秩序付诸试验，使之更加世俗化和平民化。如颜钧、何心隐等人就曾将“万物一体”的大同理想付诸行动。作为怀抱大同理想的王学中人，颜钧极富“救世”（salvation）精神，不仅如此，他还积极投身“救世”活动。[①]颜钧曾将其大同理想在小范围的“社区”予以落实，以现代社会学的眼光来看，颜钧的作为具有社会试验的意义。颜钧建立“三都萃和堂”，并多次讲学于该组织。颜钧相信，通过他的讲学，在一定程度上达到了改善风俗的效果：

> 会及一月，士农工商皆日出而作业，晚皆聚宿会堂，联榻究竟。会及两月，老者八九十岁，牧童十二三岁，各透心性灵窍，信口各自吟哦，为诗为歌，为颂为赞。学所得，虽皆刍荛俚句，实发精神活机，鼓跃聚呈农览，逐一点裁，迎几开发，众皆通悟，浩歌散睡，真犹唐虞瑟僩，喧赫震村谷，闾里为仁风也。[②]

颜钧在萃和堂讲学教化风俗的试验，在他本人看来取得了一定的成功。颜钧自谓“唐虞瑟僩，闾里仁风”，从这些描述看来，“万物一体”的“三代之治”似乎再次重现。这虽然是颜钧对其个人讲学活动效果的美化性表达，但也足见泰州学派的人物已经认真地去践行阳明心学的政治理想了。

在泰州学派里，尝试构建“万物一体”大同社会的还不止颜钧一人。在实践阳明心学“万物一体”观念的行动上，颜钧弟子何心隐的试验则更为具体。何心隐捐资建构了一个名为“聚和堂”的家族共同体（“聚合”也就是“合族始聚以和”的意思），并撰写反映“聚和堂”主要做法和理念的《聚和率教谕族俚语》《聚合率养谕族俚语》以及《聚和老老文》等文章[③]，作为这一家族共同体所信奉的章程。在“聚和堂”这个家族共同体的组织机构中里，设有率教、

① 王汎森认为，颜钧的“救世”活动大致分为三类，在这三类活动中，颜钧分别扮演三种角色：一是社区改善运动者，二是讲学活动者（王汎森又称之为“草根性启蒙者”），三是心理咨询或治疗者。参见王汎森：《明代心学家的社会角色——以颜钧的“急救心火”为例》，《晚明清初思想十论》，复旦大学出版社2004年版，第2—11页。

② 颜钧：《自传》，《颜钧集》卷三，黄宣民点校，中国社会科学出版社1996年版，第24页。

③《明儒学案》上记为“萃和堂”，参见黄宗羲：《明儒学案》卷三十二，沈芝盈点校，第704页。近人容肇祖认为“萃和堂”当作“聚合堂”（见容肇祖：《何心隐及其思想》，《容肇祖集》，齐鲁书社1989年版，第336页）。另按，文中提及的颜钧三篇文字文均见何心隐：《何心隐集》卷三，容肇祖整理，中华书局1960年版，第68—72页。

率养、辅教、辅养、维教、维养等诸多专职人员，从何心隐《聚合率教谕族俚语》和《聚合率养谕族俚语》来看，“教”和“养”分别指的是教化活动与经济活动，关涉到社会生活的最主要方面，指向一个共同体的正常运行。所以，“聚合堂”这个共同体，从组织目标上来看，绝不仅仅是要建成一个学校或者单个家族的联合体，其最终目的是要构建一种以家族为核心的社会组织形式，这是一个具有一定政治目的的社会试验。按照何心隐的设计，在这样一个组织里，“一切通其有无，行之有成”[①]。在聚合堂里，没有个体的私欲，按照何心隐的说法就是：“故总聚于祠者，正以除子弟之私念也。”[②]可见，这个宗族共同体是把“万物一体”的理想彻底具体化了。

何心隐的设计和试验也取得了一定的社会效果，同时代的邹元标记述道：“凡冠婚丧祭，以追孤独鳏寡失所者，悉裁以义，彬彬然礼教信义之风，数年之间，几一方之三代矣。”[③]从上述描述可知，“聚和堂”似乎已成为具体而微的大同社会了，实现了千百年来人们不断追求的“三代之治”的理想了。德国学者鲍吾刚在著述中讨论何心隐的“聚和堂”时，甚至将“聚和堂”视为“宗族共产主义”[④]。何心隐的“聚合堂”虽然是在落实“万物一体”的美好理想，但其按照一种宗教式的狂热，并对人们现实差异性和外部社会环境有所忽视，也存在不少问题。王阳明的“万物一体”说深刻地影响了其后学的政治理想和秩序观，王畿、王艮等人不仅在思想上进一步阐发这一理想，还把这一理想与他们自己的使命担当结合起来，变成他们个人热烈和执着的学术和社会活动。以王艮为中心所形成的泰州学派，更是将“万物一体”的理念付诸行动，通过讲学团体、宗族团体等形式去实现这一政治理想。经由阳明后学的传承，王阳明“万物一体”“三代之治”思想里的政治向度也更加鲜明。

---

① 黄宗羲：《泰州学案一》，《明儒学案》卷三十二，沈芝盈点校，第704页。

② 何心隐：《聚合率教谕族俚语》，《何心隐集》卷三，容肇祖整理，第68页。

③ 邹元标：《梁夫山传》，何心隐：《何心隐集》，容肇祖整理，第120页。按：何心隐原名梁汝元，字夫山，故邹氏有《梁夫山传》说。关于何心隐的生平，黄宗羲《明儒学案·泰州学案一》有记述。

④ 鲍吾刚在《中国人的幸福观》一书中认为，何心隐（梁汝元）所创办的聚合堂以具体行动承认了王阳明学说的价值，而且聚合堂的试验对理想政体概念的发展达到了“宗族共产主义”的程度，具有十分重要的意义。参见鲍吾刚：《中国人的幸福观》，严蓓雯、韩雪临、吴德祖译，江苏人民出版社2004年版，第249—252页。

二、心学政治观的发挥

阳明后学对王阳明“化治世为治心”的心学政治观也多有发挥，特别是在王艮和被认为是泰州后学的李贽的思想里，把治世的问题同自我的问题联系起来，对治世与治心的政治哲学问题有所推进。

如前所述，在理想政治观上，王艮的出发点和王阳明并无二致，都是希望实现“万物一体”的理想秩序，恢复“三点之治”的理想治理模式。王艮曾在《王道论》一文中明确指出他所期望的政治就是“三代之治”，他指出：

> 《书曰》：“刑期于无刑，此王道也。”夫所谓王道者，存天理遏人欲而已矣。……是故尧舜在位，比屋可封；周公辅政，刑措不用，是其验也。[①]

王艮和绝大多数儒家一样，认为“王道”是最好的政治。在宋明理学的话语背景下，王道政治的特征就是要“存天理、灭人欲”，他们认为，历史上大行王道的政治就是上古三代时期的政治，尧、舜、文、武、周公等所代表的三代政治就是王道政治最具体的体现。上述引文很明确地反映了王艮和王阳明一样，将“三代之治”作为历史中和期待中的理想政治。这里所谓的“历史中”，就是他们将“三代之治”当作历史上真实发生过的；而所谓“期待中”，就是他们期望三代的盛况再现，当下社会和三代社会一样臻于至治。在《王道论》中，王艮提出了一系列政治设想，最终的目的也是实现“三代之治”，他认为：

> 夫养之有道而民生遂，教之有方而民行兴，率此道也，以往而攸久不变，则仁渐义磨，沦肤浃髓，道德可一，风俗可同，刑措不用，而三代之治可几矣。[②]

同王阳明一样，王艮期待着历史想象中的三代政治再次重现。

---

① 王艮：《王道论》，《明儒王心斋先生遗集》卷二，陈祝生主编：《王心斋全集》，第64页。

② 王艮：《王道论》，《明儒王心斋先生遗集》卷二，陈祝生主编：《王心斋全集》，第66页。

所以，他所设计的“养民”“教民”计划，是希望重建一套“道德一、风俗同”的一体秩序，而这个秩序的载体，在王艮看来，只有理想中的上古三代社会。这种理想和王阳明在“拔本塞源”论里设计的“一家之亲”“一体之仁”在本质上是一致的，也可以说这是王艮对于王阳明理想政治观念的某种继承和发扬。

要之，王艮的理想政治在大体上与王阳明的主张相同。但是，王艮在如何实现理想政治的问题上，却与王阳明的思考并不完全一致。王阳明的政治哲学以心为本，将治世的问题归结为治心的问题，突出政治实践主体内在政治观念和政治情感在政治事务中的决定性意义，着重于把政治问题转化为伦理问题。而王艮则从王阳明突出政治实践主体的这一思路出发，更进一步强调政治实践主体的客观存在及其保全对于政治事务的重要意义。从注重政治实践主体的客观存在出发，王艮将王阳明的重视人的德性意志发展到重视人的感性生命，在政治哲学层面强调以身为本，认为治身的问题才是政治事务的根本，在一定意义上可以说是“化治世为治身”。

王艮从孟子所言的“天下之本在国，国之本在家，家之本在身”（《孟子·离娄上》）以及《大学》的“壹是皆以修身为本”这些儒家经典思想那里得到启发，又从王阳明哲学注重主体性、强调道德自主性的立场出发，推出了他的以安身为本的政治哲学观念。他认为：

> 止至善者，安身也。安身者，立天下之大本也。本治而末治，正己而物正也，大人之学也。是故身也者，天地万物之本也，天地万物，末也。知身之为本，是以明明德而亲民也。身未安本不立也，本乱而末治者否矣。本先乱，治末愈乱也。故《易》曰：“身安而天下国家可保也。”……不知安身，则明明德、亲民却不曾立得天下国家的本，是故不能主宰天地，斡旋造化。①

这里的“身”，也就是政治实践主体的客观存在，在王艮看来，个人的感性存在也就是“身”，应是天地万物之在、明德亲民之事的

① 王艮：《答问补遗》，《明儒王心斋先生遗集》卷一，陈祝生主编：《王心斋全集》，第33页。

根本，故而主宰天地斡旋造化要从安身处下手，“身安而天下国家可保”。这就将“安身”这一个体自保行为列为政治的首义了，将家国天下的政治事务与个体之“在”捆绑在一起，“知得身是天下国家之本，则以天地万物依于己，不以己依于天地万物”[①]。王艮认为，天下国家所代表的政治共同体不是个体存在的依据，反而政治共同体的存在要有赖于个体的存在。不仅如此，个人的存在状况还是衡量家国天下政治事务好坏的重要标准，所谓“吾身犹矩，天下国家犹方。天下国家不方，还是吾身不方”[②]。正因为王艮将身看作政治事务的根本、依据、标准，所以他一再强调，要实现儒家“家齐、国治、天下平”的政治秩序，一切要从安身出发，“安身以安家而家齐，安身以安国而国治，安身以安天下而天下平也”[③]。若不知安身而从事政治事务，就失去了正当性，“不知安身，便去干天下国家事，是之为失本”[④]。

以上选取了王艮的一些重要论述来揭示其“以身为本”的政治哲学观。这种观念，以个体的客观存在为政治事务的根本，强调个体的存在对于外在政治共同体的特殊意义，将政治事务的正当性与否的标准归结到是否能保全个体的存在，较之王阳明在政治事务上的“以心为本”，王艮确乎有所推进。同时，这也是儒家政治哲学从道德理想主义向重视自我个体存在、从重视公共性到重视个体性的一个变化。

应该说，王艮以身为本的政治观，突出了个体感性生命和日常生活对于政治事务的意义，使得政治事务不仅仅流于只关注家国天下的宏大叙事而忽视政治世界中个体存在的价值。在儒家政治学说的传统里，家国天下的价值一直高于个体价值，个体只有放在家国天下中才具有意义，个体只是依附于家国天下的附属物，在家国天下意义的重压之下，个体的生命生活几乎不被重视，个体必须做到“苟利国家，生死以之”。王艮这里将家国天下与个体存在在政治空间里的次序颠倒，将个体存在置于家国天下之上，首先个体存在得以保全，然后家

---

① 黄宗羲：《泰州学案一》，《明儒学案》卷三十二，沈芝盈点校，第713页。
② 王艮：《语录》，《明儒王心斋先生遗集》卷一，陈祝生主编：《王心斋全集》，第19页。
③ 黄宗羲：《泰州学案一》，《明儒学案》卷三十二，沈芝盈点校，第712页。
④ 黄宗羲：《泰州学案一》，《明儒学案》卷三十二，沈芝盈点校，第712页。

国天下才能得以治平，而不是相反。这里彰显的主要意义，在于强调人是政治事务的根本和良好政治秩序的源头，认为个人性与公共性有着同样重要的意义。由此，可以用安身是一切良好秩序得以实现的必要前提来看待王艮的政治哲学观念。从在政治生活中主体自身的意义角度来看，王艮的“身本论”和王阳明的“心本论”都是在强调政治生活中“主体性”的意义，两种学说同质异构，遥相呼应。王艮将王阳明心本政治的道德主义落到了感性生命的维度，当然，王艮的“身本论”却也不及王阳明“心本论”的深沉，容易造成只重视肉体生命而忽视精神生命的误解。王艮的“身本政治”恰是从王阳明“心本政治”中发挥出来的，所以黄宗羲评论王艮“安身”之说有言道：“然所谓安身者，亦是安其心耳，非区区保此形骸之为安也。”① 这是黄宗羲因王艮保身论过于脱离儒家道德主义传统而辩护之言，不过也确实说明了王艮之学出于王阳明的实质所在，也点出了王艮和王阳明在理论上的具体分歧所在。儒家在讨论政治和道德问题的时候，往往刻意忽略个体肉身等感性存在的意义，而一味片面强调“杀身成仁”“舍生取义”或者“饿死事小，失节事大”，用高调的道德理想主义来弱化个体肉身对于政治、道德事务的影响。而王艮则对此作出了大胆突破，提出“安身”“保身”的范畴，并以此作为政治事务的根本，可以说贴近了普通民众的世俗感性生活，这代表着儒学政治哲学向平民化发展的一个向度。

除了主张“化治世为治身”外，在政治哲学上王艮还力倡“大成师道”说。师道是儒家的政治教化之道，在古典政治话语系统里，师道和强调政治统治的君道对应共生，《尚书》里说：“天佑下民，作之君，作之师。”（《尚书·泰誓上》）《国语》里说：“民生于三，事之如一：父生之，师教之，君食之。非父不生，非食不长，非教不知。”（《国语·晋语》）荀子也说：“礼有三本：天地者，生之本也；先祖者，类之本也；君师者，治之本也。”（《荀子·礼论》）可见，在古典儒家的政治话语中，“君”和“师”在民众政治生活中同样重要，而以“君”和“师”为主体所蕴含的君道和师道也是互相对应，保证政治生活和政治秩序得以为继，所以师道在古典政治哲学中具

① 黄宗羲：《泰州学案一》，《明儒学案》卷三十二，沈芝盈点校，第711页。

有十分重要的地位。在中国古典儒家政治哲学里，师道还代表着道统的承传，指代着儒者的圣人之教，与儒家价值的传递休戚相关，关涉政治合理性。王船山在《读通鉴论》里归纳治统、道统，他说道："天下所极重而不可窃者二：天子之位也，是谓'治统'；圣人之教也，是谓'道统'。"[①]这里的"圣人之教"也就是所谓"道统"。治统随着皇权和王朝的更迭而变动，但道统却是万古不移的，而道统的承续，则需要师道的维持，也就是道统要通过圣人之教的传递者来保持代际相传。在这种关系中，师道保证道统的确立，促进政治的合理性。师道的挺立，具体说来，就是以圣人之教教化天下，从而确保政治社会的良好生活因为人人受到教化而得以实现，宋儒周敦颐说：

> 圣人立教俾人自易其恶，自至其中而止矣。故先觉觉后觉，暗者求于明而师道立矣。师道立，则善人多，善人多，则朝廷正而天下治矣。[②]

周敦颐认为，师者就是先觉者，先觉者先觉圣人之教，然后以之教人，以先觉启后觉，则人人得闻圣人之教，天下因为师道教化乃得而治之。这样，承认先觉者对于圣人之教的优先领受，师道就得以挺立，如此，受到教化的人便会增多，家国天下从而也得以平治。从这个意义上讲，师道、儒者之统的确立对于政治社会至关重要。在一个政治共同体里确立师道，就是确立传递圣人之教的共同体成员意志的权威性，从而凭借这种权威去教导主导政治事务的成员或者为政者，使之按照圣人之教从事政治事务。同时，师道、儒者之统还可以保证在君道、帝王之统丧绝时，政治生活中的原则不会出现断裂，社会文明不会因为政权中断而被破坏，良好政治之"道"也不至于消亡，正如王船山所说：

> 儒者之统，与帝王之统并行于天下，而互为兴替。其合也，

---

① 王夫之：《读通鉴论》卷十三，《船山全书》（第10册），岳麓书社1996年版，第479页。

② 黄宗羲原著，全祖望补修：《濂溪学案上》，《宋元学案》卷十一，陈金生、梁运华点校，中华书局1986年版，第485页。

> 天下以道而治，道以天子而明；及其衰，而帝王之统绝，儒者犹保其道以孤行而无所待，以人存道，而道可不亡。①

可见，师道作为圣人之教，作为儒者之统，对于政治社会的延续具有不可替代的作用。正是因为认识到师道在政治中的重要意义，所以儒家学者十分重视师道。②

对于王艮来说，之所以强调“师道”，其意图大致也可以用上述语言表达。王艮自己是以师道自任的，他经常以“出则必为帝者师，处则必为天下万世师”的话语来表明自己的学术志向。那么，为什么学者要“为师”？师道对于政治社会的意义何在？王艮的回答是：

> 学也者，学为人师也。学不足以为人师，皆苟道也。故必以修身为本，然后师道立。身在一家，必修身立本，以为一家之法，是为一家之师矣；身在一国，必修身立本，以为一国之法，是为一国之师矣；身在天下，必修身立本，以为天下之法，是为天下之师矣。是故出不为帝者师，是漫然苟出，反累其身，则失其本矣；处不为天下万世师，是独善其身，而不讲明此学于天下，则遗其本矣。皆非也，皆小成也。③

可见，王艮的师道就是要求学者学为人师，然后以其言行作为共同体成员效法的对象，成为一定的共同体的“师”，从而实现儒者之统的教化作用。在王艮看来，师道绝非传递知识那么简单，而是要传递政治理念和道德信仰，否则就是“苟出”，是“小成”。而他要宣扬的则是“大成师道”，即能对“帝者”（政治人）、“天下”（政治社会）产生巨大政治影响的师道。从某种意义上讲，这其实也是一种“得君行道”的形式，即通过确立师道，教化君主，借君主的政治资源推行圣人之教。注重师道，落实到行动中就是要讲学，同阳明学派的其他人物一样，王艮也十分重视讲学对于政治社会的教化意义。王艮自王

---

① 王夫之：《读通鉴论》卷十五，《船山全书》（第10册），第568页。
② 关于“师道”的详细考辨，参见邓志峰：《王学与晚明的师道复兴运动》，第19—53页。
③ 黄宗羲：《泰州学案一》，《明儒学案》卷三十二，沈芝盈点校，第715页。

阳明死后，回到老家泰州讲学不辍，“开门授徒，远近皆至。同门会讲者，必请先生主席”[①]。王艮讲学的直接后果就是形成了一个以其本人为宗主的泰州学派，这一学派在晚明社会和思想界影响巨大，特别是在平民儒者中有着较大影响。当然，王艮所企盼的成为“帝者师、天下师”理想却没有实现。

王艮的“大成师道”学说，在政治哲学的层面来看，即是强调作为道统的传承者应该积极用所传承的圣人之教教化社会，参与政治，进而实现理想的政治。进而言之，王艮的师道问题其实就是哲学家以何种姿态面对政治社会的问题。王艮在这个问题上的回答是狂妄的，那就是哲学家要“为帝者师、为万世师”，当然这也是古代儒家的一种强烈救世精神的体现，否则人们就不会对“为天地立心，为生民立命，为往圣继绝学，为万世开太平”津津乐道了。王艮的救世精神和王阳明讲学活动中体现出来的政治关怀一脉相承，不同的是，王阳明的政治关怀更加含蓄，而王艮的“为帝者师、为万世师”则以张皇狂妄为人所瞩目，所表现出来的“救世”情怀也比王阳明来得更加直接和露骨。

在中晚明时期，王艮之后的另一位特立独行的思想家——李贽对王阳明心学政治观也有所发挥。李贽，本姓林，原名载贽，后改姓李，名贽，字卓吾，号宏甫，自号温陵居士。李贽受王阳明思想影响很大，李贽曾自述阳明学对其的影响道：

> 余自幼倔强难化，不信道，不信仙、释……不幸年逋四十，为友人李逢阳、徐用检所诱，告我龙溪先生语，示我阳明先生书，乃知得道真人不死，实与真佛、真仙同，虽倔强，不得不信之矣。（《阳明先生年谱后语》，《全集》卷四十一，第1604页）

李贽自己倔强狂放，不信杂说，却对王阳明及其后学的思想十分信服，认为王阳明是“得道真人”。另外，李贽对王阳明弟子王艮评价也甚高，他曾说：“当时阳明先生门徒遍天下，独有心斋为最英

---

① 黄宗羲：《泰州学案一》，《明儒学案》卷三十二，沈芝盈点校，第710页。

灵。”[①]除了受王阳明本人及其弟子的影响之外，李贽还曾亲受业于王艮的儿子王襞（东崖），又从泰州后劲罗汝芳（近溪）问学，故其学问主脑受王学思想影响甚多。[②]受王阳明及其后学的思想影响，李贽对于王阳明哲学心学政治观的发挥主要在于对“一念本心”的真实生活和“圣凡同一”的平等精神的追求上。

李贽十分重视“心”对于生活的意义，将“心”作为真实和良好生活的依据，据此，他提出著名的“童心说”。李贽说：

> 夫童心者，真心也。若以童心为不可，是以真心为不可也。夫童心者，绝假纯真，最初一念之本心也。若失却童心，便失却真心；失却真心，便失却真人；人而非真，全不复有初矣。[③]

本心主宰人的生活，是人在生活中如何表现的依据。保持真心才能保持真人，而只有真人才能过上真实的生活，才能保证在生活中立言行事为真。在李贽看来，所谓真心，就是童心，童是人之初，童心是心之初，未受蒙蔽，未受污染，如其本然，生机勃勃，这种样态的童心是真实生活的基础。这一点，正如日本学者沟口雄三所认为的那样：“（李贽）之所以择取‘童心’一语，主要是着眼于它所拥有的生动活泼的生活气息。”[④]“童心”是无遮蔽的，具有真实生动的生活气息，如果本真的童心被遮蔽了，那么生活便不再真实：

> 童心既障，于是发而为言语，则言语不由衷；见而为政事，则政事无根柢；著而为文辞，则文辞不能达。[⑤]

李贽认为，世风虚伪的根源在于人们逐渐失却了童心，本心被利欲所遮蔽，所以在生活中，人们往往言语则言不由衷，从政则虚

---

① 李贽：《为黄安二上人三首》，《焚书》卷二，《焚书　续焚书》，中华书局1975年版，第80页。

② 一般认为，李贽为泰州学派中人，但吴震先生曾撰文对此种观点提出质疑。吴震认为，李贽虽在思想上与泰州学派有共通之处，但“不能算是泰州学派的传人，同时泰州学派这一概念设定也不能涵盖其思想格局”。参见吴震：《泰州学案的重新厘定》，赵敦华主编：《哲学门（5）》（第1册），湖北教育出版社2004年版，第129—152页。

③ 李贽：《童心说》，《焚书》卷三，《焚书　续焚书》，第98页。

④ 沟口雄三：《中国前近代思想之曲折与展开》，陈耀文译，上海人民出版社1997年版，第181页。

⑤ 李贽：《童心说》，《焚书》卷三，《焚书　续焚书》，第98页。

与委蛇，著文则词不达意。而上述三种行为的虚伪将对风俗的恶化推波助澜，导致人心大坏，政事颓靡。李贽通过童心说集中表达了他对真实的追求，也体现出了他站在心学的立场上，把世道的衰落归结到人心的衰落这一致思路径。另外，所谓“童心”即是“真心”，这和阳明学中的“真己”良知、真切之心所蕴含的真实无妄无疑同出一源。王阳明曾说：“若无真切之心，虽日日定省问安，也只是扮戏相似，却不是孝。此便见心之真切，才为天理。”（《传习录拾遗》，《全集》卷三十二，第1174—1175页）“真切”是心之为心的一个重要特质，如果失却真实、真切，则不能再称其蕴含天理，也便丧失了正当性、合理性，不过一团血肉。在是否珍视“真切”这一点上，李贽的童心说和王阳明哲学在渊源上是相通的，可以说，童心说是对良知学说的一个发挥。[①]

在李贽看来，失却“童心”，生活就失去真实，社会将沦落为“无所不假”，而成为一个虚假横行、令人悲哀的社会，他说：“盖其人既假，则无所不假矣。由是而以假言与假人言，则假人喜；以假事与假人道，则假人喜；以假文与假人谈，则假人喜。无所不假，则无所不喜。”[②]假人、假言、假事、假文，无所不假，这是对真实价值的抛弃，也是对于无妄良知的抛弃。李贽通过对虚假的揭示和批判，阐明了他对“童心”之真实以及崇尚真诚之社会风气的追求。对真实的珍视，对于一个社会来说，其意义巨大。生活在真实之中，意味对于“士风”的纠正和对“假道学”的摈弃，李贽曾多次撰文批判当时士风的虚伪，比如他不无讽刺地写道：

> 今之所谓圣人者，其与今之所谓山人者一也，特有幸不幸

---

① 冯友兰曾明确指出李贽的童心说就是阳明良知学说的发展，冯友兰认为：“李贽的《童心说》是王守仁‘良知’说的发展，王守仁说‘知善知恶是良知’，他所说的良知只限于善恶的判断，李贽的‘童心’不受这个限制，凡人生来就有的能动性，都在‘童心’的范围之内。照他所说，人只有根据‘童心’说话，所说的话才是真话；根据他的‘童心’办事，所办的事才是真事；根据‘童心’而生活的人，这个人才是真人。这就是他对于王守仁‘良知’说的发展。”［冯友兰：《中国哲学史新编》（第5册），第271页］杨国荣也指出，就天赋之心为真心而言，李贽的童心说和王阳明的良知说有理论上的渊源关系。但杨国荣同时强调，王阳明视儒家义理为良知的本质规定，而李贽则反对以名教义理为童心的内容并且将义理视为丧失童心的根源，就这一点上来说，王阳明的良知和李贽的童心存在巨大的区别，绝不可将良知与童心等而视之。参见杨国荣：《王学通论——从王阳明到熊十力》，第167页。

② 李贽：《童心说》，《焚书》卷三，《焚书　续焚书》，第99页。

之异耳。幸而能诗，则自称曰山人；不幸而不能诗，则辞却山人而以圣人名。幸而能讲良知，则自称曰圣人；不幸而不能讲良知，则谢却圣人而以山人称。展转反覆，以欺世获利，名为山人而心同商贾，口谈道德而志在穿窬。[①]

文中说的“圣人”“山人”现象，都是当时士人虚伪的风气之表征，士人都以道德之名换取利益之实，从而导致了整个社会风气的败坏。有学者曾指出，晚明社会的士人有一部分已经沦为卖文为生的“知识游民”，“晚明‘市民文人’虽好以隐士自封，却并无隐士之行实。大多属于‘身无他长’‘退无营业’，只好‘以文墨糊口四方’的‘知识游民’。不过，由于商品经济促动下文化艺术商品化趋势的增强、社会价值观念与风尚的异动以及对科举危机的自我体验与体悟，使他们的‘卖文’较之以前更具有了一种准职业化的味道与色彩。”[②]可见，晚明一部分士大夫已经放弃了儒家传统的公共抱负，成为以儒家学说来换取生活资料的“游民”。儒学不再是信仰，而是生存发展的“资本”。正是在这个意义上，李贽期望以倡导“童心说”来改变明代中后期蔓延的虚假社会风气，从而实现真实的生活。

王阳明将政治的改善希望寄托在心体的澄明上，认为在心上用功磨炼，使得人之德性在生活中挺立出来，使得天下由于人们的道德自觉而“得以治”。李贽的童心说回应了王阳明的这一思路，将世道的转变期望于人心的返璞归真和真实无妄，也同样是将外在的治世问题转换到内在的治心问题。如果忽略是否尊重“天理”为心之内涵的话，这种内向性的转换以及对本心、童心的推崇，使得李贽和王阳明的学说和思想在致思方向上趋向一致。

李贽对于王阳明心学哲学观的另一个发挥在于其对平等精神的追求[③]。虽然李贽学说不可以简单地用现代政治意义上的“平等”二

---

① 李贽：《又与焦弱侯》，《焚书》卷二，《焚书　续焚书》，第49页。

② 刘晓东：《科举危机与晚明士人社会的分化》，《山东大学学报（人文社会科学版）》2002年第2期。

③ 萧公权曾这样评论李贽：“李氏自四十岁已后读阳明学派之书，友阳明学派之人，而深受良知学说之影响，其思想大起变化，乃别依平等之义，发为较阳明更加彻底之自由思想。”（萧公权：《中国政治思想史》，第532—533页）

字概括之，但是他对于平等精神的追求是其思想最为引人瞩目之所在。李贽对平等精神的追求，首先表现在他对权威的质疑，孔子是儒家的精神偶像，在当时处于无可置疑的权威地位，而李贽则大胆提出对孔子之权威的质疑，对普通人之存在意义予以高扬，他说："夫天生一人，自有一人之用，不待取给于孔子而后足也。若必待取足于孔子，则千古以前无孔子，终不得为人乎？"[①]个体生于天地之间，一人自有一人之用，个体自有其独特的价值，这一价值的敞开完全不依赖于权威的恩赐，在根本上是独立自足的。李贽的这一思想实际上也是接着王阳明讲的。王阳明曾说：

> 夫学贵得之心。求之于心而非也，虽其言之出于孔子，不敢以为是也，而况其未及孔子者乎！求之于心而是也，虽其言之出于庸常，不敢以为非也，而况其出于孔子者乎！(《传习录中》,《全集》卷二，第76页)

王阳明认为，孔子不是检验是非的标准，检验是非的标准应该是是否出自个体之心。对于圣贤和凡人的同等重视，显示了心学在人格观念上的平等倾向。可见，个体之心的价值和意义，在王阳明那里已经得到充分的重视，李贽将王阳明这一思想重新发挥出来，来说明权威人物在价值的相对性以及弘扬普通个体在价值上的重要性。李贽认为：

> 夫舜之好察迩言者，余以为非至圣则不能察，非不自圣则亦不能察也。已至于圣，则自能知众言之非迩，无一迩言而非真圣人之言者。无一迩言而非真圣人之言，则天下无一人而不是真圣人之明矣。非强为也，彼盖曾实用知人之功，而真见本来面目无人故也；实从事为我之学，而亲见本来面目无我故也。本来无我，故本来无圣，本来无圣，又安得见己之为圣人，而天下之人之非圣人耶？本来无人，则本来无迩，本来无迩，又安见迩言之不可察，而更有圣人之言之可以察也耶？[②]

① 李贽：《答耿中丞》,《焚书》卷一,《焚书　续焚书》，第16页。
② 李贽：《答邓明府》,《焚书》卷一,《焚书　续焚书》，第39页。

这里所说的“迩言”，也就是反映一般民众日常生活状况、心态、想法的通俗话语，即所谓“浅近之言”，李贽此处用来和具有尊崇地位的“圣人之言”相对。“圣人之言”与权威性相联系，而“迩言”与平民性、日常性、通俗性、随意性相联系。《中庸》里说：“子曰：舜其大知也与！舜好问而好察迩言，隐恶而扬善，执其两端，用其中于民，其斯以为舜乎！”在一般儒家学者看来，舜作为圣人，对日常的“迩言”依然十分重视，这里隐含的意思是“迩言”和“圣人之言”的地位是不相等的，圣人之好迩言，突出的是圣人的品德谦虚和胸怀宽广。而在李贽看来，“迩言”和“圣人之言”在实质上就应该是对等的，“迩言”在根本上就是“圣人之言”，所谓“无一迩言而非圣人之言者”。进而言之，天下之人也都具有“圣人之明”，这就打翻了圣人和一般个体之间壁垒森严的圣、愚之别，人人都是圣人，人人都具有其自身的权威性并能够自作主宰，这种权威绝不能被所谓的“圣人”所垄断。因此，李贽认为：“圣人不责人之必能，是以人人皆可以为圣。故阳明先生曰：‘满街皆圣人。’”[①]本来无圣，人人皆可以为圣，那么后世强调的圣人权威本就不是先验和绝对的，而是人为的、相对的，既然是人树立的，那就是可以动摇的，无所谓先验性的“权威”，“耕稼陶渔之人既无不可取”[②]。人人都有其自身独特的价值，他人不能轻视，自己也不必自轻自贱，那么人人可以在行动上、思想上“反求诸己”，人人皆为平等自在。

基于对个体性的重视，李贽明确强调圣人和凡人的平等，他认为：“尧舜与途人一，圣人与凡人一。”[③] 这和王阳明所说的“良知良能，愚夫愚妇与圣人同”的思想如出一辙，从这一点也可以看出，李贽的某些思想是接着王阳明讲的。李贽一贯的观点就是极力排斥圣人的权威，主张圣凡一致，而后代正统观念在批评李贽的时候，往往也主要从李贽的“非圣无法”的思想着手，如《四库全书》的编撰者就认为：“（李）贽书皆狂悖乖谬，非圣无法。惟此书（《藏书》）排击孔子，别立褒贬，凡千古相传之善恶，无不颠倒易位，尤

---

① 李贽：《答耿司寇》，《焚书》卷一，《焚书　续焚书》，第31页。

② 李贽：《答耿司寇》，《焚书》卷一，《焚书　续焚书》，第31页。

③ 李贽：《道古录》卷上，张建业主编：《李贽文集》（第7卷），社会科学文献出版社2000年版，第361页。

为罪不容诛。”[①]他们将李贽定位在“非圣无法”的思想异端。现在来看，“非圣”的平等思想正是李贽思想中极具冲击性的部分，他批评了当时社会上尊卑秩序的不平等，将高高在上的圣人从庙堂拉到日常生活的普通人中间，特别是对那些自居“圣贤”“山人”的“假道学”，予以了揭露与批判。李贽关于“圣凡平等”的思想，和王阳明的“满大街都是圣人”思想的精神在实质上也是一致的，都破除圣人的神秘性，把圣人和凡人在本质上看作是无差别的，这种圣凡平等的思想可说是王阳明心学思想的一个重要特色，也是王阳明哲学政治向度的一个主要方面。

李贽不仅质疑圣人的权威，还认为在政治社会中其实无所谓贵贱、圣凡的高下之别：“人见其有贵、有贱、有高、有下，而不知其致之一也，曷尝有所谓高下贵贱者哉！”[②]在李贽看来，侯王贵胄和庶人的地位是平等的，他说：

> 侯王不知致一之道与庶人同等，故不免以贵自高。高者必蹶下其基也，贵者必蹶贱其本也。何也？致一之理，庶人非下，侯王非高。在庶人可言贵，在侯王可言贱。[③]

当时之世，在社会地位上高低贵贱等级森严、界限分明，李贽提出“致一之理”这样具有平等精神的口号，具有强烈的人文主义启蒙气息，对晚明的士林构成了一种思想冲击。

李贽对平等精神的发挥，导致他向往“均平若一人”的良好政治社会，他说：“天下之众，而能使之均平若一人。”[④]当然，均平的理想是中国传统社会中广泛流传的一个重要观念，不是李贽的创造，但这种观念一致并不处于正统的地位，只有在反抗统治阶层的无道统治时才会被思想家或者起义领袖们所使用。从这也可以看出李贽的反抗精神，而这种对于权威的质疑精神，在王阳明挑战正统朱学的气质中也可以看到。在李贽那里，良好的社会还是天下万物各得其所的社会，这个社会“万物并育而不相害”，他说：

---

① 纪昀等：《钦定四库全书总目》卷五十，中华书局1997年版，第702页。
② 李贽：《老子解》下篇，张建业主编：《李贽文集》（第7卷），第17页。
③ 李贽：《老子解》下篇，张建业主编：《李贽文集》（第7卷），第16—17页。
④ 李贽：《道古录》卷下，张建业主编：《李贽文集》（第7卷），第370页。

千万其人者各得其千万人之心，千万其心者各遂其千万人之欲。是谓物各付物，天地之所以因材而笃也，所谓万物并育而不相害也。今之不免相害者，皆始于使之不得并育耳。若肯听其并育，则大成大、小成小，天下更有一物之不得其所者哉？[①]

李贽认为，良好的生活应该是天下之人各得其心，天下之心各遂其欲，每个个体的正常诉求都应该被重视，万物并育而不相害，天下之人都能够各得其所，各安其分。之所以出现社会冲突，其原因在于万物不得其所，不能按照真实的本心和欲望生活。所以，李贽认为，要想实现良好生活，其要义在使天下之人各得其所，而这取决于他一再强调的天下之人是否平等，是否能够真实地生活。

李贽是一位极度重视平等、自由和真实的思想家，他一生的经历可以说都是这几个字的生动体现，为此他坚定信念，不向世俗妥协，晚年也由此而丧命。从上述的分析来看，李贽对于真实生活和平等精神的追求，从某种意义上来看，和王阳明哲学里潜在的精神特性存在一定的相通之处，是对王阳明哲学所表现出来的政治向度的一种承续。当然，王阳明本质上还遵守正统儒家的规范，而李贽则具有了“异端”的特质。王阳明哲学里蕴含的平等、自由和真实的气息，到了李贽这里，通过李贽独步古今的气概被彻底地释放出来，遂在思想界引起了巨大的反响。

概而言之，在王阳明之后，王艮和李贽等具有政治哲学家气质的后学人物，对王阳明哲学思想之政治向度的种种发挥，也是其心学政治观的展现，或者说，王阳明一些具有政治意义的观念，经王艮和李贽等人阐发、回应和引申，其潜在的政治向度更加鲜明地呈现出来。当然，王艮、李贽等人个体的精神气质与王阳明有所不同，故而他们在心学政治观的发挥上，也更加“出位”，故而往往不能为正统儒学所接受和理解。

---

① 李贽：《道古录》卷上，张建业主编：《李贽文集》（第7卷），第365页。

三、“以心挽劫”的近代呼应

明清鼎革之际，思想界兴起的实学思潮对于王学末流的玄虚讨论予以了检讨和反思，王阳明的心学不再是思想界的主流。到了晚清，经过明末清初的被批判和此后长时间地被边缘化之后[①]，一度沉寂的阳明心学在近代中国又呈复兴之势。近代中国，处在一个前所未有的变革时代，所谓“三千年未有之大变局”，为了推进时代的变革，思想家、革命家们往往会从传统中寻找资源作为当时时代的思想推进剂。近代中国思想界的主要人物，从龚自珍、魏源到康有为、梁启超、谭嗣同，从章太炎到梁漱溟，还有政治人物孙中山、蒋介石以及专业哲学家熊十力、贺麟等，都在不同程度上推崇王阳明心学。由于这些人物的倡导，阳明心学也由此呈现出复兴的态势。针对晚清以来阳明心学的复兴，严复曾从反面予以了论说：“夫阳明之学……终明之世，驯至于昭代，常为学者宗师。近世异学争鸣，一知半解之士，方怀鄙薄程、朱氏之意，甚或谓吾国之积弱，以洛、闽学术为之因。独阳明之学，简径捷易，高明往往喜之。又谓日本维新数巨公，皆以王学为向导，则于是相与偃尔加崇拜焉。”（《王阳明集要三种序》，《全集》卷四十一，第1626页）严复虽不认可王阳明学的救世意义，但也描述了王阳明之学在晚清为人所崇的思想境况。新心学的代表人物贺麟在讨论晚清民国以来的中国哲学态势时曾说：“在这几十年里，陆、王之学得了盛大的发扬。”[②]可见，在近代中国的政治思想大变局中，王阳明心学依然有着重要的思想资源意义。

晚清时期，中国被裹挟到世界潮流中，老大的帝国被迫进行了艰难的近代化转型。于外，有列强的侵扰；于内，有革命的冲击。在内忧外患面前，近代中国的思想界面临的主要问题是“中国向何处去”，并以此来寻求民族独立、国家富强、人民幸福的恰当道路，所以思想界的翘楚人物思考哲学问题的动机往往是为了通过哲学回

---

① 一个明显的例子就是代表清代学术集成的《四库全书》对阳明学派大部分成员的书籍都不予以收录，《四库全书》编纂之时，思想界批判阳明学之声此起彼伏，阳明后学的思想更是被称为“异端”“杂禅”，为编纂者们所不屑。

② 贺麟：《五十年来的中国哲学》，商务印书馆2002年版，第3页。贺麟在概括近代以来中国哲学的特质时，十分明确地指出，近代以来的中国哲学主要表现为陆王之学复兴。

答上述时代问题。[①]“中国向何处去”的问题，同“如何去”“怎样去”以及“以怎样的精神面貌应对时代的挑战”的问题是一体的。作为中国古典哲学的代表理论之一，王阳明心学可能无法为“中国向何处去”这一近代命题的回答提供直接有益的启示，而关于王阳明本人在政治事业上的所作所为，由于时代的不同、所面临问题的不同，也不值得近代思想家们去模仿。但王阳明“化治世为治心”的政治哲学思路，以及其中包含的自尊自强、注重心力（精神的力量）、注重实行实功以及勇于思想革命的精神等思想因子，对于近代中国的思想领域确实有过重要的影响，这种影响的来源无疑是王阳明哲学自身所蕴含的政治向度。

王阳明反复教人自尊无畏，自作主宰，高扬个体意志的作用，所谓“良知是造化的精灵”，他教导门人秉持良知勇敢地参与到社会生活中去，他说：

> 诸君只要常常怀个“遁世无闷，不见世而无闷”之心，依此良知，忍耐做去，不管人非笑，不管人毁谤，不管人荣辱，任他功夫有进有退，我只是这良知的主宰不息，久久自然有得力处，一切外事亦自能不动。（《传习录下》，《全集》卷三，第101页）

王阳明教人依照自家良知，抵抗外事的侵扰，待人处世皆以良知为准则，即使不为世所用，也不在精神意志上放松懈怠。由此，王阳明强调“不为外事所动”的坚强意志。这种思想除了有个人修养的意义之外，同时还有一种政治的意味，那就是坚信和坚持个体思想意志对于改进社会的意义。如所周知，在一个专制的社会里，个体意志常常会被所谓“天意”或“君意”“圣人之意”所淹没，个体的命运也由代表天意、君意等专制性权力所主宰，而王阳明强调自家良知、个体意志的重要意义，无疑是对那些强加在个体之上的外在意志的一种反抗。王阳明心学主张内在向度的人心对于政治社会有着极大的影响，主张个体的意志对于政治事务有着至关重要的

---

① 参见冯契：《中国近代哲学的革命进程》，上海人民出版社1989年版，第1—26页。

作用，王阳明的这些主张，在人心激荡、变局空前的近代中国思想界得到了极为高调的回应。

近代中国哲学的第一个先驱龚自珍[①]对“心力”就极为推崇。龚自珍号定庵，对晚清“衰世”多有批判，在晚清思想史上具有开风气的意义。在他看来，“心力”几乎无坚不摧，政治社会中一切难为之事都可赖“心之力”解决之，龚自珍认为：“心无力者，谓之庸人……医大病，解大难，谋大事，学大道，皆以心之力。”[②]“人心者，世俗之本也；世俗者，王运之本也。人心亡，则世俗坏；世俗坏，则王运中易。”[③]龚自珍把自然和社会的发展变化，都看成是“人心”作用的结果。在他看来，人心之力不仅是解决社会困难的力量，而且是世俗、王运的根基，决定着社会风俗的变易和政治统治的更迭，换言之，人的主观意志决定了社会的变化。除了对“心力”重视之外，龚自珍还强调“自我”的意义，他说：“天地，人所造，众人自造，非圣人所造。圣人也者，与众人对立，与众人为无尽。众人之宰，非道非极，自名曰我。我光造日月，我力造山川，我变造毛羽肖翘，我理造文字言语，我气造天地，我天地又造人，我分别造伦纪。”[④]他认为世界的主宰不是天道、太极，更不是圣人，而是无数个体的自我意志，个体的意志创造了世界并赋予世界以意义。无论是强调“心力”还是重视“自我”，这都是龚自珍唯意志主义哲学思想的表达，同时也是对当时政治发出的一种警告，呼吁将政治秩序的稳定和人心的培植联系起来，告诫统治者要重视发挥人们意志的力量。这和王阳明“大道在人心”的心学思想有着相似之处，同样是一种将政治问题切换到人心问题的思路。

龚自珍强调人心之于政治的作用，随着近代中国形势的发展，越来越受到思想家的重视。维新派代表人物康有为也十分留心陆王一系的心学，康有为，号长素，是清末维新派的思想领袖。根据梁

---

① 关于龚自珍在近代哲学中的先驱地位，参见冯契：《中国近代哲学的革命进程》，第29页。另外，冯契认为，在中国近代哲学的历史上，提出“众人之宰，其名曰我”的命题，标志着自我的觉醒，而突出和颂扬“心力”，也可以说都是从龚自珍发端的。参见冯契：《中国近代哲学的革命进程》，第50页。

② 龚自珍：《壬癸之际胎观第四》，《龚自珍全集》，上海人民出版社1975年版，第15—16页。

③ 龚自珍：《平均篇》，《龚自珍全集》，第78页。

④ 龚自珍：《壬癸之际胎观第一》，《龚自珍全集》，第12—13页。

启超的记述，康有为自青年之时就“独好陆王，以为直捷明诚，活泼有用，故其所以自修及教育后进者，皆以名为鹄焉”[①]。在康有为的思想里，也将“心力”与政治的关系紧密结合起来，在鼓吹变法的言论中，他宣称：

> 欲救亡无他法，但激厉其心力，增长其心力，念兹在兹，则爝火之微，自足以争光明，基于滥觞，流为江河，果能四万万人人人热愤，则无不可为者，奚患于不能救。[②]

康有为认为，如果举国上下能发扬“心力”，发挥意志的力量，那么包括政治救亡在内的事情都将无不可为。在这里，如同王阳明将“良知”作为治世的核心要素一样，康有为将“心力”作为救亡的不二法门，推崇政治意志在实际政治中的作用，强调人们只要在主观精神上不断磨砺锻炼，就能在现实中产生巨大的力量。

清末维新烈士谭嗣同怀着救国救世的极大热情，高举“冲决网罗”的旗帜，张扬主体意志，以“心”为万物本体和根源。谭嗣同，号壮飞，倡导新学，力主变法，是为变法牺牲的“戊戌六君子”之一。谭嗣同认同佛家“一切惟心所造”[③]的观念，又认为“心源非己之源也，一切众生之源也”[④]。在以心体为本的基础上，谭嗣同对人的意志力无比推崇，并将“心力”的作用夸大到“无不可为”的高度上[⑤]。他反复阐述“心力”的重要性，认为“夫心力最大者，无不可为”[⑥]。既然“心力”最大，那么便可以通过发挥“心力”来拯救危难，“以心挽劫者，不惟发愿救本国，并彼极强盛之西国，与夫含生之类，一切皆度之”[⑦]。谭嗣同还认为，人之所以为天地间最可贵

① 梁启超：《南海康先生传》，《文集之六》，《饮冰室合集》（第1册），中华书局1989年版，第61页。

② 康有为：《京师保国会第一集演说》，汤志钧编：《康有为政论集》，中华书局1981年版，第241页。

③ 谭嗣同：《仁学》十五，蔡尚思、方行编：《谭嗣同全集》，中华书局1981年版，第313页。

④ 谭嗣同：《仁学》四十九，蔡尚思、方行编：《谭嗣同全集》，第371页。

⑤ 高瑞泉教授认为，在谭嗣同那里，心力本质上就是一种善良意志，这种意志被看作是社会进化的决定性因素或最终动力，心力发挥的程度和社会历史进步程度直接相关。参见高瑞泉：《天命的没落——中国近代唯意志论思潮研究》，上海人民出版社1991年版，第25页。

⑥ 谭嗣同：《仁学》四十三，蔡尚思、方行编：《谭嗣同全集》，第357页。

⑦ 谭嗣同：《仁学》四十四，蔡尚思、方行编：《谭嗣同全集》，第358页。

者，是因为“心”的存在，“人所以灵者，以心也。人力或做不到，心当无有做不到者……心之力量虽天地不能比拟，虽天地之大可以由心成之、毁之、改造之，无不如意”[①]。在谭嗣同那里，“心力”的作用被夸大为改造天地，无所不能为。作为“戊戌变法”的主要倡导人之一，谭嗣同甚至认为，如果不端正人心，即使变法成功也毫无意义，他说：“不先正天下人之心，即变法犹无益也。”[②]谭嗣同的这一看法，同王阳明将“正心”“心上用功”作为政治事务的基本出发点的思想，在本源上有着相通之处。谭嗣同将“心力”的作用夸大到无所不能的程度，和王阳明夸大“良知”的作用也十分相似。谭嗣同强调“以心挽劫”“心力无所不为”的思想，反映了近代思想家在缺乏改造现实社会的实际力量的前提下，无法凭借物质和制度的力量，力图凭借主观的心志力量改造天地的进步心态，[③]也表达了谭嗣同把改造社会寄托于改造心灵的主观愿望，同时也可以视之为王阳明心学“化治世为治心”思想的呼应。

同样重视心力的还有梁启超。梁启超，号任公，曾和康有为一起倡导维新变法，思想上中西兼通，既是近代中国的启蒙思想家，也是传统学术向近代学术转型的关键人物。梁启超对陆王一系的心学十分钦敬，曾称“阳明先生百世之师”[④]，早在向康有为求学时，康有为也对其“教以陆王之学”[⑤]。梁启超认同陆王心学中的“万化根源总在心”的观点，他提出：“境者心造也。一切物境皆虚幻，惟心之所造之境为真实。”[⑥]认为自在的世界是没有意义的，只有与人心关联的世界才是有意义的，以此来突出“心”的重要性。出于对“心体”的认同，梁启超十分强调“心力”的政治意义，他认为人的自由由“心”而起：

> 辱莫大于心奴……独至心中之奴隶，其成立也，非由他力之所得知；其解脱也，亦非由他力之所得助，如蚕在茧，著著自

---

① 谭嗣同：《上欧阳中鹄》，《书简》，蔡尚思、方行编：《谭嗣同全集》，第460页。

② 谭嗣同：《上欧阳中鹄书》，《兴算学议》，蔡尚思、方行编：《谭嗣同全集》，第161页。

③ 参见杨国荣：《王学通论——从王阳明到熊十力》，第241页。

④ 梁启超：《阳明先生传及阳明先生弟子录序》，《文集之四十》，《饮冰室合集》（第5册），第18页。

⑤ 梁启超记述向康有为学习的情境道：“明日再请谒，请为学方针，先生乃教以陆王心学。”参见梁启超：《三十自述》，《文集之十一》，《饮冰室合集》（第2册），第16页。

⑥ 梁启超：《惟心》，《自由书》，《专集之二》，《饮冰室合集》（第6册），第45页。

缚，如膏在釜，日日自煎。若有欲求真自由者乎，其必自除心中之奴隶始。[①]

夫心固我有也，听一言，受一义，而曰我思之我思之，若者我信之，若者我疑之……高高山顶立，深深海底行，其于古人也，吾时而师之，时而友之，时而敌之，无容心焉，以公理为衡而已。自由何如也！[②]

盖心力散涣，勇者亦怯；心力专凝，弱者亦强。是故报大仇、雪大耻、革大难、定大计、任大事，智士所不能谋，鬼神所不能通者，莫不成于至人之心力。[③]

梁启超认为，人的解放最为重要的是"心"之解放，人的奴役和自由完全取决于人心，因此，实现自由首先要做到就是"自由其心"。只有让自我之心来做主宰，而不受外在力量的裹挟，人才能真正实现自由。这些观点，都和王阳明良知说中重视自我意志的思想有着相近之处。另外，梁启超还和龚自珍一样，将"心力"作为处理"大事"的决定性力量。处在晚清这样一个政治问题十分突出的时代，梁启超所指的"大仇""大难""大事"等，对于当时中国来说，无疑指的是极为严峻的政治事务，即如何应对列强、如何实现维新、如何实现国家富强等。而"除心奴"说则指明，要想获取政治自由，首先要求个人在精神上获得自由。梁启超借用"心力""心奴"说，疾呼精神力量对于解决这些政治事务的重大意义，与王阳明心学重视人的主观精神对于政治事务的影响力，在思路上是殊途同归的。

而作为主张以革命改变晚清政治格局的近代思想家章太炎，尽管在其思想发展的前后期对王阳明的评价不一[④]，但王阳明的思想始终萦绕于怀，而且对阳明学主张意志、心力的精神基本上持认可的态度。章太炎，名炳麟，别号太炎，既是革命家，也是大学问家。

① 梁启超：《论自由》，《新民说》，《文集之四》，《饮冰室合集》（第6册），第47页。

② 梁启超：《论自由》，《新民说》，《文集之四》，《饮冰室合集》（第6册），第47—48页。

③ 梁启超：《论尚武》，《新民说》，《文集之四》，《饮冰室合集》（第6册），第115页。

④ 章太炎在青年和中年时期分别有《王学》《遣王氏》《议王》等文章批评阳明学说，但在其思想发展后期，又有《王文成公全书题辞》《王文成公全书后序》《王阳明象赞》等文章表彰阳明。在20世纪80年代初期，朱维铮先生和孙万国先生分别有专文论说章太炎对王阳明的评价问题，可参见朱维铮：《章太炎与王阳明》、孙万国：《也谈章太炎与王阳明——兼论太炎思想的两个世界》，章念驰编：《章太炎生平与思想研究文选》，浙江人民出版社1986年版，第264—368页。

章太炎从王阳明心学对于日本明治维新的作用出发来说明其政治意义，他说："日本维新，亦由王学为其先导。王学岂有他长，亦曰自尊无畏而已。"① 章太炎认为，王阳明心学的"自尊无畏"是一种自信精神，这种精神对于当时中国的前途十分有益，能够鼓舞人们以强大的意志力量来改造社会，所谓"依自不依他"，"所以维持道德者，纯在依自，不在依他"②。为了更清楚地说明王阳明心学的"自尊无畏"精神，他甚至将"自尊无畏"精神和尼采的"超人"精神相类比，认为这种精神能够改变中国的风貌，他说：

> 今人学姚江，但去其孔、佛门户之见，而以其直指一心者为法，虽未尽理，亦可以悍然独往矣！③
>
> 王学深者，往往涉及大乘，岂特天人诸教而已，及其失也，或不免偏于我见。然所谓我见者，是自信而非利己，犹有厚自尊贵之风。尼采所谓超人，庶几相近。排除生死，旁若无人，布衣麻鞋，径行独往，上无政党猥贱之操，下作懦夫奋矜之气，以此揭橥，庶于中国前途有益。④

章太炎在此处指出，阳明学注重主观意志的思想对于辟除政党人士的相狎和振奋群众的精神具有重要意义，并且期望揭橥王学的这种精神来改造中国。尼采的"超人"是要创造自己的价值而否定死去的价值（"上帝死了"），主张对传统道德文化进行重估，从而用新的世界观、人生观构建"超人"。在尼采看来，"超人"是最能展现生命意志、人的本质力量的人，也是最富有创造能力的人，是能够自作主宰的强者。章太炎认为阳明学注重"我见"的精神和"超人"精神相近，实际上也是在呼吁一种自尊自强的意志，号召大家革除传统的、僵化的、权威的价值，尊奉"自我"的价值并能够特立独行。章太炎发挥王阳明心学的自尊自强思想，强调个体意志的力量，对于振奋当时的人们革命精神起到了一定的积极作用。另外，章太炎还认

---

① 章太炎：《答铁铮》，《章太炎全集》（第4册），上海人民出版社1985年版，第369页。
② 章太炎：《答铁铮》，《章太炎全集》（第4册），第374页。
③ 章太炎：《答铁铮》，《章太炎全集》（第4册），第370页。
④ 章太炎：《答铁铮》，《章太炎全集》（第4册），第374—375页。

为，就政治而言，王阳明的长处不在于他的政事上的功勋，而在于王阳明个人坚强的意志品质，他说："文成之术，非贵其能从政也，贵乎敢直其身、敢行其意也。"[①]所谓"直身""行意"，也就是说，在章太炎看来，王阳明对于后世政治的最大启示不在于"政术"的层面上，而在于政治人物敢于正道直行的精神和崇尚心力的政治哲学。政治上的技术是短暂的、应时的，而自尊无畏的政治哲学精神则是长久的，在一定意义上具有普遍性。从章太炎的思想里，也可以看到心学政治观在近代政治思想中所发挥的启迪性作用。

孙中山对王阳明心学也十分重视，贺麟曾认为孙中山是近代中国心学发为事功的代表人物。[②]孙中山，名文，别号中山樵，是近代中国民主革命的伟大先行者。虽然出于为资产阶级民主革命提供思想武器的目的，孙中山曾经明确批评过王阳明的"知行合一"学说，他在知行问题上提倡"知难行易"。但是孙中山在重视革命行动中的精神因素、意志力量等问题上，还是受到王阳明心学的一定影响。和晚清以来很多思想家一样，孙中山对于王阳明心学的重视，主要表现在对"心力"、精神等对于现实生活之意义的认同上。前文已述，王阳明一再强调天下无心外之事，无论伦理现象还是政治事务，"都只在此心"，政治治理、社会整合都只在"复心体之同然"。与王阳明将伦理政治事务归摄于心相呼应，孙中山也认为，从根本上说，政治国事就是人们的心理现象，是否能实现良好的政治，根源在于人心，只要人们在人心上思变，经过努力，社会就会发生改变。在孙中山关注的问题域里，最大的政治问题莫过于革命和建设民国，而在这些问题上，孙中山认为，革命和建设的成功与否，系于人心，系于精神。他说：

> 人者有精神之用，非专恃物质之体也。我既为人，则当发扬我之精神，亦即所以发扬为人之精神，故革命在乎精神。革命精神者，革命事业之所由产出也。[③]

---

① 章太炎：《议王》，《章太炎全集》（第3册），第461页。

② 贺麟说："我们不禁要问，在过去五十年内，哲学界陆、王之学颇为盛行，但能本陆、王之学，发为伟大事功者，又有没有代表人物呢？我们可以答道，有的。孙中山先生就是王学之发为事功的伟大代表。"（贺麟：《五十年来的中国哲学》，第18页）

③ 孙文：《在桂林对滇赣粤军的演说》，《孙中山全集》（第6卷），中华书局1981年版，第12—13页。

> 夫国者，人之积也，人者，心之器也，而国事者，一人群心理之现象也。是故政治之隆污，系乎人心之振靡。吾心信其可行，则移山填海之难，终有成功之日；吾心信其不可行，则反掌折枝之易，亦无收效之期也。心之为用大矣哉！夫心也者，万事之本源也。满清之颠覆者，此心成之也；民国之建设者，此心败之也。①

革命精神能够创造革命事业，人心建设能够促进民国建设。孙中山非常直接地将具体政治问题和内在的心紧密地结合起来，认为“心之为用大矣”，清朝的颠覆、民国的建设、革命的事业，这些治世的问题，都可以归结到人心的问题。可以说，孙中山将政治事务与人心的结合，是对王阳明心学政治向度的一个历史回应。孙中山对于“人心”之于政治的意义期望很高，呼吁要在方寸之心上建立“国基”，也就是将国家兴亡的根本与人心的建设联系起来，只有人们首先在心理上接受革命的纲领、建国的方略，才能真正实现革命的胜利和国家的建设。孙中山终其一生宣传革命、宣传三民主义、宣传建国方略，其用意也正是要唤起民心，以期获得从根本上解决当时的政治问题。所以，他发出这样的呼声：“国民！国民！当急起直追，万众一心，先奠国基于方寸之地，为去旧更新之始，以成良心上之建设也。”②在方寸之地上奠定国基，也就是在心体上建设政治的根本，将宏大的治世、救世问题转换到人心的建设上来，以人心的问题为政治问题的基础，这也代表了近代中国一大批思想家对于政治问题的基本看法，这也是人们往往说近代政治思想中存有王阳明心学因素的重要论据。

由以上对近代哲学思想的大致梳理，可以看出，从龚自珍到孙中山，这些在中国近代历史上起过非常重要作用的思想家、政治家都对心学思想的救世作用十分看重。上述处在社会剧烈变革时代的中国思想家，为了探寻衰败中国的出路，为了积极“救世”，都曾积极地从心学中汲取思想资源，以期能从思想上为民族独立、国家富强、人心振兴指点出一条道路。而王阳明哲学也成为他们表达救亡思想的资

---

① 孙文：《建国方略》，《孙中山全集》（第6卷），第158—159页。
② 孙文：《建国方略》，《孙中山全集》（第6卷），第215页。

源之一，他们对于王阳明哲学的发挥，具体到政治哲学角度，就是认同王阳明哲学中将治世转换到治心的思路，高度重视心力、精神、意志等力量对于政治变革的意义。他们发扬唯意志主义，将发扬主体自身的精神意志同社会历史的进步联系起来，并期望以阳明学自尊无畏的精神激励国民，实现救国救民的政治理想。这种发挥，从某种意义上也说明了阳明学说中包含的政治向度，构成了对阳明学政治向度的历史回应。同时，这种将治世问题向治心问题转换的思路，为近代中国人在“师夷长技以制夷”“实业救国”等思路之外，别开一个“以心挽劫”的取向。“师夷长技以制夷”“实业救国”等思路强调的是物质力量、技术因素在救国、强国道路上的意义，“以心挽劫”强调的是国民的精神力量、意志品质对于当时现实政治活动的意义。历史已经证明，科学技术等物质力量在近代中国救国保种的历史斗争中曾起过重要的作用，但诸多仁人志士昂然高亢的抗争精神和不屈不挠的革命意志在近代中国人救国救世的道路上所起的作用，同样不可以忽视。换言之，“治心”也能促进“治世”。

四、小结

本章以中晚明和近代中国思想界的王学两次兴盛为背景，讨论王阳明哲学的政治向度在王阳明身后的一些哲学家、思想家那里的各种演变、发挥以及回应，对于王阳明哲学的政治向度在思想历史上的几个片段呈现作了一个简单的考察。

王阳明死后，其弟子门人遍布大江南北，其中许多人对王阳明哲学思想的政治向度予以继承和发挥。特别是在“万物一体”的政治理想上，王畿、王艮等都从不同方面予以了继承，王畿积极传播“万物一体”的政治理想，而王艮则以实现“万物一体”理想自任。另外，泰州后学颜钧、何心隐等人还将这些理想予以了试验，有的甚至结社犯禁、鼓动一时。

在心学政治观的发挥上，王艮和李贽还形成了具有特色的新学说。王艮将王阳明的以心为本的政治观发展到以身为本的政治观，强调“身安而天下国家可保也”，认为“不知安身，便去干天下国家事，是之为失本”。王艮“身本政治”突出了个体感性生命和个人日常生活对于政治事务的意义，从一定意义上说具有“化治世为治身”

的思想倾向，使得政治事务不仅仅局限于家国天下，而同时高扬个体存在对于政治的作用。从重视主体的价值角度来看，这也是对王阳明重视自家良知政治意义的继承和发展。王艮对于治世的问题的转化，从王阳明的治心发展到他所强调的治身，也是基于重视主体性的立场，不同的是，王阳明重视的是主体的精神性存在，而王艮着眼的是主体的客观性存在。另外，王艮还提出“大成师道”的思想，强调道统的传承，认为儒者应该积极用所传承的圣人之教教化社会，参与政治，进而实现理想的政治。这一思想，表达了他和王阳明如出一辙的政治关怀，不过王阳明的政治关怀更为含蓄，而王艮的“救世”情怀则更为张狂。王艮之后，李贽对王阳明哲学的政治向度也予以了吸收和改造。李贽在王阳明良知学说的基础上提出“童心”说，来强调真实无妄之童心在生活中的意义，同时猛烈抨击因人人虚假而造成的堕落社会，这和王阳明所强调的“真切之心”对于政治生活的意义，在总体致思路径上互相呼应。另外，基于个人的独特“异端”气质和反抗精神，李贽比王阳明更为激烈地追求平等精神，他强调圣凡平等、庶人侯王平等，认为“尧舜与途人一，圣人与凡人同一”“庶人非贱，侯王非贵”，李贽的这些“异端”思想在晚明社会造成了一定冲击，这也进一步说明了王阳明哲学经改造和发挥后的社会影响力。

近代以来，王阳明心学再次受到求新求变的思想家们的重视。近代中国，处在一个前所未有的变革时代，为了唤起民众的革命精神来推进时代的变革，许多思想家都易于从以强调自尊自强、注重心力的阳明心学中寻找精神资源、思想启迪。从龚自珍、魏源到康有为、梁启超、谭嗣同，从章太炎到孙中山等人，都在不同程度上推崇阳明心学。他们的整体哲学思想或许不能以心学概括之，但是他们对于阳明哲学以及对于人心问题的重视，却是在讨论阳明心学的政治向度时所不能忽视的。他们从王阳明哲学的心体出发，强调治心对于治世的作用，强调用发扬心力来拯救中国面临的劫难，他们高度重视心力、精神、意志等力量对于政治变革的意义，并期望以阳明学自尊无畏、高扬自我的精神激励国民，实现救国救民的政治理想。本章限于篇幅，不能予以详细的考察，只能笼统地作一简单分析，勾勒了近代思想家“化治世为治心”思想脉络。

另外，值得注意的是，王阳明哲学的政治向度对日本明治维新中一度显现。梁启超就认为："日本维新之役，其倡之成之者，非有得于王学，即有得于禅宗。"[①] 日本明治时期学者高濑武次郎也认为："我邦阳明学之特色，在其有活动的事业家，乃至维新诸豪杰震天动地之伟业，殆无一不由于王学所赐予。"[②] 明治维新前后，许多有为之士信赖阳明心学，并以心学为理论武器来推动明治维新的实现，利用心学的解放、开拓精神为其思想先导。[③] 阳明心学在明治维新时期对日本政治思想家产生了重要影响，这在一定意义上也说明了其自身所具有的政治向度。

从王阳明哲学在其身后的发挥和回应来看，王阳明哲学的政治向度不仅是通过其思想本身展现出来的，阳明后学以及近代思想家对于心学在政治思想上的发挥与回应，也说明了这一政治向度也具有"日生日成"的延展性。

① 梁启超：《论自由》，《新民说》，《专集之四》，《饮冰室合集》（第6册），第50页。

② 戴瑞坤：《阳明学汉学研究论集》，台湾学生书局1988年版，第82页。

③ 魏常海：《王学对日本明治维新的先导作用》，《北京大学学报（哲学社会科学版）》1987年第1期。

参考文献

一、基本文献

何心隐:《何心隐集》，容肇祖整理，中华书局1960年版。

张廷玉等:《明史》，中华书局1974年版。

李贽:《焚书 续焚书》，中华书局1975年版。

龚自珍:《龚自珍全集》，上海人民出版社1975年版。

脱脱等:《宋史》，中华书局1977年版。

张载:《张载集》，章锡琛点校，中华书局1978年版。

陆九渊:《陆九渊集》，钟哲点校，中华书局1980年版。

程颢、程颐:《二程集》，王孝鱼点校，中华书局1981年版。

康有为:《康有为政论集》，汤志钧编，中华书局1981年版。

蔡尚思、方行编:《谭嗣同全集》，中华书局1981年版。

章太炎:《章太炎全集》，上海人民出版社1982年版。

朱熹:《四书章句集注》，中华书局1983年版。

黄宗羲:《明儒学案》，沈芝盈点校，中华书局1985年版。

孙文:《孙中山全集》，中华书局1981年版。

梁启超:《饮冰室合集》，中华书局1989年版。

王守仁:《王阳明全集》，吴光等编校，上海古籍出版社1992年版。

黎靖德编:《朱子语类》，王星贤点校，中华书局1994年版。

颜钧:《颜钧集》，黄宣民校点，中国社会科学出版社1996年版。

张建业主编:《李贽文集》，社会科学文献出版社2000年版。

王艮:《王心斋全集》，陈祝生等校点，江苏教育出版社2001年版。

王畿:《王畿集》，吴震编校整理，凤凰出版社2007年版。

邹守益:《邹守益集》，董平编校整理，凤凰出版社2007年版。

欧阳德:《欧阳德集》，陈永革编校整理，凤凰出版社2007年版。

聂豹:《聂豹集》，吴可为编校整理，凤凰出版社2007年版。

罗洪先:《罗洪先集》，徐儒宗编校整理，凤凰出版社2007年版。

罗汝芳:《罗汝芳集》，方祖猷、梁一群、李庆龙等编校整理，凤凰出版社2007年版。

徐爱、钱德洪、董沄：《徐爱　钱德洪　董沄集》，钱明编校整理，凤凰出版社2007年版。

朱熹：《朱子全书》，朱杰人、严佐之、刘永翔主编，上海古籍出版社2010年版。

二、研究著作

吕振羽：《中国政治思想史》，黎明书局1937年版。

容肇祖：《明代思想史》，开明书店1941年版。

侯外庐：《中国早期启蒙思想史》，人民出版社1956年版。

侯外庐等：《中国思想通史》，人民出版社1957年版。

萨孟武：《中国政治思想史》，（台湾）三民书局1977年版。

杨天石：《泰州学派》，中华书局1980年版。

沈善洪、王凤贤：《王阳明哲学研究》，浙江人民出版社1981年版。

张锡勤、霍方雷：《陆王心学初探》，黑龙江人民出版社1982年版。

蒙培元：《理学的演变：从朱熹到王夫之戴震》，福建人民出版社1984年版。

冯契：《中国古代哲学的逻辑发展》，上海人民出版社1985年版。

侯外庐、邱汉生、张岂之主编：《宋明理学史》，人民出版社1987年版。

冯友兰：《中国哲学史新编（第5册）》，人民出版社1988年版。

容肇祖：《容肇祖集》，齐鲁书社1989年版。

冯契：《中国近代哲学的革命进程》，上海人民出版社1989年版。

邓艾民：《朱熹王守仁哲学研究》，华东师范大学出版社1989年版。

方尔加：《王阳明心学研究》，湖南教育出版社1989年版。

朱汉明：《圣王理想的幻灭：伦理观念与中国政治》，吉林教育出版社1990年版。

陈来:《有无之境——王阳明哲学的精神》，人民出版社1991年版。

陈来:《宋明理学》，辽宁教育出版社1991年版。

高瑞泉:《天命的没落——中国近代唯意志论思潮研究》，上海人民出版社1991年版。

杨祖汉:《儒家的心学传统》，(台湾)文津出版社1992年版。

陈卫平:《第一页与胚胎——明清之际的中西文化比较》，上海人民出版社1992年版。

徐梵澄:《陆王学述——一系精神哲学》，上海远东出版社1994年版。

杨国荣:《善的历程——儒家价值体系的历史衍化及其现代转换》，上海人民出版社1994年版。

孙尚杨:《基督教与明末儒学》，东方出版社1994年版。

吴雁南主编:《心学与中国社会》，中央民族学院出版社1994年版。

杨泽波:《孟子性善论研究》，中国社会科学出版社1995年版。

冯契:《人的自由和真善美》，华东师范大学出版社1996年版。

嵇文甫:《晚明思想史论》，东方出版社1996年版。

张岱年:《张岱年全集》，河北人民出版社1996年版。

吕思勉:《理学纲要》，东方出版社1996年版。

吴宣德:《江右王学与明中后期江西教育发展》，江西教育出版社1996年版。

杨国荣:《心学之思：王阳明哲学的阐释》，生活·读书·新知三联书店1997年版。

张祥浩:《王守仁评传》，南京大学出版社1997年版。

萧公权:《中国政治思想史》，辽宁教育出版社1998年版。

钱穆:《钱宾四先生全集》，(台湾)联经出版事业股份有限公司1998年版。

谢国桢:《明清之际党社运动考》， 辽宁教育出版社1998年版。

何俊：《西学与晚明思想的裂变》，上海人民出版社1998年版。

黄进兴：《优入圣域：权力、信仰与正当性》，陕西师范大学出版社1998年版。

林安梧：《儒学革命论：后新儒家哲学的问题向度》，台湾学生书局1998年版。

洪涛：《逻各斯与空间——古代希腊政治哲学研究》，上海人民出版社1998年版。

贺来：《现实生活世界——乌托邦精神的真实根基》，吉林教育出版社1998年版。

李泽厚：《中国思想史论》，安徽文艺出版社1999年版。

高瑞泉：《中国现代精神传统》，东方出版中心1999年版。

冯友兰：《中国哲学史》，华东师范大学出版社2000年版。

左东岭：《王学与中晚明士人心态》，人民文学出版社2000年版。

刘小枫：《儒家革命精神源流考》，上海三联书店2000年版。

刘泽华主编：《中国传统政治哲学与社会整合》，中国社会科学出版社2000年版。

张学智：《明代哲学史》，北京大学出版社2000年版。

葛兆光：《中国思想史》，复旦大学出版社2001年版。

林继平：《王学探微十讲》，（台湾）兰台出版社2001年版。

龚杰：《王艮评传》，南京大学出版社2001年版。

刘泽华、葛荃主编：《中国古代政治思想史》，南开大学出版社2001年版。

尹继佐、周山主编：《中国学术思潮兴衰论》，上海社会科学院出版社2001年版。

钱明：《阳明学的形成和发展》，江苏古籍出版社2002年版。

吴承学、李光摩编：《晚明文学思潮研究》，湖北教育出版社2002年版。

刘学智：《儒道哲学的阐释》，中华书局2002年版。

李梅：《权利与正义：康德政治哲学研究》，社会科学文献出版社2000年版。

潘富恩、徐洪兴主编:《中国理学》，东方出版中心2002年版。

杨国荣:《伦理与存在：道德哲学研究》，上海人民出版社2002年版。

杨国荣:《王学通论——从王阳明到熊十力》，华东师范大学出版社2003年版。

牟宗三:《牟宗三先生全集》，(台湾)联经出版事业股份有限公司2003年版。

余英时:《士与中国文化》，上海人民出版社2003年版。

吴震:《阳明后学研究》，上海人民出版社2003年版。

吴震:《明代知识界讲学活动系年：1522—1602》，学林出版社2003年版。

蒋庆:《政治儒学：当代儒学的转向、特质与发展》，生活·读书·新知三联书店2003年版。

潘德荣:《文字·诠释·传统：中国诠释传统的现代转化》，上海译文出版社2003年版。

吕妙芬:《阳明学士人社群：历史、思想与实践》，(台湾)“中央研究院”近代史研究所2003年版。

陈周旺:《正义之善：乌托邦的政治意义》，天津人民出版社2003年版。

邓志峰:《王学与晚明的师道复兴运动》，社会科学文献出版社2004年版。

赵明:《先秦儒家政治哲学引论》，北京大学出版社2004年版。

王汎森:《晚明清初思想十论》，复旦大学出版社2004年版。

张师伟:《民本的极限：黄宗羲政治思想新论》，中国人民大学出版社2004年版。

余英时:《朱熹的历史世界：宋代士大夫政治文化的研究》，生活·读书·新知三联书店2004年版。

杨国荣:《存在之维——后形而上学时代的形上学》，人民出版社2005年版。

朱鸿林:《中国近世儒学实质的思辨与习学》，北京大学出版社

2005年版。

黄进兴：《圣贤与圣徒》，北京大学出版社2005年版。

任剑涛：《伦理王国的构造：现代性视野中的儒家伦理政治》，中国社会科学出版社2005年版。

钱明：《儒学正脉：王守仁传》，浙江人民出版社2006年版。

陈立胜：《王阳明“万物一体”论——从“身—体”的立场看》，华东师范大学出版社2008年版。

陈荣捷：《王阳明〈传习录〉详注集评》，华东师范大学出版社2009年版。

吴震：《〈传习录〉精读》，复旦大学出版社2011年版。

陈立胜：《入圣之机：王阳明致良知工夫论研究》，生活·读书·新知三联书店2019年版。

三、研究论文

沈善洪、王凤贤：《王阳明教育思想的哲学意义》，《中国哲学史研究》1981年第4期。

魏常海：《王学对日本明治维新的先导作用》，《北京大学学报（哲学社会科学版）》1987年第1期。

张显清：《试论阳明心学的历史作用》，《孔子研究》1990年第2期。

张克伟：《从〈山东乡试录〉看王阳明的兼济思想及万物一体精神》，《社会科学战线》1992年第3期。

吴光：《万化根源在良知——阳明心学论纲》，《孔子研究》1993年第3期。

张怀承：《略论泰州学派对王学的改造与背离》，《船山学刊》1994年第1期。

曹国庆：《王守仁的心学思想与他的乡约模式》，《社会科学战线》1994年第6期。

李明德：《王阳明的破山中贼与破心中贼》，《孔子研究》1995

年第3期。

陈寒鸣:《论王阳明心学与封建政治——从政治文化视角对阳明心学的透视》,《河北学刊》1996年第1期。

方旭东:《为圣人祛魅——王阳明圣人阐释的“非神话化”特征》,《中国哲学史》2000年第2期。

方旭东:《以良知为圣——心学视野中的圣人》,《孔子研究》2000年第2期。

刘晓东:《科举危机与晚明士人社会的分化》,《山东大学学报(人文社会科学版)》2002年第2期。

杨国荣:《儒家政治哲学的多重面向——以孟子为中心的思考》,《浙江学刊》2002年第5期。

王路平:《论王阳明与贵州少数民族》,《孔子研究》2000年第6期。

贾红莲:《中国传统政治伦理思想的架构及现代价值》,《中国哲学史》2004年第2期。

宣朝庆:《个人观的突破与界限:论王艮的“淮南格物”》,《历史教学》2006年第2期。

董平:《阳明心学的定性及良知的公共性与无善无恶》,《哲学研究》2018年第2期。

彭国翔:《阳明学的政治取向、困境和分析》,《深圳社会科学》2019年第3期。

四、汉译著述

马里坦:《人和国家》,霍宗彦译,商务印书馆1964年版。

亚里士多德:《政治学》,吴寿彭译,商务印书馆1965年版。

尼科洛·马基雅维里:《君主论》,潘汉典译,商务印书馆1985年版。

柏拉图:《理想国》,郭斌和、张竹明译,商务印书馆1986年版。

岛田虔次:《朱子学与阳明学》,蒋国保译,陕西师范大学出版社1986年版。

保罗·蒂里希:《政治期望》，徐钧尧译，四川人民出版社1989年版。

E.希尔斯:《论传统》，傅铿、吕乐译，上海人民出版社1991年版。

列奥·施特劳斯、约瑟夫·克雷波西主编:《政治哲学史》，李天然等译，河北人民出版社1993年版。

安乐哲:《主术——中国古代政治艺术之研究》，滕复译，北京大学出版社1995年版。

墨子刻:《摆脱困境——新儒学与中国政治文化的演进》，颜世安、高华、黄东兰译，江苏人民出版社1996年版。

格雷厄姆·沃拉斯:《政治中的人性》，朱曾汶译，商务印书馆1995年版。

康德:《历史理性批判文集》，何兆武译，商务印书馆1990年版。

沟口雄三:《中国前近代思想之曲折与展开》，陈耀文译，上海人民出版社1997年版。

莱茵霍尔德·尼布尔:《道德的人与不道德的社会》，蒋庆、王守昌、阮炜等译，贵州人民出版社1998年版。

奥特弗利德·赫费:《政治的正义性——法和国家的批评哲学之基础》，庞学铨、李张林译，上海译文出版社1998年版。

邦雅曼·贡斯当:《古代人的自由与现代人的自由》，阎克文、刘满贵译，商务印书馆1999年版。

冈田武彦:《王阳明与明末儒学》，吴光、钱明、屠承先译，上海古籍出版社2000年版。

理查德·沃林:《存在的政治——海德格尔的政治思想》，周宪、王志宏译，商务印书馆2000年版。

列文森:《儒教中国及其现代命运》，郑大华、任菁译，中国社会科学出版社2000年版。

弗洛里安·兹纳涅茨基:《知识人的社会角色》，郑斌祥译，译林出版社2000年版。

卡尔·曼海姆:《意识形态和乌托邦》，艾彦译，华夏出版社2001年版。

弗里德里希·沃特金斯:《西方政治传统——现代自由主义发展研究》，黄辉、杨健译，吉林人民出版社2001年版。

萌萌主编:《启示与理性——哲学问题：回归或转向?》，中国社会科学出版社2001年版。

列奥·施特劳斯:《霍布斯的政治哲学：基础与起源》，申彤译，译林出版社2001年版。

约翰·罗尔斯:《作为公平的正义——正义新论》，姚大志译，上海三联书店2002年版。

列奥·施特劳斯:《自然权利与历史》，彭刚译，生活·读书·新知三联书店2003年版。

马克斯·韦伯:《学术与政治》，钱永祥、林振贤、罗久蓉等译，广西师范大学出版社2004年版。

郝大维、安乐哲:《先贤的民主》，何刚强译，江苏人民出版社2004年版。

本杰明·史华兹:《古代中国的思想世界》，程钢译，江苏人民出版社2004年版。

迈克尔·欧克肖特:《政治中的理性主义》，张汝伦译，上海译文出版社2004年版。

岛田虔次:《中国近代思维的挫折》，甘万萍译，江苏人民出版社2005年版。

郝大维、安乐哲:《通过孔子而思》，何金俐译，北京大学出版社2005年版。

倪德卫著，万白安编:《儒家之道：中国哲学之探讨》，周炽成译，江苏人民出版社2006年版。

增订版后记

本书原由我的博士论文修改而成，2008年初版以后，发现了不少错讹之处，一直期望能够有机会改正。感谢孔学堂书局给了这个机会，将本书列入再版计划，使我能够对其进行增补修订。

此次增补修订，对于全书的核心观点和总体框架没有进行大的调整，主要是对原来的一些具体论断上做了比较大的改动，在论证上予以了较多的补充和完善，由此，整本书的篇幅也大为增加。另外的一些变化，是对部分章节的标题予以修改，并将原第二章第四节的内容归并到第五章，还删去了初版的附录文章。

在王阳明心学及其流派的政治哲学研究领域里，我在《治心与治世——王阳明哲学的政治向度》初版之后，还于2018年出版了《信念与教化——阳明后学的政治哲学》一书。在《信念与教化》里，我延续了《治心与治世》的思考旨趣，从政治哲学角度分析王阳明学派的思想，对王阳明心学的基本政治问题以及政治哲学视域下的阳明学派兴起和传播予以了进一步的阐发，更对阳明后学对王阳明哲学政治向度的回应与发展做了专门性的研究。在这个意义上，《信念与教化》和《治心与治世》可以一体观之，新修订的《治心与治世》也是在这一背景下进行的。

在此次增订的过程中，孔学堂书局的张发贤编审不断予以鼓励，专此谢忱。

朱承

庚子年孟夏谨记于华东师范大学